À rebours : une autre mondialisation

Collection « Discours identitaires dans la mondialisation »
dirigée par Michel Naumann

La collection « Discours identitaires dans la mondialisation » entend rendre compte des nouvelles conditions dans lesquelles se vivent les identités sociales et communautaires, notamment les contacts auxquels sont exposées ces identités mais aussi la faiblesse d'une mondialisation qui, à cause de son caractère marchand et des inégalités qu'elle génère, ne peut créer une identité universelle qui emporte l'adhésion. Les nouvelles façons de se définir révèlent alors parfois des caractères inquiétants alors que d'autres au contraire s'ouvrent à une perspective altermondialiste.

Déjà parus

Monique HERITIER (sous la dir.), *Le Tourisme espagnol entre activité économique incontournable et préservation identitaire*, 2014.
Évelyne HANQUART-TURNER et Ludmila VOLNÁ, *Éducation et sécularisme*, 2013.
Natalia NAYDENOVA et Salihou CAMARA, *Littérature africaine et identité : un hommage à Chinua Achebe*, 2013.
Évelyne HANQUART-TURNER, *La voix anglophone du roman indien*, 2013.
Belkacem BELMEKKI, Madhu BENOIT, Michel NAUMANN, Joëlle WEEKS (sous la dir.), *La Terre, question vitale au XXIe siècle*, 2012.
Monique HERITIER et François ROPERT, *Textes mystiques, discours identitaires*, 2012.
Geetha GANAPATHY-DORE et Michel OLINGA, *Images changeantes de l'Inde et de l'Afrique*, 2011.
Rachida YACINE, *Langues nationales, langues de développement. Identité et aliénation*, 2011.

Karima Zerouali

À rebours : un autre mondialisation

Luttes et identités

L'Harmattan

Ouvrage publié avec le concours du CICC (EA2529),
Centre de recherches (civilisations et identités culturelles comparées)

5-7, rue de l'Ecole-Polytechnique, 75005 Paris

http://www.harmattan.fr
diffusion.harmattan@wanadoo.fr

ISBN : 978-2-343-03908-4
EAN : 9782343039084

À ma famille
À mon Directeur de thèse
À Geert Groenewegen

INTRODUCTION

À l'heure de la pensée unique et de la TINA (There Is No Alternative), il n'est pas inutile de se rendre compte que notre monde est en réalité une mosaïque de résistances. Nous avons donc fait appel à des chercheurs du CICC (Civilisations et Identités Culturelles Comparées, Université de Cergy), du SARI (Société d'Activité et de Recherches sur les mondes Indiens) et du LLLC/HA (Laboratoire de Langue, Littérature, Histoire ou Civilisation en Afrique, Université d'Oran) pour nous parler de ces mouvements qui vont à rebours des forces dominantes.

Nous commencerons par revisiter les grands ancêtres de l'avenir, ceux qui défient encore les courants dominants, ainsi que certains de leurs concepts et idées restés subversifs. Les hommes rebelles des zomia et de l'économie naturelle seront présentés par Michel Naumann (Université de Cergy, Président d'honneur du SARI), le concept bouddhiste d'*abhidhamma* par Jacques Coulardeau (Synopsis-Paie Nice et CEGID Boulogne-Billancourt), le féminisme de Harriet Martineau par Odile Bouchet-Rivalain (Université de Cergy), le débat entre musulmans séparatistes et favorables à l'unité indienne par Belkacem Belmekki (Directeur du LLLH/CA, Université d'Oran), les réserves de Tagore vis-à-vis de l'Etat et du nationalisme par Fabien Chartier (SARI), les combats de Fanon par Christiane Chaulet Achour (Université de Cergy, CRTF).

Ensuite nous évoquerons diverses formes actuelles de résistances. Hans-Peter Soëder (Université de Munich) suggère que le virtuel créé par les nouvelles technologies est au moins une distance critique et un lieu créatif alternatif. Sandra Colly-Durant (Université de Cergy) nous donne un exemple de résistance linguistique avec le Créole jamaïcain. Corinne Penverne (étudiante de l'université de Cergy) étudie les luttes des femmes camerounaises. Nada Hassan (étudiante à l'université de Cergy) évoque la résistance des Egyptiennes au fléau qu'est le harcèlement sexuel. Nadia Alamgir (aussi étudiante à Cergy) révèle les effets écologiques et humains des grands barrages et en même temps l'aveuglement des états et de l'économie dominante actuelle. Lucie Wang (doctorante à l'Université de Cergy) nous présente la Chine des 10 000 révoltes annuelles. Azhagarasan Rajama-nickam (Université de Chennai) décrit la lutte des castes et la résistance dalit qui hésite entre opposition et inscription critique dans le courant dominant indien.

Nous aurions aimé avoir aussi des interventions sur les droits des migrants (dont celui de passer les frontières), l'opposition aux drones tueurs et à l'espionnage universel, les efforts de réhabilitation de justes encore ignorés (les pacifistes de la Grande guerre par exemple), les luttes des ouvriers et des chômeurs, des sans-terre et des sans-papiers, les combats contre les expropriations, le refus de la torture, la défense de la chaîne alimentaire (contre les OGM, la toute puissance des industries alimentaires et le système des brevets)...Malgré ces inévitables lacunes, cette partie met en évidence la contestation que rencontrent la mondialisation, les Etats, les multinationales, le patriarcat, les classes, les langues, les pensées qui dominent encore la scène mais qui pourraient être moins établis qu'il n'y paraît. En étudiant chaque combat particulier nous sentons se rejoindre un enracinement irréductible et une aspiration à une identité universelle dans l'espoir d'une autre mondialisation.

Il semble que, pour les pouvoirs en place, ce ne soit jamais le moment d'aborder ces questions multiples et pourtant décisives. L'art et la littérature, activités gratuites mais essentielles, sont des interruptions du temps utilitaire dominant.Ils participent donc de ces luttes innombrables et si mal discernées. Ils sont à cet égard incontournables. Bisweswar Pattnaik (Salipur College, Odisha) pense que la performance musicale elle-même engendre une conscience contestatrice dalit. Caroline Trech (SARI) étudie la dissidence d'Onir dans le monde du cinéma indien. Fadhila Sidi Saïd (Université de Tizi-Ouzou) montre, à propos d'une nouvelle de Melville, comment l'ellipse surmonte la censure. L'imaginaire ésotérique et hérétique permet au poète Gibran de fuir les formes dominantes du Christianisme selon

Azzedine Bouhassoum (Université de Ain Temouchent). Deux grands romanciers indiens sont revisités, Narayan par Ludmila Volna (Université de Prague) et Kush-want Singh par Marc Chatterji (doctorant de l'Université de Grenoble) pour, d'un côté, montrer la montée de la vie et, de l'autre, la différence entre discours officiels et expérience personnelle que seul le roman traduit. Cécile Jest (CRTF, enseignante, doctorante à l'université de Cergy) étudie la résistance à l'hégémonie de la Chota Bhara dans le roman mauricien. Natalia Naydenova (Université de Moscou de l'Amitié des peuples) voit dans la littérature de Guinée Equatoriale un rapport critique à Conrad qui crée contre-discours et conscience nationale. Fewza Bedjaoui (Université de Sidi Bel Abbes) décrit la contradiction entre une critique traditionnaliste et le roman d'Arundhati Roy où l'apport des courants européens sur les droits de l'individu n'est pas négligeable. Avec Shruti Das (Berhampur University, Odisha, Inde) l'héroïne épique Drau-pati, devenue héroïne d'un roman de B. Ray, met à distance les discours qui justifient sa soumission. D'autres femmes, présentées par Luisa Ballesteros Rosas (Université de Cergy), réécrivent l'histoire de l'Amérique latine. Odile Talon (doctorante, Université de Cergy) montre que l'intime témoigne de l'histoire chez Chimamande Ngozi Adichie pour remettre en cause et renouveler les discours politiques et historiques sur la guerre du Biafra. Michel Naumann (Université de Cergy, Président d'honneur du SARI) nous rappelle, à l'occasion d'une étude de *Moth Smoke* du pakistanais Moshin Hamid, le caractère subversif du roman à l'égard des discours et des métaphores qu'il utilise. La nature même du fait littéraire et des arts les engage donc auprès de ces multiples tentatives pour aller à rebours du / des courant(s) dominant(s).

Ces résistances éclatées doivent-elles s'unifier sous l'égide d'un parti dont le projet risque de les étouffer ? Dessinent-elles une alternative ? Suggèrent-elles une stratégie ? Nous pensons qu'elles doivent elles-mêmes trouver leur convergence sans jamais perdre leur irréductible et salutaire autonomie. Nous préférons imaginer cette unité comme la fermeture des voies privilégiées par le(s) courant(s) dominant(s) qui seraient par trop élitistes et destructrices, forçant un monde à la fois sans lois et dominé par des règles marchandes toutes-puissantes à prendre d'autres voies. Pour cela nous limiterons notre conclusion à une citation qu'il nous appartient de méditer et qui affirme le lien indéfectible, organique et naturel des résistances et conflits sociaux à l'intérêt général. De l'intérêt général seul peut naître un jour une identité humaine ou planétaire soucieuse des différences et de la vie.

Nous remercions les Professeurs du SARI pour leur travail de sélection et relecture des articles-chapitres de cet ouvrage et Smina Ould Saada et Fatima Bellahcene qui (sauf indication en note) ont traduit d'anglais en français les productions de nos participants anglophones.

Karima Zerouali

PREMIERE PARTIE: À REBOURS, HIER, AUJOURD'HUI, DEMAIN

CHAPITRE I

ECONOMIE NATURELLE, ZOMIA ET RESISTANCES ACTUELLES DES SUBALTERNES

Pr Michel Naumann, Président d'honneur du SARI

Rosa Luxembourg utilisa souvent le terme d'économie naturelle pour désigner ces secteurs d'activité où les producteurs disposaient encore de la terre et de leurs outils. Elle n'ignorait aucunement que la plus grande partie de ces communautés, villages, groupes ethniques et sociétés sans Etat encore ancrés dans un mode de production proche du communisme primitif, devaient compter avec des voisins puis des maîtres organisés en classes et formations politiques étatiques dominatrices. D'un côté se trouvent donc des sociétés verticales situées à la périphérie des états ou survivant en leur sein, de l'autre des sociétés horizontales. L'ouvrage du chercheur nord-américain James C. Scott, *Zomia*[1], un terme venu d'Indochine qui désigne la périphérie des états et empires, voit cette confrontation comme une lutte acharnée contre l'Etat menée par des formations rebelles qui relèvent généralement de ce que Rosa Luxembourg appelait l'économie naturelle. Protégées par leurs montagnes, des forêts, l'aridité désertique, l'immensité des territoires, elles avaient, explique J. Scott, de bonnes raisons de refuser l'intégration à l'Etat formé à la faveur d'un espace

[1] James C. Scott : *Zomia*, Seuil, Paris, 2013. (2009)

continu dédié aux céréales et dominé par des villes dotées de puissantes industries.

Ces sociétés périphériques craignaient par exemple:

-l'assimilation à une culture uniforme.

-l'exploitation économique en tant qu'esclaves, serfs, métayers, tributaires ou salariés séparés des moyens de production, contraints de fournir un surtravail approprié par une féodalité, une bureaucratie ou des intérêts capitalistes.

-l'impôt, les corvées.

-les réquisitions de soldats ou de serviteurs du palais.

-les famines généralisées par l'uniformité des conditions d'exploitation économique.

-les épidémies favorisées par la concentration des populations.

Une fort belle illustration de ce rejet de l'Etat nous est donnée par le discours du Prophète Samuel qui tente de dissuader les Hébreux de se donner un roi en insistant sur le caractère oppressif de l'Etat[2]. Le goût prononcé pour la différence cultivée par les peuples de la Zomia[3] est admirablement décrit par Chinua Achebe lorsqu'il nous parle des Igbo pour qui nul ne doit rentrer chez lui en passant par la case du voisin[4]. Autrement dit, la différence est une valeur qu'il ne convient pas de négliger, ne serait-ce que parce qu'elle est liée à une dispersion qui limite les effets des famines et épidémies. Le refus de l'autorité pratiqué par la Zomia s'exprime dans les réflexions de l'ethnologue Clastres lorsqu'il nous dit ce qu'est, ou plutôt ce que n'est pas, un chef chez les Indiens Guayaki[5] : l'autorité serait vue comme un manque total de compétence, de goût et de sens moral de la part de celui qui n'est guère que la voix du groupe. Il faut lire dans le *Deutéronome*, qui a pu être écrit par le Prophète Jérémie lui-même, les dispositions sur la libération des esclaves tous les 7 ans et le retour au premier propriétaire des terres qu'il a cédées lors de cette année sabbatique pour avoir un exemple des

---

[2] Sam, 8.

[3] Nous utilisons désormais ce terme sans nous limiter à ses origines asiatiques.

[4] Chinua Achebe: *Home and Exile*, Cannongate, Edimburgh, 2003, pp 10-18.

[5] Pierre Clastres : *Chronique des Indiens Guayaki*, Plon, Paris, 1972.

moyens que ces sociétés utilisent pour ne pas se stratifier en classes et ainsi retarder la construction de l'Etat, de ses élites privilégiées[6]. L'énergique condamnation par Moïse de ceux qui font des réserves de manne au désert[7] marque un refus moral de l'accumulation et de l'enrichissement en même temps qu'un sens profond de la dynamique du provisoire qui caractérise des sociétés dont l'identité et l'organisation sont stratégiques, donc changeantes face aux efforts de l'Etat ou du mode de production dominant qui cherche à les conformer durablement à ses intérêts pour mieux les exploiter.

Les représentants indiens de la Zomia sont ceux que l'on désigne comme « tribals » ou Adivasi. Cent à cent cinquante millions d'hommes et de femmes vivent dans les montagnes, les forêts, les déserts, les îles ainsi que les grandes villes de leur exil. Leur culture connait des courants d'opposition à l'Islam et l'Hindouisme et des courants d'imitation de ces religions afin de faire avancer la cause de tel ou tel groupe qui tente de combattre sa sujétion en adoptant des comportements, des Dieux, des rites et des interdits propres à ceux qui dominent la société indienne. Les stratégies mises en place par la Zomia indienne sont donc très souples, variées et complexes. Les luttes des Adivasis leur donnent aussi l'occasion d'affirmer simultanément leurs traditions et leur créativité lorsqu'elles prennent la forme de l'intervention d'une grande Déesse dont la transe des fidèles porte la voix. Elle recommande alors de fermer les débits de boisson, de boycotter l'administration, les impôts, les commerces, de chasser les usuriers, de revenir aux anciens sanctuaires, d'utiliser la langue du groupe, d'observer divers interdits alimentaires, d'empêcher la coupe des arbres, de cesser de torturer les bovins en les attelant à une charrue pour labourer les terres d'un riche propriétaire, de ne plus s'abstenir de pratiquer l'agriculture en forêt (que tente d'interdire l'administration, soucieuse de traquer tous les revenus imposables), de lutter pour un moratoire de l'exploitation minière qui déforeste la région, viole les sanctuaires, pollue les eaux…Ces quelques exemples d'action suggèrent que la communauté reprend son

---

[6] Deut., 15.
[7] Exode, 16.

histoire en main. Elle confie souvent cette tâche à des organes de pouvoir populaire. Les formes prises par ces résistances sont donc très appropriées aux agressions subies par les populations de la Zomia indienne.

S'agit-il là d'une forme de lutte venue du passé, déjà archaïque, d'un combat d'arrière-garde, d'un rêve romantique et nostalgique bien désuet dans notre monde formaté par les nouvelles technologies et entraîné par l'appât du gain ? Malgré les évidences assénées par les grands esprits de son temps, Rousseau n'a pas eu peur d'aller à contre-courant et de proposer un recours aux peuples premiers pour définir ces valeurs qui allaient inspirer la Grande Révolution tout en nous donnant les moyens d'en critiquer les insuffisances et de la dépasser. Les stratégies de la Zomia seraient-elles donc à la racine de tous les combats des hommes et de leurs aspirations à la liberté ? Sont-elles susceptibles de délivrer un message essentiel à notre temps au moment historique actuel?

Nous proposerons ces quelques pistes:

L'expérience contemporaine de la Zomia est une des formes de ce qu'on appelle le « glocal. » Elle n'est donc aucunement « passéiste » mais au contraire étroitement liée aux effets du libéralisme global et donc ouverte aux solutions alter-mondialistes.

Les technologies modernes pourraient, comme l'a expliqué André Gorz, ouvrir la voie à une organisation de la vie décentralisée, changeante, centrée sur de plus petits groupes décidant de leurs rythmes et de leurs buts[8] ainsi qu'ont toujours voulu le faire les unités éparses qui composent la Zomia.

En tant que subalternes, les peuples de la zomia sont susceptibles d'entrer, lors de luttes écologiques (contre les barrages et les exploitations minières), culturelles (langues, identité, religions) et démocratiques (la place particulière des peuples premiers dans la communauté nationale), dans de larges alliances populaires auxquelles ils apporteront leurs expériences et leurs cultures si originales.

Si nous considérons que les grandes révolutions mondiales du communisme et de la tricontinentale n'ont guère réussi qu'à

---

[8] André Gorz : *Ecologica*, Galilée, Paris, 2008, p 117.

renforcer l'Etat abstrait, autoritaire et élitiste, la tradition de luttes de la Zomia contre l'Etat est essentielle pour découvrir une autre issue aux combats présents.

L'horizon révolutionnaire moderne semble aussi échouer du fait d'une vision cyclique qui, paradoxalement, prend sa source dans la linéarité de l'histoire bourgeoise et marxiste: 'une et l'autre visitent les origines pour y trouver la logique du progrès qu'elles tentent d'incarner. Ainsi le moment révolutionnaire devient cette répétition tragi-comique que redoutait Marx. Or la souplesse stratégique de la Zomia où, pour survivre face à l'Etat, des agriculteurs et des nomades échangent leur position, où orthodoxie et hérésie sont convoquées, laisse entrevoir une intuition du mouvement de l'histoire qui échappe à la fatalité cyclique comme à la flèche du progrès et aux visions de l'avenir définies par les élites libérales ou progressistes.

Si le pouvoir populaire des luttes de la Zomia et des subalternes devient un véritable véto vis-à-vis des agressions perpétrées contre la nature, la vie, les hommes et leurs cultures, ces combats pourraient contraindre certaines fractions des élites à remettre en cause les formes prédatrices de l'économie et à esquisser un avenir qui tourne le dos aux fondements du capitalisme et de l'Occident tels que leur vision prométhéenne et mégalomane du monde, leur individualisme, le consumérisme débridé (le monde produit assez pour nos besoins mais certainement pas assez pour notre vanité[9]) et le mythe des ressources infinies de notre planète.

Les traditions de luttes ainsi que les langues et cultures de la Zomia sont un réservoir de significations essentielles pour créer des relations non autoritaires, une attitude écologique, un dialogue avec les autres, des relations non-agressives avec la nature, un monde apaisé. Il s'agit, comme le dit si bien l'activiste et chercheur indien Ganesh Devy[10], conscient que la diversité culturelle est source de paix et de vie, de donner une voix à la terre.

---

[9] La distinction entre besoin et vanité vient de Gandhi.

[10] Ganesh Devy : « La terre sans voix : la perte linguistique à l'époque contemporaine », in *La terre, question vitale au XXIe siècle*, ed. B. Belmekki et M. Benoit, Harmattan, Paris, 2012, pp 203-17.

Face au savoir conceptuel des élites qui relève de l'*aperception* selon Leibniz, se dresse le savoir initiatique des peuples premiers, comparable à la perception de la *monade*, née de la sensation vive d'un multiple qui compose avec la totalité prise dans son infinie variété et la ressent de son propre point de vue.

Le processus cognitif des peuples premier est non élitiste, non institutionnel, écologique, pacifique, lié à des technologies douces et décentralisées, il est donc susceptible d'inspirer un savoir scientifique de type nouveau, ouvert et révolutionnaire.[11]

La Zomia pourrait également contribuer à inspirer une diversalité qui remplacerait l'universalité uniformisante et individualiste que dessine notre monde.

Nous pouvons donc espérer que, face à la substitution à l'organique et à l'humain d'un environnement artificiel, inorganique, mécanique, marchand et technologique plus conforme aux explications positivistes mais qui tue l'humanité fondée sur le rapport à l'Autre et nie la complexité du vivant, l'imprévisibilité de la Zomia contribue à la création d'une totalité ouverte, enfin libérée du traumatisme de ce meurtre de l'humain qui nous enferme dans la répétition criminelle, et dont le devenir serait à jamais enrichi par l'infinie variété du désir de chacun de ses multiples.

Michel Naumann

---

[11] Lire à cet égard : Clifford D. Conner: *Histoire populaire des sciences*, L'échappée, Montreuil, 2011. (2002)

CHAPITRE II

LE BOUDDHISME ET LE DÉFI MENTAL OU L'ABHI- DHAMMA ET L'ÉCOLOGIE DE L'ESPRIT

Dans cette étude je considère la « mens »[12] dans le bouddhisme comme l'intercesseur entre l'individu et le monde qui l'entoure.

Partons de la représentation qui émerge de l'*Abhidhamma*, le texte canonique le plus systématique sur cette « mens ».

Cette « mens » est pour le bouddhisme un construit par le cerveau à partir des impressions sensorielles que cette « mens », véritable sixième sens, analyse pour produire des percepts identifiés ou identifiables. Cette « mens » réalise dans son auto-construction un potentiel porté par le cerveau que l'on appelle soit intelligence, soit conscience (aux deux sens de ce dont je suis conscient et de la conscience morale ou éthique qui peut être positive comme négative). Notons que quand un percept est identifié, le fait que l'homme a inventé un langage pour nommer ces percepts ouvre la « mens » au potentiel de la conceptualisation. A partir du moment où l'homme peut nommer les percepts qu'il isole et identifie il est capable de développer son pouvoir conceptuel et donc son savoir qu'il peut alors transmettre grâce au langage. Tout ce que l'homme pense est sa propre création résultant de la saisie par sa « mens » de sa confrontation avec le monde, que ce soit la religion, la philosophie, la poésie, les techniques ou la science: celui qui ainsi possède ce pouvoir des mots était le *Ṛṣi* indo-européen[13], à la

---

[12] J'emploie ici le mot latin, féminin, 3ème déclinaison, entre chevrons, (correspondant au mot anglais *mind*) car il n'existe pas de mot équivalent en français : un construit par le cerveau au contact sensori-moteur avec la réalité, et qui n'ait aucune dénotation ou connotation religieuse. Le mot esprit, souvent employé en français, est ainsi terriblement connoté en français. J'emploierai systématiquement « mens ». De plus la racine indo-européenne de ce mot latin est *men-* (penser), justement la racine d'un des mots pāli concerné : *mana*.

13T.Y Elizarenkova a consacré un volume à la question des Ṛṣis védiques : *Language and Style of the Vedic Rsis*, State Universty of New York Press, Albany, 1995, plus divers articles.

fois mémoire du passé et des lois, dépositaire du savoir technique et scientifique, capable d'employer le verbe politique du commandement, et capable d'employer le verbe d'adresse au surnaturel et donc aux esprits et aux dieux, donc le verbe religieux et rituel.

Même si le Bouddha a rejeté tout concept de dieu sa vision de l'homme et de l'humanité est en parfaite cohérence et continuité de la vision du *Ṛṣi* indo-européen. La « mens » de l'homme est son organe sensuel majeur qui lui donne pouvoir sur le monde, sur les autres et sur lui-même, et donc lui donne les moyens de sa libération et de sa liberté qui tient en un mot *nibbāna* que l'on ne rend que trop souvent par le terme sanscrit *nirvana*.

Ceci étant posé nous pouvons considérer le défi mental que représente le Bouddhisme dans la pensée de son temps et dans la nôtre, au-delà de toute division artificielle entre ouest et reste ou suivant des lignes artificielles de division selon la religion ou la langue des peuples concernés.

L'ARRIERE-PLAN

Pour comprendre la place et le rôle de cette « mens » dans la pensée bouddhiste il est nécessaire de se demander quel est le matérialisme du bouddhisme. L'univers existe en dehors de nous, que nous le reconnaissions ou non. Il est composé de milliards d'objets qui sont tous vus comme impermanents, n'ayant aucune stabilité matérielle car ils sont en constant changement suivant, chacun d'eux, le cycle de naissance, de développement et dépérissement, de mort et de renaissance qui leur est propre. Ces objets sont tous pris dans des mouvements multiples de transformation d'eux-mêmes et de tout ce qui les entoure. Il n'y a aucun élément stable et non changeant dans cet univers. Ces objets ont cependant des rythmes cycliques différents, les plus lents étant les éléments minéraux. Chaque objet à chaque instant de son existence constamment variable a des besoins à satisfaire qui sont satisfaits ou non, et quand ils sont satisfaits la satisfaction n'est que temporaire, jamais permanente et définitive. Cela donne alors le troisième concept fondamental de ce matérialisme: l'insatisfaction ou la fin de la satisfaction de quelque besoin que ce soit, qui est inscrite dans la satisfaction elle-même.

On atteint ici quatre concepts fondamentaux de ce matérialisme. D'une part *anicca* qui dit que tout est changeant et rien n'est permanent. D'autre part *anattā* qui dit que rien n'a d'essence ou être ou existence pérenne. On ne peut en aucune façon dire « je suis X » car dès l'instant où je le dis je ne le suis plus. Ce matérialisme est en accord parfait avec Descartes et son cogito : « Je pense donc je suis ». Quand l'homme utilise sa « mens » il est non pas un être statique et non-changeant, mais un être dynamique qui n'est que changement et processus. En troisième lieu nous avons le couple *sukha/dukkha* qui sont inséparable et ne sont que la satisfaction (temporaire et transitoire) d'un côté et l'insatisfaction (temporaire et transitoire) de l'autre. Ce matérialisme du 'tout n'est rien que changement' mène à une vision de l'univers comme une immense construction multiple et infinie d'objets tous parallèles et cependant dépendants et tous pris dans des mouvements cycliques de changement et de régénération générés par l'interaction à la fois en parallèle et en dépendance de milliards de paramètres qui ne sont que des paramètres de processus de changement. Ces paramètres eux-mêmes sont changeants et l'homme ne peut que tenter de les identifier et surtout d'identifier leurs cycles propres de régénérescence. Cet immense ensemble est le quatrième concept de *samsāra*.

Ainsi chacun de nous, être changeant par définition, est pris dans cet immense contexte de *samsāra*, que j'appelle samsārique. Et cependant ce matérialisme porte en lui un mode de pensée qui vient justement de son mode de développement.

Si rien n'est stable et inchangeable, tout n'est qu'émergence cyclique de coalescences opportunistes, circonstancielles et sans la moindre permanence ou durée d'agglomérats de paramètres, chacun de ces agglomérats ayant son propre cycle de

1- génération
2- croissance et décroissance
3- mort ou dissolution
4- régénération.

L'important cependant est le type de raisonnement que cette vision produit. Rien n'est une suite logique de causes et d'effets.

La vision bouddhiste du monde n'est pas causale. Le monde n'a pas été créé et n'est pas le résultat d'un enchaînement déductible ou inductible de faits en succession de causalité. Le mode de pensée bouddhiste n'est donc pas prioritairement déductif ou inductif. Il est samsārique ou si l'on veut un mot français pour cela subductif, comme une éruption volcanique qui n'est que l'émergence d'une rupture du fait de l'accumulation de lave en fusion sous le volcan. D'innombrables paramètres interviennent dans un phénomène subductif qui empêche véritablement de pouvoir prévoir ou prédire une éruption volcanique, sauf à très court terme.

Ce raisonnement correspond au fonctionnement du cerveau tel qu'on le voit aujourd'hui. Il est massivement parallèle et donc prend en cause à chaque instant et de façon égale des milliers sinon des millions d'éléments disparates et qui n'ont en commun que d'être saisis en même temps, qu'ils soient mémoriels ou immédiatement sensoriels, voire imaginaires. C'est le travail de la « mens » de repérer (reconnaître ou construire) des modèles de configurations qui structurent ou donnent une architecture à cet immensité de faits dans cette saisie simultanée. La vérité, évanescente et transitoire, n'est ni déduite ni induite d'un enchainement logique (qui ne saurait être qu'une construction réductrice humaine) mais subduite d'une immense foule d'éléments divers à des niveaux de conscience variables. Cette vérité évanescente et transitoire émerge de ce conglomérat circonstanciel et opportuniste qui en devient, pour celui qui essaie de penser cette réalité, existentiel, expérientiel, situationnel. Il existe même de telles constructions mentales qui ne sont pas démontrables et ne sont que des approximations compatibles avec l'usage que nous faisons de cet univers, comme le postulat d'Euclide qui est faux car la circonstance d'une surface plane n'existe absolument pas dans l'univers réel.

Si on comprend bien ce contexte, cet arrière-plan du bouddhisme, on peut alors comprendre le rôle de ce construit qu'est la « mens » qui s'auto-construit à partir des potentiels contenus dans l'architecture du cerveau et des systèmes senso-rimoteur et nerveux central au fur et à mesure que l'individu matériel confronte sa « mens » à la *samsāra* ou réalité globale du monde.

Cette vision de la « mens » n'a aujourd'hui d'égal que les théories les plus avancées du cerveau humain et de son fonctionnement. Qu'on me comprenne bien cette « mens » n'est pas immatérielle et donc idéaliste, mais elle est une réalité virtuelle dont la matérialité est démontrée tous les jours dans nos réactions et nos décisions. La réalité virtuelle n'est pas dématérialisée, mais simplement virtualisée à partir et sur la base d'une infrastructure matérielle sans laquelle elle n'aurait même pas pu se développer.

Le terme de dématérialisation si commun aujourd'hui est une aberration dans la pensée bouddhiste. La matérialité d'une musique n'est pas dans le support qui la porte (CD, vinyl, cassette ou disque digital quelconque, USB ou dur) mais dans la structure mentale situationnelle, expérientielle, circonstancielle, phénoménologique de l'artiste qui l'a produit et dans la structure mentale situationnelle, expérientielle, circonstancielle, phénoménologique de l'auditeur qui va permettre à chacun de ces auditeurs de l'entendre et de l'apprécier. L'internet et la circulation de données numérisées ne sont en rien dématérialisés car sans la pensée scientifique et technologique qui les a produits et sans les complexes systèmes de machines de virtualisation par numérisation du produit analogique initial (lui-même produit par un immense travail mental et/ou physique), les ondes de transport de ces données numérisées, et les complexes systèmes de machines de dévirtualisation par dénumérisation de ces données finalement rendues dans la forme analogique initiale pour réception, il n'y aurait pas d'internet et de circulation de données numérisées. La mode française d'utiliser ce mot vient d'une fausse traduction de l'anglais qui oppose *medium* (media) et *material medium* (support). Pour l'anglais la *dematerialization* est la perte du *material medium*, le support. On a pris l'adjectif pour le sens du syntagme et concept nominal.

DE LOCA A MANA

Loka, tant dans sa réalité réfléchie *lokiya* que dans sa réalité libératrice *lokuttara*, désigne ce que les Bouddhistes appellent les cinq agrégats ou *khandha*.[14]

(1) l'agrégat de la matière (objets et processus) *(rūpa-kkhandha),*

(2) l'agrégat des sensations *(vedanā-kkhandha),*

(3) l'agrégat des perceptions *(saññā-kkhandha),*

(4) l'agrégat des états mentaux *(sankhāra-kkhandha),*

(5) l'agrégat de la conscience *(viññāna-kkhandha).*

Nous devons bien garder en tête qu'un agrégat est une condensation circonstancielle de nombreux paramètres (eux-mêmes en constante évolution) qui produisent un item (plus ou moins) statique ou dynamique évanescent qui ne se condense que dans notre « mens » car il est impermanent (*anicca*) et sans essence (*anattā*), condensation aussitôt disparue qu'apparue pour céder la place à une autre. L'espace comme le temps sont des inventions humaines. L'univers ne connaît que la distance et la direction évidemment variables, ce qui pose la gravitation, ainsi que la durée elle aussi orientée dans son mouvement vers ce qui va arriver, ce qui est, sans encore être, en perspective. La durée n'est jamais orientée vers le rétrospectif. C'est d'ailleurs dans ces éléments existentiels pour chaque item que se déroule le cycle de naissance de l'item, mouvement générationnel dans un univers entièrement en mouvement.

Il s'agit ici de bien poser que la « mens » est la dimension de l'homme en constante autoproduction et croissance ou décroissance, l'outil qui permet à l'homme d'appréhender l'univers mais tout ce que cette « mens » produit est dès le départ mental. La matérialité de ces items appréhendés par la « mens » vient du substrat matériel qu'est l'univers et du substrat cervical, neuronal et sensori-moteur de l'homme. Le Bouddha compare ces cinq agrégats respectivement à une poche de vapeur, une

---

[14] Nyanatiloka Mahathera, *A Buddhist Dictionary, A Manual of Pāli Terms and Buddhist Doctrines,*
http://www.urbandharma.org/udharma2/dictionary/bd14.html
http://www.urbandharma.org/pdf/palidict.pdf

bulle d'eau, un mirage, un tronc sans duramen et un tour de magie,[15] tous une apparence qui cache un vide sauf le seul agrégat de la matière (objets et processus) qui n'est pas vide car la vapeur (matière en totale instabilité et évanescence) remplit la dite poche.

Si nous laissons de côté ce *rūpakkhandha*, nous pouvons passer aux quatre autres agrégats qui forment le mental dans notre présentation initiale, le *nāma*. Ce mental immédiatement se divise en *citta*, la « mens » à proprement parler, et les *cetasika*, les états mentaux qui se subdivisent en trois. Nous allons ici négliger ces *cetasika* car ils ne sont que marginaux par rapport à la « mens » qui nous intéresse.

Cependant il est utile de rappeler ici que les sensations sont de cinq types:

(1) sensation de satisfaction physique *sukha = kāyikā sukhā vedanā*

(2) sensation de dis-satisfaction physique *dukkha = kāyikā dukkhā vedanā*

(3) sensation de satisfaction mentale *somanassa = cetasikā sukhā vedanā*

(4) sensation de dis-satisfaction mentale *domanassa= cetasikā dukkhā vedanā*

(5) sensation doublement indifférente *upekkhā = adukkha-m-asukhā vedanā*

Il est aussi utile de rappeler que les perceptions posent six sens:

(1) perception de forme,
(2) perception de son,
(3) perception d'odeur,
(4) perception de goût,
(5) perception de contact tactile,
(6) perception de contact mental.

Les sens eux-mêmes sont: la vue, l'ouïe, l'odorat, le goût, le toucher et la « mens ». Ce dernier sens est un méta-sens qui traite des impressions enregistrées par les cinq autre sens et des

---

[15] translated from the Pāli by Thanissaro Bhikkhu, Samyutta Nikaya XXII.95, Phena Sutta, Foam, For free distribution only, as a gift of Dhamma, http://www.buddhismtoday.com/english/texts/samyutta/sn22-95.html

impressions issues des stimuli abstraits comme les stimuli linguistiques. On voit clairement que cette « mens » est le sens qui permet d'analyser, d'identifier et de nommer les stimuli des cinq autres sens plus les stimuli abstraits.

Les états psycho-mentaux ou *saṅkhāra* sont considérés comme le terme le plus complexe à comprendre pour un Occidental. Ce terme « fond en un seul ensemble la vision subjectivo-objective du monde et de l'évènementiel [tout ce qui arrive de façon circonstancielle, existentielle, expérientielle et situationnelle].» [16] Ce mot utilise le préfixe *saṅ-* qui signifie justement cette fusion par saisie simultanée que nous avions vue dans *saṃsāra*. Ici le mot *saṅkhāra* désigne clairement dans le contexte de l'*Abhidhamma* l'ensemble des réactions mentales de l'homme face à des situations concrètes. Certaines de ces réactions sont totalement inconscientes, mais elles évoluent entre deux extrêmes, le rejet et l'empathie, la haine et l'amour, etc. Pour pouvoir entrer sur le chemin du *nibbāna* il est indispensable que l'homme développe un détachement des choses de ce monde matériel ou mental qui puisse neutraliser l'action asservissante de *tanhā*, l'attachement excessif aux choses du monde matérielles ou mentales.

Nous arrivons alors au cœur de la philosophie bouddhiste et donc à la « mens » elle-même, à savoir *citta* ou *mana* et la conscience *viññāṇa*, conscience que nous devons poser comme un continu entre l'inconscient et la conscience. L'inconscient est aussi prégnant que la conscience dans la perspective de l'homme voulant contrôler ses pensées et ses actes en vue de se libérer des contingences matérielles et mentales de sa dépendance.

CITTA OU MANA

Ces deux mots sont pratiquement synonymes mais ils sont cependant légèrement différents. Tous les deux viennent d'une racine qui est reliée à l'action de penser.

---

[16] T.W. Rhys Davids, *Pāli-English Dictionary*, Motilal Banarsidass Publishers, Delhi, India, 1993 (first published in London, Great Britain, 1921-1925)

Citta vient du sanskrit *cetati*, apparaître/paraître ou apercevoir/percevoir, et c*intayati*, penser. *Mana* vient du védique *manyate* ou *manute* qui signifient penser à ou souhaiter. On voit la différence entre les deux est l'engagement personnel de celui qui porte cette potentialité. Comme l'explique Rhys Davids, *citta* est plus lié à la substance des choses (comme sa traduction par « cœur », l'organe de ce nom, l'indique), plus lié aux sentiments primordiaux comme étant le siège des émotions; alors que *mana* (ou *manas*) s'attache à des éléments plus recherchés, à des sentiments et des pensées plus subtiles. Le Bouddha a toujours refusé de se prononcer sur le positionnement de *citta* dans le cœur (comme dans les Upanishads) ou dans le cerveau (comme dans la science moderne). Ainsi Nārada Mahā Thera dans l'*Abhidhamma*, rappelle que le Bouddha refusa de soutenir la thèse du cœur et parla « d'un certain organe »[17]. Il refusa d'endosser ou de rejeter la théorie du cœur, laissant ainsi la porte ouverte à l'interprétation moderne du positionnement dans le cerveau, bien que la formulation anglaise soit plus ouverte encore: « brain is the seat of consciousness »[6], ce qui n'implique pas que cette « mens » soit contenue dans le cerveau mais seulement un construit portée par le cerveau comme nous l'avons dit.

Certes les deux termes de *citta* et *mana* sont souvent synonymes et donc rendus par le même mot en traduction, bien que le français n'a pas de mot spécifique. Mais l'important est de voir que selon les contextes *mana* va désigner la capacité à penser, le potentiel pensant de l'homme, alors que *citta*, lié directement à *cetasika* désigne plutôt les instances d'activité de cette potentialité, plutôt les pensées réelles et effectives, expérientielles en quelque sorte. La capacité à penser d'un côté et les instances concrètes de pensée de l'autre. Mais il est vrai que les deux mots sont souvent interchangeables.

Ces deux termes trouvent leur couronnement dans le terme le plus abstrait qu'est *viññāṇṇa*, généralement traduit par

---

[17] Selon l'expression du Bouddha, elle est dépendante d'un certain organe, la traduction anglaise de l'expression pāli est un pue ambiguë: « 'yaṁ rupaṁ nissāya' – depending on that 'rūpa' », Narāda Mehā Thera, *Abhidhamma*, page 200

conscience. La discussion sur encore une fois la dimension potentielle de la conscience et l'application concrète et circonstancielle des cas et moments précis de conscience mêlent bien ce que Rhys Davids a appelé le subjectivo-objectif, terme approché de ce qu'il veut désigner, à savoir que toute potentialité humaine peut être saisie dans sa potentialité elle-même ou dans la réalisation circonstancielle de cette potentialité, comme dans l'opposition entre langue et discours. Sans langue pas de discours, mais sans discours pas de communication.

Il faut aussi bien saisir ici que le bouddhisme est une philosophie qui pose l'homme comme pouvant devenir son propre maître à condition qu'ils prenne conscience de son asservissement par les contingences matérielles (qui peuvent être virtuelles, comme les contingences idéologiques) du monde et qu'il fasse un effort soutenu et conscient pour s'en libérer. Il n'y a pas de *nibbāna* pour qui n'est pas conscient de la perspective et qui n'en prend pas le contrôle conscient à nouveau.

La question est donc de savoir si l'inconscient ou le subconscient doivent être reconnus et quels rôles ils peuvent jouer dans cette libération de l'homme qui est avant tout mentale bien qu'incapable d'aboutir si elle ne se développe pas dans la matérialité de la vie concrète d'un individu.

Je ne ferai qu'une note ici sur l'emprunt systématique de ce concept de *nibbāna*, de libération mentale que certains Occidentaux, parfois sans malice mais aussi parfois de façon perverse, ont fait. On dira que l'utilisation de ce processus de libération mentale par Jamie Smart de Learning Strategies ou par l'organisation Neuro-Linguistic Programming est à la fois innocente et commerciale mais ne vise pas au contrôle des gens ni de la société. Par contre le même emprunt se réalisant dans le concept de « clair » de la scientologie est beaucoup moins innocent car il vise à un contrôle des adhérents et par leur intermédiaire de la société. Le Bouddha ne prêche pas le changement social par quelque moyen que ce soit. Il défend le changement humain dans chacun des individus et la responsabilité de chacun de donner à tous les moyens d'en faire autant. Le monde sera peut-être alors meilleur mais ce n'est pas l'objectif immédiat. Le Bouddha a accepté des Dalits dans l'ordre qu'il a créé, mais cela n'a en rien fait avancer la cause de la suppression des castes et en premier lieu de celle-ci. La conscience du préjudice causé par leur existence a augmenté mais cette conscience reste un élément fondamentalement personnel.

LE BOUDDHISME, UN DEFI MENTAL MODERNE

Le Bouddhisme et le Bouddha furent des défis mentaux, politiques, religieux, idéologiques, sociaux en leur temps historique. Je ne m'intéresse pas ici à cette dimension.

Par contre le Bouddhisme est aujourd'hui un défi majeur au monde occidental mondialisé, car il refuse l'homogénéisation de l'homme et pose la nécessaire individualité de l'expérience humaine.

Il est un défi à toutes les religions car il nie l'existence d'un dieu créateur ou non et il rejette toute parcelle divine en l'homme, quel qu'en soit le nom (notons que cela condamne le système des castes).

Il est un défi à toutes les religions et philosophies qui posent une âme en l'homme, une dimension divine laïcisée ou non, et j'insiste ici sur la dimension laïcisée en un humanisme transcendant et homogénéisant, je dis bien niant les différences ne serait-ce qu'en considérant que ces différences, du moins certaines, n'ont pas droit de cité dans la vie publique quotidienne.

Il est un défi à toutes les théories sociales qui coupent la société en groupes antagoniques fondés sur des différences purement aléatoires, que ce soit des castes, des classes, des groupes ethniques ou autres, sans parler des groupes culturels ou linguistiques.

Il est un défi pour tous ceux qui pensent que l'histoire se fait par la prise du pouvoir et son exercice par certains sur les autres, quel que soit le groupe qui prend ce pouvoir.

Il est un défi pour tous ceux qui croient que la violence est justifiée d'une façon ou d'une autre, que ce soit contre les hommes, les animaux, la vie en générale, y compris minérale et cosmique.

Il est un défi pour tous ceux qui croient en la liberté de la possession et de l'utilisation des armes, quelles qu'elles soient, de leur fabrication à leur maniement, et donc à la pratique de la chasse, de la guerre, de la violence armée, et par conséquent au second amendement de la constitution américaine.

Il est un défi à toutes les sciences et philosophies pragmatiques et empiriques car tout ce que nous savons n'est jamais qu'un modèle de ce que l'univers est et surtout de ce qu'il est en train de devenir à chaque instant.

Il est un défi à toutes les philosophies qui pensent qu'il n'y a que deux modes de pensée : le déductif et l'inductif. Le bouddhisme pose le subductif qui est fondamentalement parallèle, massif et intuitif.

Il est par là même un défi à toute forme de pensée qui ne conçoit que des enchaînements de cause à effet alors que le monde est un vaste enchevêtrement d'enchaînements cycliques qui ne causent pas quoi que ce soit mais qui sont des vivoirs /mouroirs où et d'où émergent des phénomènes nouveaux parfois imprévisibles. Au mieux pour les causalistes, nous avons ici des myriades de causes contradictoires qui nourrissent l'émergence d'effets tout aussi contradictoires.

Enfin il est un défi éthique car il pose quatre valeurs suprêmes:

(1) l'amour de l'autre (mettā),
(2) la compassion (karuṇā),
(3) l'empathie (muditā),
(4) l'équanimité (upekkhā).

Cette relation d'égale compassion/empathie/amour dans la plus sereine des équanimités est un défi direct à ceux qui pratiquent la violence, la haine, la pollution, l'intolérance et le pouvoir.

Dhammapada, Verset 326. D'abord donnons le verset en Pali.

Idaṁ pure cittam acāri cārikaṁ
Yena'icchakaṁ yatthakāmaṁ yathāsukhaṁ,
Tadajj' ahaṁ niggahessāmi yoniso,

hatthippabhinnaṁ viya aṅkusaggaho.[18]

Voici une traduction littérale de ce verset: « Cet esprit [« mens »] dans le passé s'aventurait dans des aventures / De son propre choix, quand il voulait, comme il l'entendait / Si bien que maintenant je vais le ramener là où il devrait être / Comme le cornac l'éléphant en rut procréationnel. »

Mais il est nécessaire de donner un graphe de la syntaxe du verset pour comprendre son sens.

La structure complète est dominée par le parallèle entre le démonstratif emphatique *idam* portant sur *cittam*, et le pronom accusatif *tad* qui reprend toute la première moitié du verset et en fait ainsi l'objet de la seconde moitié.

De la même façon *pure* qui réfère au passé et *ajja* qui réfère au présent renforcent le parallèle antagonique entre l'aoriste du premier verbe et le futur du deuxième.

La première partie du verset a un sujet au nominatif et un simple objet à l'accusatif, objet qui n'est que la reprise nominale du contenu sémantique du verbe.

Les trois extensions de cet objet accusatif ont toutes la forme pronom relatif + forme nominalisée du verbe + marque de l'accusatif, toutes apposées à *cittam*, la « mens » dont nous parlons, par l'intermédiaire de l'objet *cārikaṁ*, toutes élidées de leur sujet *cittam* justement et qui ont toutes la même structure sémantique: « ce que X aime », « où X aime », et « juste comme X aime».

Nous avons ainsi une structure accumulative subductive ou samsarique. De cette simple accumulation l'individu concerné voit émerger en lui la volonté d'en finir et de remettre cette « mens» dévoyée dans le droit chemin. Il ne saurait s'agir d'une cause et d'un effet car cela dure depuis longtemps et l'effet, si effet c'était, aurait dû être produit il y a longtemps. C'est l'accumulation dans la durée soudainement saisie en conscience humaine et donc comme du temps, qui amène l'émergence du changement.

---

[18] Narada Thera, *The Dhammapada*, Buddhist Cultural Centre, Dehiwela, Sri Lanka, 2000 (1963)

Il serait intéressant de considérer l'histoire qui va avec le verset car il renforcerait le sens bouddhiste du verset. Quand la « mens » n'est pas contrôlée et régulée par le bouddhisme et ses valeurs, cette « mens » peut être sous l'emprise de toutes les possibles motivations et tentations négatives. Ce bouddhisme alors est comme le cornac du verset et il donne au sujet la force et l'art nécessaire pour dominer et contrôler les pulsions les plus sauvages de la « mens » et la pulsion dont le verset parle est la pulsion sexuelle procréative, une des pulsions animales les plus fortes. Sans cette « mens» sous contrôle des valeurs du Bouddhisme, l'homme n'est plus qu'un animal en rut. On peut cependant se poser la question de la métaphore du cornac qui laisse peu de place à l'initiative même de cette « mens » qui doit prendre le contrôle d'elle-même et pas seulement s'en remettre au contrôle du cornac bouddhiste.

Cette image finale d'un éléphant en rut qui devient alors incontrôlable et dévastateur dans sa créativité sexuelle même est en soi un défi à l'humanité qui est réduite à cet état animal sans l'enseignement et les valeurs Bouddhistes.

Le Bouddhisme ainsi devient un défi de civilisation mais il est aussi un défi plus terre-à-terre, le défi d'une langue créée et développée uniquement pour codifier ces enseignements du Bouddha. Cette langue nous bouscule dans nos modes de pensée, et même si nous pouvons toujours trouver un discours qui rende le sens complet de cette langue, les discours que nous employons nécessitent de fortes redondances car nos langues ne parlent pas comme le pāli qui a été en grande partie développée pour mouler et se mouler dans la philosophie bouddhiste. Et le défi est universel car les écrits canoniques du Bouddhisme sont aujourd'hui confrontés avec la nécessité de s'élever au niveau du village global que le monde est en train de devenir.

Si l'éducation d'un enfant doit être portée par le village entier, comme le dit un proverbe africain souvent répété, ce village ne peut pas être un village s'il n'est pas animé d'une philosophie fondée sur l'amour des autres et du monde entier, la compassion et l'empathie, ainsi qu'une équanimité permettant la simple coexistence et collaboration entre les villageois. Et là il est sûr que des montagnes de forces incontrôlables doivent être déplacées par la seule force de chacun et de tous portée par leur « mens ».

Jacques Coulardeau

Bibliographie

Anon., *Bardo Thodol – The Tibetan Book of the Dead, or the After Death Experiences On the Bardo Plane*, English translation by Lama Kazi Dawa-Samdup, compiled and edited by W.Y. Evans-Wentz, available at *http://www.summum.us/mummification/tbotd/*

B.R. Ambedkar, Aakash Singh Rathore & Ajay Verma, eds., *The Buddha and His Dhamma, A Critical Edition*, Oxford University Press, (1956) 2011.

T.Y Elizarenkova, *Language and Style of the Vedic Rsis*, State Universty of New York Press, Albany, 1995

T.Y Elizarenkova, 'Contribution To The Status of Name in the Ṛgveda," in Indologica Taurinensia, The Journal of the International Association of Sanskrit Studies, Volume 27, Comitato Ait per la Promozione degli Studi sull'India e sul Sud-Est Asiatico, Torino (Italy), 2001, *http://www.indologica.com/volumes/vol27/vol27_art02_ELIZarenkova.pdf*

Nārada Thera, *The Dhammapada*, Buddhist Cultural Centre, Dehiwela, Sri Lanka, (1953) 2000

Nārada Mahā Thera, *A Manual of Abhidhamma*, Bud-dhist Missionary Society, Kuala Lumpur, Malaysia, 1979

Nyamatikola Matathera, *Buddhist Dictionary, Manual of Buddhist Terms and Doctrines,* Source: Tipitaka – der Pali Kanon des Theravada Buddhis-
mus, http://www.palikanon.com, Pāḷi correction by Bhikkhu Guṇa (Su Duc Hien). http://www.budsas.org/ebud/bud-dict/dic_idx.htm. This electro-nic edition is offered *For Free Distribution Only* by arrangement with the publisher. This text is a Gift of Dhamma. You may print this file for your personal use, and you may make and distribute unaltered copies of this file, provided that you charge no fees of any kind for its distribution. Otherwise, all rights reserved.

Updated: 20 January 2006

Table I http://www.palikanon.com/english/wtb/table1.htm;
Table II http://www.palikanon.com/english/wtb/table2.htm;
Table III http://www.palikanon.com/english/wtb/table3.htm;
Appendix
http://www.palikanon.com/english/wtb/dic4_append.htm.

Venerable PANDITA (Burma), University of Kelaniya, 'The Trolley Car Dilemma: The Early Buddhist Answer and resulting Insights,' *Journal of Buddhist Ethics* Volume 21, 2014, http://blogs.dickinson.edu/buddhistethics/, available at https://www.academia.edu/5867724/The_Trolley_Car_Dilemma_The_Early_Buddhist_Answer_and_Resulting_Insights

T.W. Rhys Davids & Wiliam Stede, *Pāli-English Dictionary*, Motilal Banarsidass Publishers, Delhi, India, (1921-1925) 2003

CHAPITRE III

HARRIET MARTINEAU (1802-1876) OU L'ECRITURE AU SERVICE DE LA CAUSE DES FEMMES A L'EPOQUE VICTORIENNE

S'il était possible de lire en 1838 dans *The British and Foreign Quarterly Review* que Harriet Martineau était présentée comme la féministe de l'époque "one of the most notorious propagandists of sexual equality of the age"[19] alors qu'elle n'avait encore publié que ses premiers écrits, que dire de l'auteure qui durant une quarantaine d'années ne cessa de mettre l'écriture au service de la cause des femmes? Diffuser sa réflexion sur la nécessité pour les femmes d'acquérir leur indépendance, telle fut sa vocation au cœur du XIXe siècle, vocation d'une personnalité dont le célibat figure comme l'emblème de la résistance aux traditions sociales et modes de pensée d'une époque qui ne pouvait envisager pour une femme d'autre forme de vie que celle d'épouse et de mère:

The older I have grown, the more serious and irremediable have seemed to me the evils and disadvantages of married life, as it exists among us at this time [...] My business in life has been to think and learn, and to speak with absolute freedom what I have thought and learnt. The freedom is itself a positive and never failing enjoyment to me after the bondage of my early life. My work and I have been fitted to each other, as is proved by the success of my work and my own happiness in it, and I long came to the conclusion, without meddling with the case of the wives and mothers, I am probably the happiest single woman in England.[20]

L'engagement de Martineau au service de la cause des femmes, loin d'être la seule manifestation de sa vocation est à

[19] *The British and the Foreign Quarterly Review*, Vol.7, n° 13, 1838, 394; cite parKathryn Gleadle, *Radical Writing on Women*, 1800-1850, Houdmills, Palgrave Mcmillan, 2002, 207.

[20] Harriet, Martineau, *Autobiogrphy. With Memorials by Maria WestonChapman*. London, Smith, Elder&Co., 1877.III, 2.

situer dans le cadre plus large de son engagement pour l'éducation des couches populaires, ce qu'elle fit en publiant une série de contes illustrant les principes de l'économie politique, soit une forme de vulgarisation des théories d'Adam Smith et de Malthus, *Illustrations of Political Economy* (1832-1834) dont le succès immédiat témoigna de sa farouche détermination, comme elle l'écrivit dans son autobiographie:"*The whole business was the strongest act of will that I ever committed myself to, and my will was a pretty strong one. [...] The people would have the book; and they should have it.*"[21] Globalement parlant, l'engagement de Martineau consista à s'opposer à la fracture sociale entre la classe moyenne et la classe ouvrière à une époque de développement économique sans précédent en les rapprochant grâce à une meilleure connaissance réciproque de leurs conditions de vie et de travail. Il nous faut donc tout d'abord situer l'engagement de Martineau dans le contexte de l'histoire des idées à l'époque victorienne. Née dans une famille d'industriels de Norwich, Huguenots exilés en Angleterre, affiliée à l'Unitarisme dont l'influence dans les milieux intellectuels fut essentielle aux XVIIIe et XIXe siècles,[22] Harriet Martineau embrassait la cause du progrès dans son sens le plus large, convaincue que le progrès matériel était un tremplin vers le progrès moral et social. En prenant conscience des liens qui rapprochaient intérêts individuels et intérêts collectifs au-delà des strates de la hiérarchie sociale existante, l'individu travaillerait conjointement pour son propre intérêt et celui du groupe. Elle s'appliqua donc à montrer que les préjugés et rivalités de classe pourraient donner place à une communication et collaboration bénéfiques entre employeurs et employés, en ayant la conviction que la défense des intérêts propres à la classe moyenne contribuerait au progrès social dans son ensemble. Le soutien de Harriet Martineau aux principes du libéralisme économique n'est en rien unique pour l'époque mais c'est dans ses applications qu'il est intéressant de considérer les

[21] Ibid. I, p 161.

[22] Voir P.D. Hutcheon, « Harriet Martineau and the Unitarian Connection » in Michael Hill and Susan Hoecker Drysdale (eds.,) Harriet Martineau. *Theoritical and Methodological Perspectives*. New-York, London, Routledge, 2001, 23-40

idées et recommandations de Martineau. Son adhésion à l'Unitarisme et son alliance au libéralisme se rejoignent. Les Unitariens, groupe dissident du Protestantisme, comptaient parmi eux dès le XVIIIe siècle bon nombre de penseurs parmi les plus avancés et représentaient l'élite intellectuelle dont le philosophe Joseph Priestley ainsi que William Johnson Fox grâce auquel Harriet Martineau démarra sa carrière dans des années 1820. Les Unitariens attachaient une grande importance à la notion de responsabilité individuelle contrairement à la notion de salut arbitraire propre au Calvinisme. On comprend donc l'engagement social et intellectuel des Unitariens et l'importance accordée à l'éducation comme clé des réformes nécessaires. Ils furent les soutiens indéfectibles et souvent les initiateurs de structures visant à donner une formation professionnelle à la classe ouvrière grâce aux « Mechanics' Institutes » ainsi qu'à l'ouverture de l'éducation aux jeunes filles avec l'ouverture d'écoles pour filles. La création des Whittington Clubs dédiés aux activités culturelles et sociales pour les femmes avait pour objectif l'éveil de la conscience politique féminine à travers les séances de débats et leur participation à la gouvernance du club, ainsi que l'élargissement de leur vie familiale en les intégrant dans une structure coopérative nécessitant leur prise de responsabilité. Martineau apporta son soutien à cette initiative lancée à Londres en 1846.[23]Dès 1833 elle écrivait à l'un de ses correspondants:

The true humanising influence of women will never be fully experienced until she becomes wise in thought, independent in action, and able to build up the charities of life on the foundation of principles ascertained by herself, instead of being taken upon trust. [24]

---

[23] Voir Kathryn Gleadle, *The Early Feminists. Radical Unitarians and the Emergence of the Women's Rights Movement, 1831-1851.* New York, St Martin's Press, 1995, 140-170.
[24] Valerie, Sanders (ed.,) *Harriet Martineau. Selected Letters.* Oxford, Clarendon Press, 1990, pp 40-41.

LE POINT DE VUE DE MARTINEAU SUR LA QUESTION DE L'EDUCATION DES JEUNES FILLES

Pour que l'influence des femmes soit sensible dans la société il fallait qu'elles aient accès à l'éducation qui les mènerait à trouver un emploi et à jouer un rôle social. Nous allons donc examiner le plaidoyer de Martineau en faveur de l'éducation des femmes qu'elle revendiquait comme un droit fondamental. Son engagement se fit tout au long de sa carrière par le biais de ses contributions et éditoriaux aux périodiques et journaux de l'époque. En cela son engagement reflétait celui des intellectuels unitariens qui faisaient partie du cercle de penseurs engagés réunis à l'initiative de l'éditeur John Chapman[25] pour lesquels le statut de la femme et son rôle dans la société étaient des questions clés.[26] Il convient de noter que la teneur de ses écrits sur l'éducation reflète son parcours intellectuel fait d'acquisitions théoriques pour en tirer par la suite des applications à la réalité sociale. Dès 1823 elle manifesta son intérêt pour la question de l'éducation des femmes en publiant un article « On Female Education. » [27] Par éducation elle entendait l'acquisition de connaissances élé-mentaires en économie sociale et politique, elle qui devait lancer sa carrière en publiant entre 1832 et 1834 sa série de contes didactiques *Illustrations of Political Economy* de façon à assurer le progrès social qui n'était de toute évidence pas à l'ordre du jour à l'époque des New Poor Laws. En bonne unitarienne elle mettait l'éducation morale au premier plan de ses objectifs: celle-ci se devait être d'abord la responsabilité des parents et des éducateurs. C'est lorsqu'elle considère qui devrait bénéficier de cette éducation qu'elle innove et exprime des propos radicalement progressistes en termes d'égalité des droits et tranche avec le modèle social hiérarchisé de l'époque: "*Every member of the household,-children, servants, apprentices- every inmate of the dwelling, must have a share in the family plan, or*

[25] Voir Rosemary Ashton, *142 Strand. A Radical Address in Victorian London.* London, Vintage Books, 2008.
[26] Voir Kathryn Gleadle, op.cit., ch. 2 « The Radical Unitarians », pp 33-70.
[27] « On Female Education », *The Monthly Repository of Theology and General Literature*, vol.18, 1823, pp77-81

those who make it are despots and those who are excluded are slaves."[28] Ses articles publiés dans le journal à visée populaire édité par Mary Howitt, *The People's Journal,* furent réédités dans un ouvrage dont le succès populaire indiquait qu'elle avait vu juste dans ses objectifs, *Household Education* publié en 1849. Elle fait de la famille le lieu privilégié de l'éducation durant l'enfance, reconnaissant de surcroît la nécessité d'ouvrir l'accès à l'enseignement scolaire au plus grand nombre et aux filles en particulier en arguant l'égalité des capacités mentales entre garçons et filles, principe qu'elle n'aura cesse de réitérer: "*We find it taken for granted that girls are not to learn the dead languages and mathematics because they are not to exercise professions where these attainments are wanted.*"[29]

Suite aux écrits dans lesquels elle définit la position novatrice voire radicale que nous venons de dégager, Martineau s'efforça d'en dégager les applications souhaitables dans les écrits des deux décennies 1850-1870. C'est dans cette période que ses contributions à la presse furent les plus nombreuses: nous allons en examiner quelques-unes relatives à la question de l'éducation tout d'abord. Lorsqu'elle compare dans deux articles parus en 1864 dans le *Cornhill Magazine* l'éducation des garçons à celle des filles dans les familles de la classe moyenne elle parle de confusion, voire de chaos. En effet, l'éducation des filles reste à repenser:

[...] the way in which girls generally spend their time from seven years old to twenty is so desperately unfavourable to mind and character, or (to speak more moderately) so inferior to what it might be, and to the way in which their grandmothers passed their precious youth, nearly as far back as we can trace them, that we may well feel a sort of despair in approaching the subject with any practical aim."[30]

---

[28] H. Martineau, *Household Education* (1849) 10; cité par Gillian Thomas, *Harriet Martineau*, Boston, Twayne, 1985, p 63.
[29] H. Martineau, *Household Education*, p 271.
[30] "Middle-Class Education in England. Girls." *The Cornhill Magazine*, vol.10, Novembre 1864, pp 549-568.

Dans le cadre de l'éducation à apporter aux filles, son idéal est celui d'un enseignement pluridisciplinaire comprenant les matières classiques, littérature, langues anciennes et modernes, disciplines artistiques, sans oublier l'exercice physique. Elle constate une régression dans la qualité de l'éducation des filles de la classe moyenne affirmant que dans les générations passées les filles réussissaient mieux qu'à présent: "*And certainly they were less in the rear of the boys of their generation than girls are now.*"[31]

Malgré ce constat négatif, Martineau était néanmoins convaincue que l'amélioration de l'éducation dispensée aux filles commençait à être perceptible et que les progrès prônés en vue de l'amélioration de la condition féminine passaient par une éducation nettement plus ouverte et diversifiée. Elle trouvait notamment une source de satisfaction dans l'ouverture d'établissements d'enseignement destinés aux jeunes-filles, les " Ladies'Colleges", dans les années 1860 avec l'ouverture de Bedford College fondé en 1860 par Elizabeth Jesser Reid, "*an enthusiastic Unitarian who had followed W.J. Fox out of the faith.*"[32] Dans son article de 1860 sur le statut de gouvernante intitulé "The Governess", elle exprime son espoir quant à l'amélioration de la situation professionnelle des femmes grâce à l'accès à l'éducation rendu possible:

[...] when fresh instances of close economy in the education of girls, combined with ostentation in other matters, come under our notice, we are apt to doubt whether the day of grace and justice will ever arrive. But it is approaching. With such institutions as the Ladies'Colleges of London and Edinburgh before us, and while observing the troops of certificated students "whom they send forth to educate the rising generation, we cannot rationally doubt that the profession of the governess is about to assume a new aspect.[33]

---

[31] Ibid. 551.

[32] R.K.Webb, *Harriet Martineau. A Radical Victorian.* London, Heineman, 1960, p 17.

[33] «The Governess» *Once a Week*, 1 September 1860, pp 267-272, 271

Toujours en 1860, dans un autre article dédié aux conditions de vie des jeunes-filles elle affirme que la voie est à présent trouvée pour leur apporter un enseignement professionnalisant: elle voit dans dans les nouveaux collèges le moyen de poursuivre leur éducation de façon plus stimulante et d'échapper ainsi aux obligations mondaines souvent imposées par leurs parents: "*The Ladies'Colleges in Harley Street and Bedford Square now afford an inestimable resource to women who desire to carry on their intellectual improvement beyond the ordinary school range.*" [34] L'argument de Martineau, celui qu'elle développa tout au long de sa carrière fut celui du classique "mens sana in corpore sano", cultiver un esprit sain dans un corps sain. L'insistance sur les questions d'ordre sanitaire est toujours présente dans ses textes relatifs à l'éducation et plus largement dans ses études sociologiques des conditions de vie dans l'Angleterre victorienne. L'activité intellectuelle est montrée comme un facteur essentiel à la santé et c'est ce souci pédagogique d'insister sur la corrélation du mental et du physique qui fit d'elle une éducatrice populaire rappelant aux Victoriens leurs responsabilités parentales:

[...] it is not long before the neglect of brain exercise and the absence of intellectual stimulus begin to tell upon the health. [...] A kind-hearted parent will be well-pleased to afford his daughter such a pursuit. If he should be disposed to grudge the small expense, it might be well to remind him of the prudence of the expenditure which obviates doctors'fees, and those journeys for health which are rarely wanted by well

Le pas est vite franchi par Martineau entre l'élargissement des institutions d'enseignement pour les jeunes filles et la diversité des emplois s'ouvrant aux femmes dans les années 1860. Dans un article au titre explicite "What Women are Educated for" elle fustige les préjugés toujours présents dans le discours patriarcal sur la place des femmes dans la société

[34] «The Young Lady in Town and Country» *Once a Week*, 25 Ferbuary 1860, 191-195; 191

victorienne avec la conception du rôle de la femme limité à celui de l'Ange du Foyer:

Mr Cowper has not got far beyond the notion of the majority of the friends of female education, who think they have said everything when they have recommended good intellectual training as fitting women to be "mothers of heroes," "companions to men, " and so on. No great deal will be done for female improvement while this sort of sentiment is supposed to be the loftiest and the most liberal.[35]

LE POINT DE VUE DE MARTINEAU SUR LE TRAVAIL DES FEMMES

Martineau reconnaît aux femmes une autre vocation: celle d'être libres et indépendantes en choisissant une activité professionnelle correspondant à leurs aptitudes. C'est bien l'ouverture de nouvelles activités professionnelles aux femmes qui permit à Martineau d'y consacrer un certain nombre d'articles au cours des années 1850 et 1860. Son sens aigu de l'observation de la réalité sociale suivi de ses prises de position et recommandations y sont clairement perceptibles. L'article le plus représentatif de ses idées sur la question est incontes tablement "Female Industry" dans lequel elle s'efforçait, annonçait-elle en introduction, d'aller au-delà des incessantes lamentations concernant les conditions de travail des gouvernantes et des couturières, "*the incessant repetition of the dreary story of spirit-broken governesses and starving needlewomen.*"[36] Elle s'appuie sur les statistiques publiées en 1851 pour clamer l'urgence de prendre les mesures nécessaires afin que le nombre croissant de femmes embauchées dans le secteur des emplois domestiques et celui des emplois dans le secteur industriel connaissent des conditions de travail moins inhumaines. Les résultats du recensement de 1851 révèlent que les femmes ont récemment gagné en indépendance financière, ce qui devrait

---

[35] *Once a Week*, 10 August 1861, 175-179, 175

[36] « Female Industry » *The Edinburgh Review*, vol. 109, April 1859. Pp293-336; p 294

leur valoir une reconnaissance de la société pour le rôle qu'elles y jouent. Un tel constat lui permet d'afficher un élan d'espoir pour les changements à venir: on note que son argument est fortement teinté de reproches envers une société qui entretient des préjugés sexistes et des pratiques injustes: " *[...] a large proportion of the women of England earn their own bread; and there is no saying how much good may be done, and how much misery saved, by a timely recognition of this simple truth.* "[37] Par quoi les progrès attendus, la fin de ces injustices peuvent-ils être justifiés ? Selon Martineau, son argument se fonde sur le principe fondamental que l'univers et donc la société obéissent à des lois universelles incontournables dont celle du progrès. Loin d'être réactionnaire, Martineau parle au nom de la philosophie dite « Necessarianism » qui voit dans l'avancement de la société vers le progrès la manifestation de la loi qui préside l'univers:

> *It does not follow that extensive changes in the law are needed; or that anybody is called upon to revolu-tionise his thoughts or his proceedings. The natural laws of society will do whatever has to be done, when once recognized or allowed to act.*[38]

Il nous faut rappeler qu'en 1853 elle avait traduit et librement adapté le *Cours de Philosophie Positiviste* d'Auguste Comte, philosophie à laquelle elle avait adhéré tout en conservant les valeurs hérités de son éducation unitarienne. Notons que cette publication représentait en soi un acte de défiance par rapport à la pensée de son époque au moment même où Darwin amorçait la révolution des connaissances scientifiques en publiant son *Origine des Espèces* (1859). Martineau adhère aux idées de Comte qui voyait l'évolution de l'humanité en trois étapes allant to déisme au scientisme en passant par l'étape intermédiaire que constitue la métaphysique.

Pour en revenir à la question du travail des femmes telle qu'elle est analysée par Martineau en 1859, elle note qu'une

---

[37] Ibid.

[38] Ibid. p298

large proportion des femmes employées comme domestiques quittant leur emploi pour se marier passant de conditions de vie relativement confortables dans les familles bourgeoises qui les emploient à des conditions nettement moins appréciables une fois mariées:

There are few changes in the life of a woman more severe than that by which she transfers herself from the security and ease of domestic service to the precarious independence of married life;[...]and a large pro-portion don't marry at all.[39]

Harriet Martineau, qui s'était toujours félicitée d'être restée célibataire pour pouvoir exercer sa mission d'écrivaine, semble ici recommander aux femmes, majoritairement venues des zones rurales qui avaient perdu les emplois traditionnels avec le développement industriel, de préférer l' indépendance que leur confère un emploi à la dépendance que leur apporterait le statut d'épouse. Au milieu du XIXe siècle, détourner les femmes de leur vocation première, celle d'épouse et de mère, révélait l'audace de Martineau pour qui œuvrer en faveur de l'accès des femmes à des droits élargis en matière de formation professionnelle et de statut juridique fut l'objectif de sa carrière. Elle reconnaît en 1859 les progrès accomplis au cours des deux précédentes décennies dans l'évolution du travail des femmes due au progrès technique qui allège la pénibilité de certains emplois, ce qu'elle considère comme un encouragement pour inciter davantage de femmes à travailler et à opter pour le célibat:

The rapid increase of labour-saving machinery indicates a want, rather than a superfluity of hands; and so does the liberty to work which has been acquired by women within a few years. [...] In a community where a larger proportion of women remain unmarried than at any other period; where a greater number of women depend on their industry for subsistence; where every pair of hands, moved by an intelligent head, is in request; and where improved machinery demands more and

[39] Ibid. p 308

more of the skilled labour which women can supply, how can there be a doubt that the women will work more and more, and in aggregate ways, as combination becomes better understood and practiced? [40]

Anticipant toujours les possibilités d'évolution dans les conditions de travail, Martineau entrevoit la solution idéale qui permettrait aux femmes mariées de concilier vie familiale et vie professionnelle, celle du travail à domicile. Il faut lutter, dit-elle, contre le monopole des hommes qui accaparent les emplois et de ce fait en excluent les femmes:

This leads us on to the class of manufacturing operations which can be carried on by women in their own homes. As the era of female industrialism has set in indisputably and irreversibly, it is of the utmost importance to contemplate this phase of it, and to assist it as far as possible: - which means to relieve it of oppression and hindrance. [...] There are arts to which female faculties are particularly appropriate which women cannot practise on account of the monopolizing spirit of men.[41]

Bien davantage que d'autres à l'époque et toujours dans le cadre du questionnement intellectuel mené par les Unitariens sur le fonctionnement de leur société, Martineau souleva la question de la santé des femmes relative à leurs conditions de travail et là encore ses propositions et remises en cause des pratiques en cours ont un caractère novateur. Pour elle, cette question n'était pas à soulever dans le cadre de la sexualité ni de la maternité comme ce fut le cas pour d'autres victoriennes mais dans le cadre de leurs conditions de travail. Elle manifeste sa préoccupation pour cette question dès 1834 dans son article "The Hanwell Lunatic Asylum"[42] où elle constate que ce nouvel asile psychiatrique ouvert depuis peu dans le Middlesex reçoit

---

[40] Ibid. p322

[41] Ibid. pp 325-326

[42] «The Hanwell Lunatic Asylum.» *Tait's Edingurgh Magazine*, Vol.1 n.s, June 1834, pp 305-310

des patients issus de la classe ouvrière dont les conditions de travail ont engendré des troubles psychiques. Elle y voit un modèle dans son mode de fonctionnement ("*this splendid philanthropic experiment*", 309), et souhaite que ce type d'établissement soit ouvert aux patients de toutes les classes sociales. Elle reviendra sur la question dans son article majeur de 1859 "Female Industry" dans lequel elle pointe le fait que ce sont les femmes ayant occupé des emplois de domestique qui sont majoritaires parmi les patients des hôpitaux psychiatriques, devenues les victimes de conditions de travail insoutenables:

[...] *on the female side of lunatic asylums, the largest class, but one, of the insane are maids of all work (the other being governesses). The causes are obvious enough: want of sufficient sleep from late and early hours, unremitting fatigue and hurry, and even more than these, anxiety about the future from the smallness of wages.*[43]

Au final, il est clair que la mission poursuivie par Martineau en faveur de l'accès des femmes à l'éducation et de l'amélioration de leurs conditions de travail s'inscrit dans le cadre des initiatives prises principalement par les Victoriennes, notamment celles qui étaient issues de la branche Unitarienne soucieuses de voir leurs consœurs accéder à une plus grande indépendance et à développer leurs capacités intellectuelles. Dans son article examinant les conditions de travail des gouvernantes publié en 1860, Martineau se félicitait de voir les nouvelles possibilités qui s'offraient à elle d'avoir accès à une vie sociale et culturelle grâce aux initiatives de ce type:

A great blessing to this class has lately risen up in the Ladies' Reading-room at 19, Langham Place. This institution, which has grown out of various needs, answers various excellent purposes; and among these there is none more pleasant to think of than the comfort and privilege it yields to working-ladies. Till now there has been no establishment where

[43] «Female Industry» *The Edinburgh Review*, vol 109, April 1859, pp 293-336 ; p 307

a lady could go alone for a luncheon, or half an hour's rest, such as daily governesses need in the intervals of their engagements. Now, by an easy subscription, and satisfactory references, the daily-teacher obtains a comfortable place to go to in an odd half hour; a place where there is a good fire, soap and water, the newspapers of the day, and the best periodicals, and a confortable luncheon to be had cheap.[44]

Au final, c'est bien l'ampleur de la tâche intellectuelle réalisé par Harriet Martineau durant sa longue carrière entre les années 1820 et 1860 qui est en soi la manifestation de l'influence que les femmes de lettres n'avaient cessé d'acquérir. Décelée comme une étoile montante dès 1832 par Lucy Aikin[45], prophétesse de ce qui devait devenir le rôle des femmes dans la société, des citoyennes jouissant des mêmes droits que les hommes grâce à l'action acharnée de victoriennes engagées. Anticipant dès 1833 le rôle-clé qu'elle devait jouer durant les trente années à venir, Martineau se voyait comme l'une des élues pour éclairer la route de ses concitoyens: "*Very few are called upon to make such a venture as I have thought it right to make; but I have not suffered for it in any way.* […] " [46]

Odile Boucher Rivalain

Bibliographie

Ashton, Rosemary. *142 Strand. A Radical Address in Victorian London.* London: Jonathan Cape, 2007, Vintage Books, 2008.

Boucher Rivalain Odile. *Harriet Martineau, une Victorienne engagée*. Paris: Michel Houdiard Editeur, 2013.

[44] «The Governess.» *Once a Week*, 1 September 1860, pp 267-272 ; 268-9

[45] « Harriet Martineau. Obituary. » *The Times*, June 29, 1876 in F.Barrows et D.Mock (eds.) *Dictionary of Obituaries of Modern British Radicals*, London, Harvester Wheatsheaf, 1989, pp 309-312

[46] Lettre du 20juin 1833 in Valerie Sanders (ed.) *Harriet Martineau. Selected Letters*. Oxford, Clarendon Press, 1990, p40

David, Deirdre. *Intellectual Women and Victorian Patriarchy: Harriet Martineau, Elizabeth Barrett Browning, George Eliot*. Houndsmills: Macmillan, 1987.

Hill, Michael and Susan Hoecker-Drysdale. *Harriet Martineau: Theoretical and Methodological Perspectives.* New-York: Routledge, 2001.

Hoecker-Drysdale, Susan. *Harriet Martineau. First Woman Sociologist.* New-York: Berg, 1992.

Martineau, Harriet. *Autobiography. With Memorials of Maria Weston Chapman.* 3 vols. London: Smith, Elder& Co., 1877; London: Virago Press, 1983.

Thomas, Gillian. *Harriet Martineau.* Boston: Twayne, G.K. Hall, 1985.

Webb, Robert Kiefer. *Harriet Martineau. A Radical Victorian.* London: Heinemann, 1960.

Weiner, Gaby. "Harriet Martineau. A reassessment." In Dale Spender (ed.) *Feminist Theorists.* London: Women's Press, 1983.

Yates, Gayle Graham (ed.) *Harriet Martineau on Women.* Brunswick, N.J.: Rutgers University Press, 1985.

CHAPITRE IV

BADRUDDIN TYABJI CONTRE LE SEPARATISME MUSULMAN EN INDE BRITANNIQUE

A la lecture de l'histoire du mouvement séparatiste musulman en Inde britannique qui a donné naissance à un nouvel état islamique au milieu du XXe siècle, à savoir le Pakistan, j'ai été frappé de découvrir qu'il y avait eu quelques personnalités musulmanes clés qui s'opposaient avec véhémence à cette tendance séparatiste. Dans cet article, je vais présenter un dirigeant musulman de premier plan, Badruddin Tyabji (1844-1906), avocat et plus tard juge, qui avait une conception différente du sort de ses coreligionnaires dans le sous-continent indien.

Badruddin Tyabji était préoccupé par la situation des musulmans dans l'Inde britannique dans les décennies suivant les événements de la guerre d'indépendance (1857). Il a attribué cette situation, pour l'essentiel, à l'absence d'organisation ainsi qu'à l'étroitesse de l'esprit religieux qui régnait parmi les membres de sa communauté. Il croyait que la seule panacée était de réformer la société musulmane dans le sous-continent. Par conséquent, et aux côtés d'autres intellectuels musulmans, il a fondé à Bombay en 1874 une association appelée Anjuman-i-Islam dont l'objectif principal était la régénération socio-culturelle de la communauté musulmane ainsi que sa promotion à la fois dans l'éducation et en termes de position sociale, comme l'a expliqué Pratik Daga, qui a aussi souligné que Badruddin Tyabji avait plaidé, avec nombre de ses coreligionnaires, pour abandonner les préjugés et les pratiques religieuses telles que le système de purdah et mettre l'accent sur la modernisation de l'éducation des musulmans. En même temps, il a voulu que les femmes soient éduquées afin qu'elles puissent gagner leur place dans la société. (Daga)

Néanmoins, l'approche que Badruddin Tyabji a adoptée dans sa campagne pour réformer et faire progresser la communauté musulmane diffère, dans une large mesure, des autres mouvements réformistes musulmans contemporains de l'Inde britannique. Considérant que, dans l'ensemble, la plupart de ces derniers avaient tendance à dévier de la société dominante indienne, tels que le mouvement de Shah Walliullah, Tyabji s'est efforcé de faire des musulmans de l'Inde une partie intégrante de la société indienne en général.

Autrement dit, Badruddin Tyabji ne voulait pas défendre les intérêts de ses coreligionnaires au détriment de compatriotes d'autres religions, en particulier les hindous. Au contraire, il a toujours considéré les musulmans indiens comme indissociables de la société indienne dans son ensemble. À titre d'illustration, il est intéressant de citer le cas de l'ourdou. Cette langue souvent considérée comme un symbole de l'identité musulmane et un élément de discorde, présentée comme appartenant exclusivement aux musulmans de l'Inde et qui a été souvent utilisée par les nationalistes musulmans pour faire appel aux sentiments de leurs coreligionnaires, a été considérée par Badruddin Tyabji comme un symbole d'unité (« *All-India unity* »).(Karlitzky 191) À cet égard, Maren Karlitzky indique que Badruddin Tyabji voyait l'ourdou comme un lien entre hindous et musulmans: « *a link language and a means of integration with nationwide élites, whether in a Muslim or an all-Indian context* ». (Ibid.)

La position de Badruddin Tyabji le plaçait à rebours de nombreux membres de sa communauté. Son statut de leader parmi les musulmans de l'Inde a souvent été contesté par la majorité de ses pairs. Même au sein de l'association qu'il a contribuée à fonder, Anjuman-i-Islam, il faisait face à une forte opposition. Selon Anil Seal, « *un corps déterminé d'opposants* » avait une fois tenté de renverser Badruddin Tyabji qui avait déjà un contrôle incertain sur l'association.(Seal, 330). Cette opposition était, en effet, due à ses efforts pour maintenir cette association à l'écart de la politique malgré l'insistance implacable de ses membres. En fait, Badruddin Tayabji ne voulait pas que l'Anjuman-i-Islam s'implique dans une activité politique, compte tenu du fait qu'elle était exclusivement une organisation musulmane. Selon lui, il serait plus sage de confier les activités politiques à une organisation qui inclurait des Indiens indépendamment de leurs croyances. À cet égard, Seal Anil rapporte sur Tyabdji:

The Anjuman has as a rule abstained from discussing political questions because the majority of such questions affect not merely the Mahomedans but the whole population of India in general, and therefore it is better that they should be discussed by the general political bodies composed of all classes of Her Majesty's subjects, and not merely by a body of Mahomedans as the Anjuman is. (Ibid.)

En d'autres termes, Badruddin Tayabji ne voulait pas que ses coreligionnaires revendiquent des droits politiques en tant que musulmans, mais plutôt en tant qu'Indiens, ce qui explique pourquoi il a rejoint cœur et âme le premier grand parti politique, à savoir l'Indian National Congress. En effet, Badruddin Tyabji est devenu un membre éminent de cette organisation politique, et en signe de reconnaissance pour son dévouement et son engagement à cette organisation, il a été président de sa troisième session qui s'est tenue à Madras en 1887. (Sharma, 14) Commentant sa nomination à la présidence de cette session, Badruddin Tyabji a déclaré:

I have always regarded it as the highest honou, higher than being on this bench ... let me tell the Council that in my court no contemptuous reference to that body (i.e. Congress) will be permitted. (cité in, Saxena, 65)

Par conséquent, Badruddin Tyabji s'opposa à Sir Sayyid Ahmad Khan puisque ce dernier conseilla aux membres de sa communauté d'éviter l'Indian National Congress à tout prix afin de protéger les musulmans de ce qu'il a appelé le «*Hindu Congress*».

Il convient de souligner que les fondateurs du Congrès, en grande majorité hindous, ont essayé par tous les moyens de séduire les musulmans. Par exemple, pour attirer leurs compatriotes de cette confession, les fondateurs de l'INC leur ont offert le billet de retour. (Wasti, 7) Quoi qu'il en soit, l'adhésion musulmane est restée très limitée et irrégulière, allant de 2 à 148 représentants sur des centaines voire des milliers de délégués. (Wasti, 221)

De son côté, Badruddin Tyabji, fidèle à cette organisation politique, a été simultanément derrière une contre-campagne pour contrecarrer la « fatwa » de Sir Sayyid Ahmad Khan et inciter ses coreligionnaires à se rallier autour du Congress (Sharma, 14):

As to the advantages the Mahomedans will gain by joining the Congress, they will gain the same advantages as the Hindus... and that it is the duty of all people who call India their motherland, to unite together for the purpose of promoting the common good of all, irrespective of the distinction of caste, colour or creed. (cité in, Habib, id.)

Selon Madhu Limaye, Badruddin Tyabji a tenté de convaincre Sir Sayyid Ahmad Khan de changer d'attitude à l'égard de l'INC avec pour réponse de sa part un rapide et précis: « *en aucune manière*» (Limaye, 143) justifié par le fait que ce n'était pas une organisation sociale (dont il aurait pu être le président) mais une organisation politique. (ibid.)

En outre, Sir Sayyid Ahmad Khan a fait valoir qu'il n'y avait presque pas de revendications politiques faites par l'INC à laquelle les musulmans de l'Inde ne soient opposés, par exemple les demandes concernant l'élargissement du Conseil Législatif basé sur un système de représentation électorale ou sur le principe « un homme une voix » qui mettrait en péril les intérêts des musulmans de l'Inde, compte tenu du fait que ces derniers étaient numériquement plus faibles que la majorité hindoue:

... whatever system of election be adopted, there will be four times as many Hindus as Mohammedans, and all their demands will be gratified and the power of legislation will be in the hands of Bengalis or of Hindus of the Bengali type and the Mohammedans will fall into a condition of utmost degradation. (cité in, ibid.)

Badruddin Tyabji a alors prononcé un discours soigneusement rédigé lors de sa présidence de la session de Madras de l'INC, où il s'efforçait, entre autres, de persuader la communauté musulmane d'ignorer les conseils de Sir Sayyid Ahmad Khan:

It has been urged in derogation of our character, as a representative national gathering, that one great and important community – the Mussalman community– has kept aloof from the proceedings of the last two Congresses. ... I ... do not consider that there is anything whatever in the position or relations of the different communities in India – be they Hindus, Mus-salmans,... – which should induce the leaders of anyone community to stand aloof from the others in their efforts to obtain those great general reforms which are for the common benefit of us all and which...have only to be earnestly and unanimously pressed upon government to be granted to us. (cité in, Sharma, 14)

En rétrospective, un article, dans le *Times of India* du 29 Août 1906, décrit ce discours historique:

Few Presidential Addresses have equalled the one which Mr. Tyabji delivered on that occasion, in the lucid arrangement of facts and cogent reasoning, and it was acknowledged on all hands to be an oratorical effort of high order in the history of the movement. (Saxena, 66)

Toutefois, à la consternation de Badruddin Tyabji, son discours n'a pas été entendu. Puis, pour ajouter l'insulte à l'injure, à la suite de ce discours, Sir Sayyid Ahmad Khan lui a écrit une lettre, le 24 Janvier 1888, dans laquelle il l'a réprimandé pour avoir présidé la session du Congress:

The fact that you took a leading part in the Congress at Madras has pleased our Hindu fellow subjects no doubt but as to ourselves it has grieved us much. »[47]

[47] Lettre de Sir Sayyid Ahmad khan à Badruddin Tyabji. Cité in, ibid., (appendix vi)

Sir Sayyid Ahmad Khan poursuit sa lettre en indiquant qu'il ne pourra jamais comprendre les mots «*National Congress*», alors qu'à son avis, le sous-continent indien est plein de croyances dont les objectifs et les aspirations ne pourraient en aucun cas être les mêmes. Selon Madhu Limaye, ceci était considéré par Sir Sayyid Ahmad Khan comme « *une ingérence injuste et injustifiable dans sa nation.* » (Limaye, 141) Puis, sur un ton de reproche, il a fustigé Badruddin Tyabji pour avoir considéré le « *mal nommé National Congress* » comme bénéfique pour l'Inde alors qu'il est, a-t-il poursuivi, préjudiciable à «*notre propre communauté.*»[48]

En effet, Badruddin Tyabji et ceux qui l'ont suivi ont provoqué la colère de nombreux musulmans indiens qui se sont engagés dans une campagne anti-Congress. Sir Sayyid Ahmad Khan est même allé jusqu'à remettre en question l'utilisation du mot «*délégués*» pour les musulmans qui ont participé aux sessions du Congress. En fait, il s'est opposé à l'utilisation du mot «*délégué*» pour désigner quelqu'un qui n'a pas été désigné par les membres de sa communauté pour les représenter. À cet égard, il a souligné:

... I object to the word 'delegate'....I assure my friend that the Muslims who went from our province ... to attend the Congress at Madras do not deserve the appellation 'delegate'...The Muslims who went there were not elected even by ten Muslims. (Allana, 2)

Puis, il a conclu: " *L'adoption à l'unanimité d'une résolution au Congress n'en fait pas un Congrès national*» (Ibid.)

Irrité par les critiques de Sir Sayyid Ahmad Khan et en particulier celles de sa lettre - ainsi que par l'opposition féroce à ses vues manifestée parmi la communauté musulmane, opposition très intense à la fin de la fin des années quatre vingt (Rahman, 5), Badruddin Tyabji, plus actif que jamais, a écrit une lettre à Octave Allen Hume, l'initiateur de l'Indian National Congress, dans laquelle il déclarait:

---

[48] Lettre de Sir Sayyid Ahmad khan à Badruddin Tyabji. Cité in, Vinod Kumar Saxena, op. cit., (appendix vi)

The main object of the Congress to unite different communities and provinces had miserably failed and the Mohammedans were divided from the Hindus in a manner as never before; that the gulf was becoming wider day by day. (cité in, Sharma, 14)

En outre, Badruddin Tyabji a suggéré à Allen Octave Hume que l'Indian National Congress soit abandonné sans se dissoudre, pour une période de cinq ans. Ensuite, il a ajouté:

The fact exists and whether we like it or not, we must base our proceedings upon the fact that an overwhelming majority of Mahomedans are against the movement...If then the Mussalman community as a whole is against the Congress...it follows that the movement ipso facto ceases to be general or National Congress. (Rahman, 5)

Selon Matiur Rahman, ces recommandations de Badruddin Tyabji ont été complètement ignorées par les dirigeants du Congress, qui ont tenté, en vain, de rallier le soutien des coreligionnaires de Sir Sayyid Ahmad Khan.(Ibid.) Néanmoins, la campagne musulmane anti-Congress était si forte qu'Allen Octave Hume a, lui-même, pensé à suspendre cette organisation politique. Même si cela ne se produisit pas, ses activités ont été « *relâchées* ». (Muhammad, xxv)

Pour résumer, Badruddin Tyabji a été l'un des rares intellectuels musulmans de grande envergure de l'Inde britannique qui ont osé défier le courant de pensée dominant parmi les musulmans de l'Inde qui étaient, dans l'ensemble, sous l'influence de Sir Sayyid Ahmad Khan. Badruddin Tyabji ne pouvait voir que des intérêts communs entre musulmans et hindous, il fit beaucoup d'efforts pour rassembler les deux communautés sous une même cause mais son anti-communautariste dut faire face à une avalanche de reproches venus d'une grande partie de sa communauté.

Belkacem Belmekki

Bibliographie

Allana, G. (ed.). 1967. *Pakistan Movement: Historic Documents*. Karachi: Paradise Subscription Agency.

Habib, Amber. 'Badruddin Tyabji's Response to Sir Syed Ahmad Khan', in *http://www.geocities.ws/a_habib/Tyabji/sak.html* (accessed on 19/04/2014)

Daga, Patrik, 'Short biography of Badruddin Tyabji', in *http://www.preservearticles.com/201104235841/short-biography-of-badruddin-tyabji.html* (accessed on 25/03/2014)

Karlitzky, Maren. 2002. 'The Tyabji Clan—Urdu as a Symbol of Group Identity', in *Annual of Urdu Studies*, 17, 187-207.

Limaye, Madhu. 1989. *Indian National Movement: Its Ideological and Socio-economic Dimensions*. India: Sangam Books.

Malik, Hafeez. 1980. *Sir Sayyid Ahmad Khan and Muslim Modernization in India and Pakistan*. New York: Columbia University Press.

Muhammad, Shun (ed.). 1978. *The Aligarh Movement: Basic Documents: 1864-1898*. Meerut: Meenakshi Prakashan.

Rahman, Matiur. 1970. *From Consultation to Confrontation: A Study of the Muslim League in British Indian Politics: 1906-1912*. London: Luzac & Company Ltd.

Saxena, Vinod Kumar. 1985. *Muslims and the Indian National Congress: 1885-1924*. Delhi: Discovery Publishing House.

Seal, Anil. 1971. *The Emergence of Indian Nationalism: Competition and Collaboration in the Later Nineteenth Century* (Vol. 1). Cambridge: Cambridge University Press.

Sharma, H. D. (ed.). 1998. *100 Best Pre-Independence Speeches: 1870-1947*. New Delhi: HarperCollins Publishers.

Wasti, Syed Razi. 1964. *Lord Minto and the Indian Nationalist Movement: 1905-1910*. Oxford: Clarendon Press.

CHAPITRE V

TAGORE AND NATIONALISM

To examine *Tagore versus the Mainstream* or *Tagore and Nationalism* looks like a challenge. First because concepts such as "mainstream", "nation" or "nationalism" have led to several interpretations over the years. Secondly, because Tagore's reactions to them could be studied over 130 years, considering his national impact in his lifetime and after his death. I will therefore focus on only one book, *Nationalism*, comprising three essays: *Nationalism in Japan*, *Nationalism in the West* and *Nationalism in India*[49]. Initially lectures given in 1916-1917, these pamphlets changed Tagore's international reputation as a harmless mystic poet into a radical pacifist of the same caliber as Bertrand Russell or Romain Rolland. There, Tagore did not confine his ideas in a kind of ivory tower. In a deliberate, brave and almost suicidal way, he decided to swim against main-streams (the initial addressees being from various nationalities in a war context, a plural form sounds appropriate). Indeed, except when confiding in close friends, Tagore was seldom so straightforward in his geopolitical assertions as in *Nationalism* which, hence, helps appreciate the complex identity of a reformer who, whether he would have liked it or not, impacted the fundamentals of India as an independent nation and who, fearful of losing popularity and acquaintances, at times got swamped in puzzling contradictions – unless as Edgar Faure put it: it is not the weather vane that turns but the wind.

The context in which *Nationalism* was written matters as it lessens apparent paradoxes with other comments that Tagore made earlier or later – less questionably, with the image that he conveyed. It also clarifies why, a century after its publication and despite its radicalism, *Nationalism* could stand out as more timeless, universal, politically founding and potentially influen-tial than its original public thought it was. Indeed, in it, an eminent harmonizer of the East and West points out what he sees as an elementary cultural and structural divergence

[49] Rabindranath Tagore, *Nationalism*. New Delhi: Rupa, 1917-1994.

between Asia and Europe. To Tagore, generations of Western rulers have tried and partly managed to rub out that divergence, enforcing the Easterners (either independent or colonized) to copy them. This deliberate cultural standardization is leading the world to an inexorable chaos, particularly at work in 1916-1917 when Tagore is giving his lectures. The difference between the East and the West, due to how they have developed through their history, does not mean incompatibility. Quite the contrary, by preserving their own peculiarities, by analyzing the advantages and disadvantages of progress for the whole world, and thanks to mutual understanding and respect, both "hemispheres of the mind" should benefit one another.

I shall begin by evoking Ernest Renan's *What is a Nation?* I shall do so because in 1901, fifteen years before uttering his counter-current razor-sharp denunciations of Western nationalism in front of Japanese and American audiences, Tagore had analyzed Renan's principles. Besides, Renan stated that a nation was based on both a legacy of the past, which one had to honor, and the present will to make it last. He also asserted that "man is a slave neither of his race nor his language, nor of his religion, nor of the course of rivers nor of the direction taken by mountain chains. A large aggregate of men, healthy in mind and warm of heart, creates the kind of moral conscience which we call a nation." [50] Many principles of the *Brahmo Samaj*, Sriniketan and Santiniketan read like an extension of this philosophy. However, and this is the whole point, in Tagore's mind, they should be applied to small communities or villages, but definitely not at the scale of a huge territory such as India. Finally, the influence of *What is a Nation?* On Tagore is obvious, as he refers to it to prove the impossibility for India, Japan or China to adopt a political, moral or social system based on a Western nation-states structure.

In *Nesan kî?* [51] Tagore agrees with Renan: religion, race, territory, material property or a common native language have

---

[50] Ernest Renan, *Qu'est-ce qu'une Nation? Conférence faite en Sorbonne*. Paris: Calman Lévy, 1882. Transl. http://www.nationalismproject.org/what/renan.htm

[51] Rabindranath Tagore, 'Nesan kî?' (1901-2), *Rabindra Racanâbalî*, vol. 12/15. Calcutta: Government of West Bengal, 1961-68, p. 675.

not founded what Western nation-states are today. A nation is a soul, a spiritual principle and a mental construct. Yet – unlike in Europe –, in Asia, the notion of nation-state cannot work and therefore should neither be established by the Westerners nor sponsored from within, by the Japanese or Indian nationalists. Tagore records that vocabulary is missing in Bengali to define the "Nation"[52]. To explain the illiterate folks what it refers to is impossible, because merely nonsensical: it does not fit the people's shared history as a community. ToTagore, India and Japan have not evolved through conflicts and revolutions. Instead of protectting herself against invasions, India has constantly adopted other systems. She has proved and improved her adaptability skills. Yet, so far she has managed to protect her soul thanks to the diversity and various identities of her communities. She must keep relying on those paramount foundation and framework to enforce her uniqueness and creativity. However, there were two points that Tagore criticized India for: to have abdicated to a stupefying ruling model, and to have accepted a hierarchy based on casts and races. As we know, "unity through diversity" will become India's motto. Beside the fact that Tagore composed the Indian and Bangladeshi national anthems, it shows how determining Tagore's precepts were in shaping the collective cultural identities of these nations.

Renan's *What is a Nation?* Was a conference given at the Sorbonne as a response to Johann Fichte's 1807's *Addresses to the German Nation.* Published in 1882 at a time when, following the French defeat and the annexation of the Alsace-Lorraine, fundamentals were required to revitalize the fatherland, it embodied (and still does) a French conception of the nation based on the people's will to form a nation, as opposed to an essentialist German conception based on race, religion and language. A similar need for fundamentals became apparent in 1916, when empires, nations and colonies were at war. For Tagore, launching his lecture tours was a personal necessity as well as the beginning a restless life that would damage his psychological equilibrium, his serenity and most likely his

[52] "It must be admitted that the Bengali language has no equivalent for the word 'nation'" (Rabindranath Tagore, 'Nesan kî?', p. 675*)*

literary inspiration. In the short term, the benefactors of this choice should have been his political, educational and social ideas. Actually, the reception being catastrophic both abroad and in India, if there was a positive outcome; it might be assessed in a longer term. And a one-century delay is perhaps too short. Indeed, even if *Nationalism* may be seen as both contemporary and prophetic, it is far from being regarded as a canonical text; and the potential solutions that it mentions have not been studied yet, let alone tested at an international level.

In 1916, lately awarded the first Asian Nobel Prize for Literature, then knighted, Tagore felt legitimate to make his ideas both public and clear. His ambition was to awaken the West and the East by presenting them the need to modify the structural and ethical principles of a decolonizing, globalizing and modernizing world and to embrace reciprocal receptivity as a priority. There was a need for new fundamental texts – perhaps his own –, aimed neither at the Easterners nor at the Westerners in particular, but at both, that could produce exchanges and possibly changes in how the West should consider the East, i.e. less blindly or condescendingly, and how the East should look at itself and towards its future, i.e. differing from a pallid imitation of the West, evaluating scientific progress, prioritizing mass education, learning from its peculiarrities and respecting its traditions. To anticipate an articulation of the post-colonial world, constructive criticism had to be drawn from the tragic war events. The first conclusion was that the nation-state system was incompatible with the ancient traditions, current economic metamorphoses and the future states of independence of some non-Western countries. Hence, Tagore assessed it as a dangerous model in and made it his mission to condemn it worldwide. Meanwhile, more positively, as he wrote to Gilbert Murray, his objective consisted in announcing to the world the enlightening experience of universalism[53].

To do so, Tagore had to proceed step by step and region by region. In 1916, he planned not to present his condemnation and

---

[53] Rabindranath Tagore, in Krishna Kripalani, *Rabindranath Tagore, A Biography*. Calcutta: Visva-Bharati, 2nd ed. 1980, p. 303.

solutions to the Indian people or nationalists first. The whole world had to rethink the concept of the "Nation" and to refuse it fully and in full knowledge of the facts. That should begin with the Japanese who were then invading China and threatening it with their 21 demands. Even though Tagore was fond of Japanese traditions and arts, he accused the Japanese of betraying their deeply-rooted and honorable values. He also wished to speak to the American decision-makers and business-men who would soon become the world's policemen and economic leaders. The United States had a history of its own as a federation republic and a former colony. It had progressed differently from the old Europe which had wrongly imposed its nation-state and imperial conceptions and was responsible for global chaos. Tagore thought that, with Wilson as their President, the Americans had little imperialistic ambitions. He hoped that, after war, they would help redefine the world's connections, and implement a structure that would fit them and the Eastern countries. In April 1917, Rolland wrote: "*Tagore is expecting a lot from the United States. It must harmonize races and be the great laboratory where all the problems of the human race are solved*"[54]. Afterward, Tagore would talk to the Europeans, forcing them to realize they had led the world to millions of death and to a dead-end, and pressing them to change their global policy. Only then Tagore would address his countrymen.

This ideal method or scenario is consistent with how Tagore usually proceeded as "*he had retained a qualified skepticism, and nationalist public opinion at that time was vociferous against him*"[55]. In another context, Tagore declared: "*I am afraid I shall be rejected by my own people when I go back to India. My solitary cell is awaiting me in my motherland*"[56]. Rolland reported it clearly in April 1921:

Nationalism is very strong among his countrymen whose resentments for everything they have gone through are too

[54] Romain Rolland, *L'Inde*, p. 15.
[55] Sabyasashi Bhattacharya, *The Mahatma and the Poet*. Delhi: National Book Trust, 1999, p. 11.
[56] Rabindranath Tagore in Krishna Kripalani, *A Biography*, p. 301.

deep-seated now to imagine they could be willing to get closer with Europe... This is why Tagore must be so careful towards the English and why he avoids relying on them, fearing that in India his work could be suspected of being an instrument of England.[57]

Tagore feared indeed that the Indians would interpret his message against nationalism as an act of treason. There had been precedents, especially with *Gora*, Tagore's most voluminous novel, written between 1907 and 1910, and published in the form of a serial. This satire of religious fundamentalism advocated for the main principles of the *Brahmo Samaj* and evokes both the negative and positive impacts of the Western presence and thought on the Indians' modern daily life. Because its final message opposes all kinds of fanatical excess or use of violence, and calls for the reunification of different communities, Tagore was accused by his people of supporting colonial ideals. Similarly, in 1905, Tagore got involved in the patriotic *swadeshi* movement following the Partition of Bengal. This period of intense activism led him to political disillusions: "*It may have sensitized the poet to the limitations of the pre-Gandhian Congress and its politics*"[58]. For 5 years, he retired from politics, settled in Santiniketan and focused on seemingly non-permissive activities, such as writing poems and plays, imagining an educative program and holding responsibilities in his village. There, in 1912, he started writing his English version of *Gitanjali*. "Once burned, twice shy", the saying goes, and Tagore imagined a tactic to avoid popular misunderstanding. When he decided to assess the quality of *Song Offerings*, he went to Europe for appreciation. Then, preceded by international fame and recognition, he returned to India where his countrymen agreed on the indisputable quality of his works. The same process occurred in 1930 when he wanted to verify the originality of his paintings.

This is also how he proceeded in 1916 with *Nationalism*, with less success. Between 1905 and 1916, even if he limited

---

[57] Romain Rolland, *L'Inde*, p. 25.
[58] Sabyasashi Bhattacharya, pp. 3-4.

his political commitment, keeping his distance from the *Congress*, Tagore kept developing ideas at social, educational, moral and philosophical levels. Agreeing with Renan's statement that the "Nation" was not a political principle, but a moral one, he could tackle the subject without breaking his promise of keeping away from politics. Personally disinterested, having no political stratagem for taking power, he was regularly consulted by Indian political figures, including Gandhi, to whom he constantly presented the prevalence of individual freedom on any sorts of collective belonging, the dangers of patriotism and the inadequacy of nationalism in Eastern countries. Even if he supported India's independence, his obsession was less to fight for it unswervingly than to recall the ancient values and modern democratic ideas that could make his country independent in a moral, structural and economic way, especially at a local level.

In 1916, in a war context and beside Gandhi's emergence, Tagore felt he could no longer remain silent. India had to reject, not all what the British had implemented, but the inapt European nation-state paradigm that had already been internalized by Asian societies, and would ravage her identity, peculiarrities, culture and society as a whole. In the final chapter of *Nationalism*, aimed at Indian people, he proposed solutions: to work collectively and locally, assembling the best of tradition and modernity, following what was experimented in Santiniketan and Sriniketan. If the world looked towards nationalism rather than internationalism, it would collapse. So would independent India. Here is how Nehru summed what Tagore brought to Indian nationalism and to the Indian nation:

Nationalism, especially when it urges us to fight for freedom, is noble and life-giving. But often it becomes a narrow creed, and limits and compasses its votaries and makes them forget the many-sidedness of life. Tagore has given to our nationalism the outlook of internationalism and has enriched it with art and music and the magic of his words, so that it has become the full-blooded emblem of India's awakened spirit.[59]

The advice given by Tagore to those who would preside over independent India was unequivocal: "*Fear not the waves of the sea, but mind the leaks of your own vessel*"[60]. India's real fight had less to do with Europe than with herself:

How to be free from arrogant nationalism is today the chief lesson to be learnt.Tomorrow's history will begin with a chapter on internationalism, and we shall be unfit if we retain any manners, customs, or habits of thought that are contrary to universalism"[61].

It is remarkable that *Nationalism* hardly examines World War One. The reason for this might be that Tagore needed to see to believe, to give empirical statements or better-organized thoughts. War was thus only dealt with in 1922 in *Creative Unity*, or in 1920 in the letters sent to C.F. Andrews. In the latter, after visiting Champagne's battle fields and bombed-out buildings, Tagore confessed his despair and pessimism. But in *Nationalism*, he examined the reason for war rather than war itself, denouncing a generalizing behavior. Being internationally portrayed as a wise man, at times a saint and a prophet, naively willing to reiterate what had happened with *Song Offerings*, he thought that he could promote his ideas far and wide, provided they were well-accepted and passed on by the audience and the press. This did not happen. He failed to make a mark on people's opinions (whether Japanese, American, European or Indian) so that each and all of these so-called nations would stop considering nationalism, materialism and

[59] Jahawarlal Nehru in *The Golden Book of Tagore, A Homage to Rabindranath Tagore from India and the World*, The Celebration of his 70th Birthday. Calcutta: Ramananda Chatterjee, 1931, p. 183.
[60] Rabindranath Tagore in Krishna Kripalani, *A Biography*, p. 8.
[61] Rabindranath Tagore in Jawaharlal Nehru, preface to *Rabindranath Tagore: A Century Volume*. New Delhi: Sahitya Akademi, 1961, xvi.

machinery as unifying golden calves [62] –a gregarious and reckless approach leading them to their own moral destructions.

Just like Romain Rolland's pacifist views were seen in France as unacceptable and treacherous, Tagore's, wherever he spoke, were criticized, and even boycotted. Like his grandfather who had broken the *Brahmin* rule in travelling overseas and had been consequently excluded from his caste, he isolated himself from his clan and the various main streams. His thought, formerly praised for rising streams of consciousness, was then reduced to a small brook from which few wished to drink. In his poetry, Tagore often used the metaphor of the boatman. He believed that uniting the two banks of a river was his mission. These banks were the East and the West as well as patriotism and internationalism. It was a daily and demanding task as the current was constantly against him and whirlpools often threatened to overturn his ferry and to make it sank with its few passengers and its cargo of reforming ideas on board.

Nationalism is an anti-colonial text as Tagore holds nation-states responsible for the creation of empires and the excesses that they inevitably generate. *Nationalism*'s content was blamed for its contempt against colonialism. Indeed, it blamed Western nations for bringing countries one against the others by applying a monstrous contaminating concept. By fashioning the world into separate nations, Europe had instigated a vicious circle calling for ever more cultural chauvinism or ethnocentrism, collective selfishness, wishes of power, materialism and glory, and, collaterally, conflicts, injustices, annexations, alliances and betrayals whose victims were mankind and nature as a whole. In *Nationalism in the West*, war is depicted as the evil consequence, not the cause, of the creation of a self-destructive global time bomb, a trans-plant holding the seeds of its own destruction: "*This European war of Nations is the war of retribution*"[63], Tagore writes, comparing it to Kali. Aimed at audiences invigorated by national propaganda, understandably the lectures received bad press and aroused criticism from all parts, including intellectuals and former admirers who would

---

[62] Rabindranath Tagore *in* Romain Rolland, *L'Inde*, pp. 14-15.
[63] Rabindranath Tagore, *Nationalism*, p. 43.

not only start rejecting Tagore's ideas on nationalism or internationalism, but would disdain his previous literary works. Gandhi shared that opinion. In his article *The Great Sentinel*, he claimed that "*when there is war, the poet lays down his lyre... The poet will sing the true note after the war is over*"[64]. On the contrary Tagore believed that the presence of the intellectual and the poet was at present time, not in the past or the future.

To depict the Nation's perverse effects, stressing how it undermined societies, in an argumentation more centripetal than linear or in line with the ordinary academic Western demonstration, for pages, Tagore multiplied the affirmations, paraphrases and metaphors, rather than providing analyses: "*His conclusions are assumed to be true in proportion to the vehemence with which they are asserted*"[65]. Pathos and sensitivity prevailed over a scientific process of determination. In his lectures, even though he was greatly westernized, Tagore diverged from the mainstream in both language and substance. This explains why they were damaging in terms of friendship and relationships with the West. Some European friends denounced that disorganized reasoning for lacking persuasiveness. To them, the whole judgment against the "Nation" was questionable. E.J. Thompson, for instance, rejected the poet's positions on both war and the Nation. He found them inappropriate and deplorable, as many comparisons and conclusions did not stand. Expressing his disagreement to Tagore cost him a long-term friendship and a lifelong frustration. On the contrary, a few intellectual figures, such as Romain Rolland adhered to Tagore's ideas and his noncomforming, argumenttative structure, and saw the lectures as heroic acts of chivalry, declaring war to war in a war context. To some extent, the rejection and adherence depended on the people's belonging or non-belonging to the main stream in the war context. The dichotomy pertained until war was over and patriotism less paramount.

In the United States Tagore gave two sorts of lectures. Those later published in *Personality*, dealing with art, education,

[64] M.K. Gandhi, 'The Great Sentinel', *Young India*, 13 October 1921

[65] E.P. Thompson in his preface to Rabindranath Tagore, *Nationalism*, p. 8

philosophy and mysticism, were prized, whereas those integrated to *Nationalism* were attacked as plainspoken denunciations of nationalism. The *Detroit Journal*, for instance, warned its readers against "*such saccharine mental poison corrupting the mind of the youth of the great United States*"[66]. The reception, in addition to the frantic rhythm of the tour, had a terrible effect on Tagore's health and confidence. Besides, present in the US, some Indian revolutionaries belonging to the Gadar Party interpreted the message as a criticism of Indian patriotic aspirations. They claimed that the poet was a British agent sent to the US to discredit India. This illustrates how Tagore failed to have his message understood by his countrymen, either at home or abroad. The British administration, which did not like Tagore's ideas on nationalism and war, and looked at him as an opponent[67], dreaded a possible effect of his speeches on the American minds. Nothing was done to silence a rumor that Tagore worked for the Germans to damage the American sympathy for the British and the Allies. A quick reading of *Nationalism in Japan* is enough to appre-ciate why the reception to the summer 1916 lecture tour was disastrous in Japan. As C.F. Andrews confirms, part of it was written in a state of intense excitement or activity. If some paragraphs show great admiration and respect for Japanese traditions, the lecture gradually becomes harsh on the new generations of Japanese and their bellicose involvement.Tagore blames them for imitating the West and using the nation-state structure as a model, for overlooking the nonviolent grandeur that their country had shown through its history. Japan was both misled by the West and itself, and misleading Asia.

Both in Japan and in the US, Tagore took the risk of being contradicted and publicly condemned. However, in the longer term, one may wonder if he took advantage of his new reputation as a provocateur and a rouser of conscience. After war, his project of creating an international university made sense for those who supported or simply understood afterwards his call

[66] Detroit Journal, quoted in Krishna Kripalani, *A Biography*, p. 139
[67] S.K. Bagchi, 'The Poet and the Raj', *Visva Bharati Quarterly*, vol. 50, April 1985, p. 94.

for cohabitation, humanism and internationalism. In the 1920s, wherever he went, auditoriums were full and his lectures and meetings largely covered by the press. Psychologically, Tagore was still torn between looking for partners, which obliged him to work as a diplomat and accept the main stream, and giving free reign to his ideas, which often isolated him from others. The ambivalence and pain was all the more obvious that, as a poet and a thinker, he needed alternatively contact with friends, relatives and foreigners, and solitude, calm and concen-tration to suit his creative, romantic and mystic nature.

Following each fight for individual independence or against nationalism, Tagore needed to retire to recover from the multiple injuries (illness, depression, sullenness) caused by the misunderstanding of either the West or India. Yet, after each withdrawal, he was drawn back into highly public activity "*like a moth to a flame*" [68] .Tagore was radical in his multiple activities and metamorphoses, revealing a dual personality that made friendships, with distance and the passing of time, increasingly fragile or incompatible. This chronic condition, which used to be rebuffed by Tagore's hagiographers, is now admitted by Tagore's researchers. It makes sense for a poet, as well as for a sentinel living, writing, talking and working ahead of his time, at a period when modernity confronted traditionalism, colonialism was fought for or against, and when advice could determine the path of discussions and decisions.

Regarding Tagore's ideas, *Nationalism* may be reckoned as prophetic. The lectures "*succeed better as prophecy than diagnosis*", E.P.Thomson wrote [69] .Tagore was not even excessive in comparison with what happened, as, the nation-states model being maintained, a second world war took place, a nuclear weapon was launched, many environmental disasters occurred, etc. Though questionable, Tagore's atypical analysis that the only culprit is the "Nation" deserves further attention. However, still today, this raises at least two questions: the nation-state model standing for granted in the West, are the Westerners unbiased enough to analyze nationalism from

[68] E.P. Thompson in his preface to Rabindranath Tagore, *Nationalism*, p.2
[69] Ibid. p.8

another perspective? Can the lectures composing *Nationalism* be reconsidered by them, focusing more on its content rather than on the debatable method that Tagore chose to make his case?

Fabien Chartier

CHAPITRE VI

FANON, À REBOURS, EN SON TEMPS ET AUJOURD'HUI

Les définitions données à la locution « à rebours » sont intéressantes: « Dans le sens contraire au sens normal, habituel » et « D'une manière contraire à la raison, à la nature, à l'usage ». On voit qu'y sont traitées en synonymie des notions comme norme et habitude, et d'autres comme raison, nature et usage. Le moins qu'on puisse souligner dans de tels énoncés est l'approximation: la norme est-elle l'habitude et l'usage, la raison ? Retenons, pour notre part qu'effectivement, Fanon dans ses actes et dans ses écrits – les deux assez intimement liées –, a bien été *a contrario* de ce que l'on attendait d'un intellectuel noir de l'époque; il sortait donc de la norme, de l'usage du discours attendu venant des dominés et des colonisés.

On peut (rappeler, à grands traits, son parcours de vie, pour y déceler plus une logique en évolution que des contradictions. En effet, même si l'expérience algérienne marque une rupture profonde dans sa vie et son œuvre, elle ne le fait pas dévier d'objectifs très tôt circonscrits. Ce qui permet à ce jeune intellectuel psychiatre d'arriver « armé » dans cette colonie de peuplement-phare qu'est l'Algérie. Il n'y a pas un retournement, un fossé entre son premier essai, *Peau noire masques blancs* en 1952 et les deux suivants, l'un sur l'expérience de résistance au colonialisme que mènent alors les Algériens, *L'An V de la révolution algérienne* en 1959 et ce que l'on a coutume de nommer son testament politique, *Les Damnés de la terre* en décembre 1961.

UN PARCOURS A CONTRE-COURANT

Revenons à ce parcours [70] qui permet en neuf années l'édition de ces trois essais sans compter les articles politiques

[70] Cette contribution ne peut s'attarder sur les détails précis de ses affirmations. Il faut revenir à l'ouvrage d'Alice Cherki, *Frantz Fanon –*

et les articles en psychiatrie. Le jeune citoyen français qui, de sa Martinique natale durant les années de la guerre, estime que son devoir est de lutter contre le nazisme et donc de s'engager dans les Forces françaises libres, n'est pas le seul à se lancer avec conviction dans cette aventure mais un des rares à le faire. Cet engagement est une expérience inaugurale essentielle puisqu'elle lui dessille les yeux sur la position colonialiste de la France, le faisant avancer dans la prise de conscience de l'écart entre ses convictions et la manière dont il est perçu en métropole: « Tiens, un nègre ! [71] »; étape importante que de sortir de son monde pour affronter l'autre. Après la guerre, le jeune étudiant à Lyon – et non à Paris comme la plupart de ses compatriotes martiniquais –, se choisit une ligne de formation, la médecine, en l'ouvrant à d'autres formations (philosophie, psychologie, littérature) qui enrichiront ses acquis de médecin puis de psychiatre; notons, en particulier, sa décision d'aller, en connaissance de cause, dans le service de psychiatrie du Pr. Tosquelles, le psychiatre espagnol catalan anti-franquiste et qui a trouvé refuge en France. En 1953, devenu l'un des médecins-chefs de l'hôpital psychiatrique de Blida-Joinville à 50 kms d'Alger, il ignore tout de ce monde algérien qu'il découvre, ne perd pas son temps, s'informe, apprend et s'engage. Mesure-t-on cette capacité non pas à s'adapter comme un caméléon – Fanon est tout sauf un caméléon – mais à comprendre une situation à partir du camp des opprimés qui est le sien sous toutes les latitudes, fidèle à la promesse qu'il s'est faite jeune et qu'il a dûment inscrite dans *Peau noire masques blancs*: « Chaque fois qu'un homme a fait triompher la dignité de l'esprit, chaque fois qu'un homme a dit non à une tentative d'asservissement de son semblable, je me suis senti solidaire de son acte[72] » ?

De 1953 à 1960, le psychiatre en exercice professionnel, que ce soit à Blida ou à Tunis, dérange les habitudes apprises et les schémas intégrés. À Tunis, parallèlement, Fanon, le militant de

---

Portrait, Le Seuil, 2000 ; ainsi qu'à nos différentes études et ouvrages sur F. Fanon : cf. mon site : http://www.christianeachour.net

[71] Cf. l'expérience mise en réflexion dans le chapitre 5 de *Peau noire masques blancs*, extraordinaire mise en scène du racisme et de son vécu.

[72] F. Fanon, *Peau noire masques blancs* (1952), rééditions Seuil-Points, p. 183.

la cause de libération du Tiers Monde[73] par une réelle décolonisation, accepte d'être une voix porte-parole des Algériens et d'être une plume parmi d'autres plumes dans le comité de rédaction du journal de la résistance algérienne à Tunis, *El Moudjahid.* L'écriture lui tient à cœur, il ne se contente pas d'agir par sa pratique professionnelle, il endosse une autre fonction: l'écriture qui dissèque, analyse et éclaire.

LA FORCE D'UNE ECRITURE

Nous réfléchirons ensuite à la force des idées de Fanon alors et aujourd'hui. Mais disons d'emblée que la force des écrits de Fanon vient de sa plume d'écrivain, reconnue par son aîné, Aimé Césaire, dès son décès dans l'article qu'il lui consacre, « La révolte de F. Fanon » dans *Jeune Afrique*, le 13 décembre 196; il y écrit dans le brûlant du deuil:

Il apparaissait essentiel à notre horizon d'homme [...] Vie courte, mais extraordinaire. Brève, mais fulgurante, illuminant une des plus atroces tragédies du XXe siècle et illustrant d'une manière exemplaire la condition humaine, la condition de l'homme moderne [...] Celui qui réveille et celui qui encourage, celui qui somme l'homme d'accomplir sa tâche d'homme et de s'accomplir lui-même, en accomplissant sa propre pensée. Dans ce sens, Frantz Fanon fut un "paraclet".

Fanon est un écrivain. Ses textes ne sont pas seulement ceux d'un brillant militant et polémiste, d'un psychiatre attentif à tout ce qui entrave la libération du sujet dans des situations d'aliénation et de violence, il est aussi et conjointement, un écrivain, à considérer comme tel. Comme le déclarait l'Angolais, Mario de Andrade, en 1982: « Il nous faut réentendre, ici en Martinique et partout ailleurs, la parole de Frantz Fanon toujours *apte*, comme dirait le poète, *à capturer les colères du*

[73] L'expression « Tiers Monde » peu employée aujourd'hui était celle qu'utilisaient Fanon et ses contemporains. Si Fanon choisit alors l'Algérie, c'est parce que ce sont ces colonisés-là qui se sont alors engagés dans une lutte totale contre le colonisateur français et, bien entendu, parce que les circonstances de sa vie professionnelle l'y ont conduit.

monde[74]. » Dans *Culture et Impérialisme*, le grand critique palestino-américain, Edward Said, célèbre ce « style » qui fait que ses idées « passent » et que ses textes demeurent au-delà de son temps:

Malgré ses obscurités et difficultés, il y a dans la prose de Fanon assez de suggestions poétiques et visionnaires pour faire sentir que la libération est un processus, non un but automatiquement atteint avec l'indépendance des nouvelles nations. Tout au long des Damnés de la terre, Fanon cherche en fait à lier l'Europe et l'indigène dans une nouvelle communauté non antagonique de la conscience et de l'anti-impérialisme[75].

Fanon écrit avec ses convictions certes mais ses convictions font mouche car il y a la force de sa langue d'écrivain. Une lettre inédite – dont malheureusement nous n'avons pas la date – montre bien cette préoccupation qui était la sienne de faire jaillir du langage une provocation du réel:

Pour cela j'ai les mots-arcs, les mots-balles, les mots-scies, des mots transporteurs d'ions. (Des mots qui soient des mots)[...] Car les mots doivent être agiles, malins. Ils doivent se présenter, s'évader, faire de l'œil, s'évanouir.

Il me faut des mots qui ont des bottes de sept lieux.
Des mots ? Mais des mots couleur de chair trépidante,
Des mots couleur de montagnes en feu
Des villes en feu
Les mots ressuscités [...][76].

---

[74] In *Mémorial International Frantz Fanon*, 31 mars-3 avril 1982, Fort-de-France, Paris, Présence Africaine, 1984, p. 261.

[75] E. W. Saïd, *Culture et impérialisme*, Fayard et Le Monde diplomatique, 2000 pour la trad. française par Paul Chemla. L'ouvrage rassemble des idées développées depuis 1978 après l'édition de *L'Orientalisme* et une série de cours professés entre 1985 et 1988 aux Etats-Unis, en Angleterre et au Canada. Citation, p. 381.

[76] Joby Fanon, *Frantz Fanon, De la Martinique à l'Algérie et à l'Afrique*, L'Harmattan, 2004, p. 141.

La vie qu'il s'est choisie, les séquences historiques intenses qu'il a vécues, ne lui ont pas permis d'investir cette puissance du verbe – qui caractérise bien l'écrivain – dans les genres littéraires plus classiques mais dans un genre que tous ne reconnaissent pas comme un grand genre littéraire de la littérature: l'essai. Fanon est avant tout ou finalement et profondément un écrivain et c'est cela qui fait sa pérennité. En racontant autrement, il jalonne ses analyses de mini-narrations qui, comme des paraboles ou des séquences-vérités, vont direc-tement à l'entendement, à la sensibilité et au corps du lecteur. La phrase de Fanon, le plus souvent dictée, porte trace de cette vitalité et s'avance marquée par les rythmes de la parole, jusqu'à se faire écho et poésie, ici dans la « Lettre à un Français » qu'il écrit en 1955-1956 alors qu'il est en Algérie:

Arabes inaperçus.
Arabes ignorés.
Arabes passés sous silence.
Arabes subtilisés, dissimulés ;
Arabes quotidiennement niés, transformés en décor saharien[77].

Cette lettre, magnifique poème en prose à lire entièrement, en est un exemple éloquent : elle a l'efficacité portée par une conviction et toute la force émotionnelle du poème.

Mais auparavant, avant même l'expérience algérienne, lorsque Fanon écrit son premier article, « Le Syndrome nord-africain », il écrit déjà un texte « métis » au regard des codes qui différencient l'article scientifique de l'essai littéraire. Or, c'est par ce métissage des pratiques d'écriture qu'il parvient à démontrer ce qu'il veut démontrer et qu'il investit son lecteur. Il ne le laisse pas s'échapper autant par l'argumentation que par l'interpellation participante. Celle-ci conjoint le « je » et le « tu », ce « je » qui sait user de la fonction poétique du langage, non pour noyer le référentiel, la référence à une réalité observée, mais pour en faire une arme de lucidité et d'entraînement du

[77] *Pour la Révolution africaine*, Maspero, Petite collection Maspero, 1975, pp. 46 à 49.

lecteur, de sa « contamination[78]» Il commence par une remarque sur l'homme qui ne peut pas ne pas rappeler la question qui va clore, la même année, *Peau noire, masques blancs*: « ô mon corps, fais toujours de moi un homme qui interroge ». Il introduit ensuite son sujet, « le Nord-Africain émigré en France » et « l'inhumanité » de sa vie de façon objective puis, immédiatement, dans des termes peu habituels pour un article d'observation clinique, il impose une série d'images qui s'impriment durablement dans l'esprit:

Tous ces hommes qui ont faim, tous ces hommes qui ont froid, tous ces hommes qui ont peur...

Tous ces hommes qui nous font peur, qui écrasent l'émeraude jalouse de nos rêves, qui bousculent la fragile courbe de nos sourires, tous ces hommes en face de nous, qui ne nous posent pas de questions, mais à qui nous en posons d'étranges.

Quels sont-ils ?

Je vous le demande, je me le demande. Quelles sont-elles ces créatures affamées d'humanité qui s'arc-boutent aux frontières impalpables (mais je les sais d'expérience terriblement nettes) de la reconnaissance intégrale ?

Quelles sont-elles, en vérité, ces créatures, qui se dissimulent, qui sont dissimulées par la vérité sociale sous les attributs de bicot, bounioule, arabe, raton, sidi, mon z'ami?

Deux exemples particulièrement démonstratifs peuvent être également cités, au hasard d'autres phrases, pour convaincre de l'écrivain qu'est Frantz Fanon:

Dans *Peau noire masques blancs*:

* *Mon corps me revenait étalé, disjoint, rétamé, tout endeuillé dans ce jour blanc d'hiver.*

* *Je me définis comme tension absolue d'ouverture.*

---

78 « Le syndrome nord-africain » publié en février 1952 dans la revue *Esprit*. Réédité dans *Pour la révolution africaine*, Petite collection Maspero, rééd. 1975, p. 9 à 21.

**Je me découvre, moi homme, dans un monde où les mots se frangent de silence; dans un monde où l'autre, interminablement, se durcit.*

Dans *Les Damnés de la terre*, cette radioscopie de l'écrivain en situation coloniale:

**Oui, le premier devoir du poète colonisé est de déterminer clairement le sujet peuple de sa création. On ne peut avancer résolument que si l'on prend d'abord conscience de son aliénation. Nous avons tout pris de l'autre côté. Or l'autre côté ne nous donne rien sans, par mille détours, nous courber dans sa direction, sans, par dix mille artifices, cent mille ruses, nous attirer, nous séduire, nous emprisonner. Prendre, c'est également, sur de multiples plans, être pris. Il ne suffit donc pas d'essayer de se déprendre en accumulant les proclamations ou les dénégations. Il ne suffit pas de rejoindre le peuple dans ce passé où il n'est plus mais dans ce mouvement basculé qu'il vient d'ébaucher et à partir duquel subitement tout va être mis en question. C'est dans ce lieu de déséquilibre occulte où se tient le peuple qu'il faut que nous nous portions car, n'en doutons pas, c'est là que se givre son âme et que s'illuminent sa perception et sa respiration.*

**Allons, camarades, il vaut mieux décider dès maintenant de changer de bord. La grande nuit dans laquelle nous fûmes plongés, il nous faut la secouer et en sortir. Le jour nouveau qui déjà se lève doit nous trouver fermes, avisés et résolus.*

UNE CONVICTION, DES IDEES

Mais bien évidemment aussi ce qui a fait la force de Fanon en son temps, ce sont ses idées et ses analyses. On peut dire qu'il prend rarement pour argent comptant ses prédécesseurs, quelle que soit l'admiration qu'il a pour eux (on peut penser à Césaire et à Sartre). Ainsi, dans le chapitre 5 de son premier essai, la mise en scène du racisme signalée plus haut, s'enchaîne tout naturellement à un éloge de la négritude, tamisé par la conscience qu'on ne peut en rester à cette idéalisation de la race. Le combat de la négritude exalte le jeune homme mais il pressent déjà que quelque chose sonne faux dans ces revendications. Huit ans plus tard, Dans le chapitre 4 des *Damnés de la terre*, « Sur la culture nationale », il formule clairement son évolution en appréciant de façon qui n'est plus du tout ambivalente ce mouvement: c'est bien une étape historique et non une essence de l'âme noire. La négritude ne perturbe pas, n'a pas perturbé les représentations dominantes, n'a pas donné sa place d'égal au dominé, le sortant de la domination. Affirmer une culture nègre ne libère pas de la domination politique, sociale, économique. Etape nécessaire car elle redonne fierté et connaissance des origines, elle ne peut constituer un dépassement de la domination. Les propos de Fanon sont sans équivoque: « Cette obligation historique dans laquelle se sont trouvés les hommes de culture africains de racialiser leurs revendications, de parler davantage de culture africaine que de culture nationale va les conduire à un cul-de-sac[79]. » Et plus loin: «La négritude trouvait donc sa première limite dans les phénomènes qui rendent compte de l'historicisation des hommes.»

Contre cette continentalisation et cette essentialisation de la culture arabe, de la culture nègre, Fanon oppose la lutte pour des cultures nationales, seules à même de garantir une véritable internationalisation par l'émergence de nations qui apprendront à se mesurer et à dialoguer les unes avec les autres, à armes égales.

Cet exemple précis peut être enrichi par le regard qu'Edward Saïd porte sur l'apport de Fanon dans la réappréciation des forces en jeu dans le processus de colonisation/décolonisation. Dans ses « Représentations de l'intellectuel », E. Saïd précise, quant au « statut non professionnel » de ce dernier des caractéristiques que l'on pourrait appliquer à Fanon:

Le point fondamental tient, à mes yeux, au fait que l'intellectuel est précisément doté d'une faculté de représenter, d'incarner, d'exprimer un message, une vision, une position, une philosophie ou une opinion devant – et pour – un public. Or ce rôle a ses règles, il ne peut être exercé que par celui qui

[79] F. Fanon, *Les Damnés de la terre* (1961), Paris, rééd. Petite collection Maspero, 1974, p. 147.

se sait engagé à poser publiquement les questions qui dérangent, à affronter l'orthodoxie et le dogme (et non à les produire), quelqu'un qui n'est pas enrôlable à volonté par tel gouvernement ou telle grande entreprise et dont la raison d'être est de représenter toutes les personnes et tous les problèmes systématiquement oubliés ou laissés pour compte. L'intellectuel se fonde pour ce faire sur des principes universels : à savoir que tous les êtres humains sont en droit d'attendre, à quelque nation qu'ils appartiennent, l'application des mêmes normes de décence et de comportement en matière de liberté et de justice, et que toute violation, délibérée ou pas, de ces normes, doit être mise au jour et courageusement combattue[80].

Fanon a utilisé ses acquis en les passant au crible de son esprit critique, pour en faire un terreau répulsif de la nostalgie victimaire de l'opprimé et du spolié. L'exil (de la Martinique) et le déplacement (l'Algérie puis l'Afrique) ont produit chez lui une énergie décuplée pour œuvrer avec engagement dans un processus d'émancipation véritable. Inlassablement Fanon est revenu sur des invariants :

S'interroger sur le refus de reconnaître l'existence de l'autre et interpeller, politiquement et psychanalytiquement, cette cécité.

Approfondir par ses textes le fonctionnement de « la structure de l'oppression » pour cerner « ce que l'oppresseur projette sur l'opprimé » avec comme champ privilégié mais non exclusif, la violence coloniale française projetée sur le peuple algérien.

Mettre en lumière les origines de la violence de riposte des opprimés, analyse qui a fait, à tort, de Fanon un « théoricien » de la violence.

Cette résistance des dominés apparaît plus clairement à Saïd, en lisant Fanon et d'autres penseurs, à mesure qu'il avance dans son travail:

---

[80] *Des intellectuels et du pouvoir*, (trad. par Paul Chemla), Le Seuil, 1996, réédité par éd. Marinoor à Alger en 2001 (notre édition de référence), pp.23-24.

C'est cela que je n'avais pas abordé dans L'Orientalisme – cette réaction à la domination occi-dentale, dont l'apogée a été le gigantesque mouvement de décolonisation dans tout le tiers monde [...] Jamais la "rencontre impériale" n'a confronté un Occidental plein d'allant à un indigène hébété ou inerte : il y a toujours eu une forme quelconque de résistance active, et, dans l'immense majorité des cas, elle a fini par l'emporter[81].

Les « récits » des Occidentaux des métropoles ont été et sont omniprésents et un mur est érigé entre les oreilles de l'Occident et les nouveaux récits, ceux des populations des Suds[82]. L'objectif de Saïd est à la fois de faire entendre ces récits mais de déceler aussi la force sourde des opprimés dans les récits des Occidentaux, avec ses exemples de prédilection que sont ceux de Joseph Conrad, Jane Austen, Rudyard Kipling et d'autres, et non d'inverser la vapeur mais de mettre en relation ces voix:

Ignorer ou négliger l'expérience superposée des Orientaux et des Occidentaux, l'interdépendance des terrains culturels où colonisateurs et colonisés ont coexisté et se sont affrontés avec des projections autant qu'avec des géographies, histoires et narrations rivales, c'est manquer l'essentiel de ce qui se passe dans le monde depuis un siècle.[83]

L'expérience de l'Empire est commune à tous – étant entendu que la notion de « superposition » est à associer à celle de « rivalité » –, elle appartient conjointement aux dominants et aux dominés et sa lecture exige une lecture en contrepoint:

Concrètement, "lire en contrepoint", c'est lire en comprenant bien ce qui est en cause quand une romancière signale l'importance d'une plantation coloniale de canne à

---

[81] - *Culture et Impérialisme*, *op. cit.* p. 12.

[82] - Expression désignant tous les récits des opprimés, des colonisés ou ex-colonisés, des périphériques de toutes sortes.

[83] - *Culture et Impérialisme*, *op. cit.* p. 23. C'est moi qui souligne.

sucre pour le maintien d'un style de vie bien précis en Angleterre [...] il faut élargir notre lecture des textes pour y inclure ce qui en a été autrefois exclu par la force –dans L'Etranger, par exemple, tout le passé du colonialisme français et sa destruction de l'Etat algérien, plus l'émergence postérieure d'une Algérie indépendante (que Camus a combattue). [84]

La pratique psychiatrique de Fanon, dont on a quelques échos dans son second et son troisième essais, montre bien qu'il avait une pratique thérapeutique « en contrepoint » quand il observe le militant nationaliste traumatisé par la torture et le policier français chargé de l'exercer. Ainsi, la lecture de Fanon permet de lire des récits et des cultures que l'Occident occultait ou larguait en périphérie. Pour lui donc, Fanon est incontournable dans la critique de l'européocentrisme car il a su produire une « narration rivale » face aux narrations imposés par les dominants, dont les effets s'exercent toujours dans les inégalités d'aujourd'hui.

L'actualité de Fanon vient du fait que les situations qu'il a analysées n'ont pas fondamentalement changées, même si elles ont pris d'autres apparences. Sa lecture demande des réadaptations aux situations d'aujourd'hui mais elle permet de nourrir une réflexion et de poursuivre et non de trouver des recettes toutes faites. Il sera actuel tant que l'exhortation qui conclue *Les Damnés de la terre* ne sera pas dépassée:

Allons, camarades, il vaut mieux décider dès maintenant de changer de bord [...] il nous faut quitter nos rêves, abandonner nos vieilles croyances et nos amitiés d'avant la vie. Ne perdons pas de temps en stériles litanies ou en mimétismes nauséabonds.

[...] Donc, camarades, ne payons pas de tribut à l'Europe en créant des états, des institutions et des sociétés qui s'en inspirent.

L'humanité attend autre chose de nous que cette imitation caricaturale et dans l'ensemble obscène.

---

[84] cf. *Culture et Impérialisme*, *op. cit.*, pp. 118-119. Cf. aussi pp. 171 à 174.

[...] Si nous voulons que l'humanité avance d'un cran, si nous voulons la porter à un niveau différent de celui où l'Europe l'a manifestée, il faut inventer, il faut découvrir[85].

Christiane Chaulet-Achour

---

[85] F. Fanon, *Les Damnés de la terre*, *op. cit.*, pp. 229-233.

DEUXIEME PARTIE
UNE MOSAÏQUE DE RESISTANCES

CHAPITRE VII

THE *FRAME* OF FRAMES: IS VIRTUAL REALITY A NEW FORM OF DISSENT?

For the last twenty years neither matter nor space nor time has been what it was from time immemorial. We must expect great innovations to transform the entire technique of the arts, thereby affecting artistic invention itself and perhaps even bringing about an amazing change in our very notion of art.

Paul Valéry, *Pièces sur L'Art* ("La conquête de l'ubiquité")

This quote by Paul Valéry is not a recent one. Walter Benjamin used it already as a preface to his *The Work of Art in the Age of Mechanical Reproduction* in 1935. As it turned out, the mechanical reproduction afforded by photography and film did not challenge "our very notion of art" in the fundamental way that Valéry and later Benjamin feared that they would. The cultural space inhabited by *the original* continued to exist while the photography and the moving pictures went on to acquire their own domains. Furthermore, no one today, or at least not yet, mistakes the world of cinema with that of the museum, gallery or archive. If this is so, if there is no misunderstanding, if the innovation of photographic reproduction did not challenge the essential status of *the original*, then the question is: Was Benjamin wrong, was he too much of a traditionalist and aesthete, or was he rather ahead of his time? In other words, was his concern about the purity of art, was his worry about the loss of authorship, merely a knee-jerk reaction of an artist against the very idea of duplication, or was his argument against the advantages of photography and film presaging a decline of the corporal and material presence of the art work or the humanistic artefact?

It is worthwhile to examine this question in detail as it helps us to understand our own conundrum: Is the present-day *Information Age*, is the current *iconic*, *computational* or *digital turn*, or even more precisely, is the ongoing digitalization of our reality at last transforming "the entire technique of the arts, thereby affecting artistic invention itself and perhaps even bringing about an amazing change in our very notion of art", or is digitalization, as photography was, just another tool or medium that does not impose itself on the essential attributes of the art object? As we try to keep up with the ever-quickening pace of technological innovations in information technology, many of us are inclined to agree that the current *iconic-digital* process (whereby "knowledge" writ large is set free) is indeed a major and transformative event of modernity. Humans, as the anthropologist Arnold Gehlen has so famously characterized it, are *Mängelwesen* as they are deficient and lacking and dependent on tools for their survival. That the *perpetuum mobile* is possible and that robots and machines will one day alter reality as we see it, has been an endeavor of the *scientia experimentalis* and an ever-recurring theme of science fiction. In his *Decline of the West* (1918) Oswald Spengler was even more pessimistic as he predicted that this "one day" will be here sooner than we think:

Essentially machines are becoming ever more dehumanized, ever more ascetic, more mystical, and more esoteric. They envelop the earth with an infinite web of fine force fields, streams and voltages. Their bodies become ever more spiritual, turning ever more silent. These cogs, cylinders and levers no longer speak to us. All that is decisively crucial there withdraws to its innermost core.[86]

---

[86]My translation of: „Und diese Maschinen werden in ihrer Gestalt immer mehr entmenschlicht, immer asketischer, mystischer, esote-rischer. Sie umspinnen die Erde mit einem unendlichen Gewebe feiner Kräfte, Ströme und Spannungen. Ihr Körper wird immer geistiger, immer verschwiegener. Diese Räder, Walzen und Hebel reden nicht mehr. Alles was entscheidend ist, zieht sich ins Innere zurück." Oswald Spengler, *Der Mensch und die Technik* (Wien:

As Spengler's vision of the unleashing of a "Faustian technology" stirs a familiar chord in some of us, there is some justification to go over the well-trodden ground of Walter Benjamin's celebrated thoughts about impact of visual technology on culture, politics and the arts.

Benjamin`s anxiety about how (and why) visual frameworks are created, continues to be a source of apprehension in media studies that by no means has been satisfactorily dealt with in the literature.[87] Despite Benjamin's significant contribution to this issue, his influence especially on critical media studies is not always fully acknowledged. This has to do with the fact that he came down on the wrong side of an emergent industry. Whereas contemporaries Benjamin's (born in 1892) contemporaries, such as Erwin Panowsky lauded the various new technologies, Benjamin was not an all-out supporter of a technological *laissez faire*. Today, Benjamin`s *The Work of Art in the Age of Mechanical Reproduction*" more often than not, is chiefly considered to be part of Marxist cultural criticism and not of media theory in general. It is ironic, that instead of the two left-leaning, German-Jewish thinkers Walter Benjamin and Siegfried Kracauer who have directly written about film and photography, it is the right-conservative philosopher Martin Heidegger that today is becoming a foundational figure for media studies. Perhaps it is necessary, as Rosalind Krauss has done so apply in *The Optical Unconscious* (1993) to re-appraise Walter Benjamin outside of Marxist theory in order to make his contributions to critical media studies more visible. This is a difficult undertaking as we then have to accept Benjamin not so much as a public intellectual, but as an artist and a *flaneur* defending the sanctity of art. We have to bracket for a moment his politicising of art and understand it as a radical procedure intended to save

---

Karolinger 2006)

[87] „Die Ästhetik der Immersion ist eine Ästhetik des Eintauchens, ein kalkuliertes Spiel mit der Auflösung von Distanz. Sie ist eine Ästhetik des empathischen körperlichen Erlebens und keine der kühlen Interpretation. Und: sie ist eine Ästhetik des Raumes, da sich das Eintaucherleben in einer Verwischung der Grenze zwischen Bildraum und Realraum vollzieht. "Laura Bieger: *Ästhetik der Immersion*. Bielefeld 2007, S. 9.

the patient from Nazism. Re-reading Benjamin in such a context would mean that we match him up with the likes of Oswald Spengler and Martin Heidegger. And indeed it should capture our attention that such disparate thinkers as Benjamin, Spengler and Heidegger were concerned about a stage in human development where robots and machines were morphing from prosthetic devices (that enhance our natural powers) to entities that create their own reality.

It is understandable that many Benjamin scholars are wary of such attempts, and it is for this reason that it is necessary to situate him in a larger philosophical context. There are those who argue that the hegemonic struggle between visual and textual semiotics is a built-in feature of both the visual and the communicative arts. In this regard, creation and re-creation (of reality) are seen as different sides of the same coin. The dual constitution of the sign/referent unit can then be seen as being analogous to the binary code, that is, to the polarity of the zero/one binary unit. Of course, it was Plato and more recently to Descartes and Martin Heidegger who have championed this dualistic makeup of reality. As the Platonic sign/referent dualism appears in this new Cartesian context as the object-subject distinction, and since those holding this position tend to foreground cognitive and epistemological issues, *Neo Cartesians* would be a fitting label for those in media studies who hold fast to this distinction. *Cartesianism* is more fitting here than *Platonism*, as the Cartesian problem of the body/mind dichotomy neatly corresponds to the coupling reality/virtual reality.

For these *Neo Cartesians* the current digital revolution is nothing new. They argue that all the arts (up to the 19th century) have continually striven to be as realistic as technically possible. Already Aeschylus, as Bernhard Geyer pointed out, strove for a superior realism as he asked for a perspectival stage (*Skenographia*) with 3D effects.[88] Put in another way, those *Neo Cartesians* engaged in *visual culture studies* maintain, as Pierre Lévy has done, that the "virtual is by no means the opposite of

---

[88] Bernhard Geyer: *Scheinwelten. Die Geschichte der Perspektive*. Leipzig 1994, S. 19.

the real".[89] But it is precisely this distinction between reality and virtuality that is at the heart of the matter for those not in agreement with what Martin Heidegger and Martin Jay have characterized as the tradition of "Cartesian perspectivalism".[90] The anti-Cartesians *au contraire* opine that "the original" is to "the copy" as "reality" is to "virtuality". As they see it, ontologically speaking, there is a fundamental difference between, say real currency and imagined or promised Dollars. This line of reasoning, coming out of the tradition of Saint Anselm's ontological arguments, is basically a Pascalien one. If we were to apply *Pascal's wager* to virtual reality, for it would mean that "the copy" that virtual reality, being a reality of a second order, will always be lacking. As Benjamin put it, there will always be a disparity. However, as the distinction between the original and the copy is *aufgehoben* in a Hegelian sense in information technology, that is, as it is both preserved and changed at the same time, through new media, it is clear why *Neo Pascaliens* are so alarmed. For them, the *iconic turn*, the privileging of the virtual over the real, is not just another trendy academic field of study, but nothing less than a *Copernican Revolution* with far-reaching consequences for works of art. But I have already strayed too far from my purpose to show the relevance of Walter Benjamin non-political aesthetic concerns in terms of *new media*.

Idealist or materialists, Cartesians or Pascaliens, what is non-contentious is the fact that photographic and cinematographic technologies create utterly new kinds of spaces or at least new spatial sensibilities. Already in 1938, Béla Balász recognized this as he wrote about the emergence of a new "optical culture". Later, in 1946, André Bazin conceived the idea of *total cinema* and spoke of the cinematic ambition to create a total illusion of reality.[91] Sergei Eisenstein finally was

[89]Quoted by Anne Friedberg, *The Virtual Window: From Alberti to Microsoft* (Cambridge, Mass.: MIT Press, 2009) 11.
[90]Martin Jay, „Scopic Regimes of Modernity Revisited" in: Volker Depkat and Meike Zwingenberger (Eds.): *Visual Cultures –Transatlantic Perspectives* (Heidelberg: Winter, 2012) 21.
[91]Bela Balász, *Zur Kunstphilosophie des Films* in: J. Albersmeier (Ed.): *Texte zur Theorie des Films* (Stuttgart: 1995) S. 204-226.

most radical as he predicted an age where cinema would be able to merge visual and auditory stimuli to the point of realizing Richard Wagner`s aspirations for the *Gesamtkunstwerk* (a total work of art).[92] Balász, Bazin, or Eisenstein are not the creators of a technologically-based *virtual reality* as this honor ought to be accorded to the science fiction writer Stanislaw Lem. In his S*umma technologiae* of 1964 he described the technological preconditions and the mechanisms necessary for creating artificial reality most accurately.[93] However, what united all of these aspirations for constructing the illusion of artificial space was the endeavour to bridge the distance between the spectator and the spectacle. The difficulty here is not so much the issue of physically narrowing of the gap between them, but in deciding where the threshold is that separates the two realities. In photography and film this gateway is the opening *an sich*, namely the photographic aperture that cuts out a screen thereby forcing the viewer closer to the point of peroration. Here the spectator is still surrounded by natural light and physical space and only sees a small cut-out of another reality. In virtual reality the space between the spectator and the spectacle needs to be reduced even further in order to eliminate *all* natural stimuli. Stanislav Lem attempted to resolve this spatial dilemma by proposing that a subject be put in a dark room, be made to sit in a bathtub with warm water with electrodes put directly on his eyeballs and ears and others fastened to the skin. But this set-up does not yet completely close the gap between spectator and spectacle enough. For ultimately, as Gilles Deleuze pointed out, "the brain is the Screen", the screen writ large. It is the brain that eventually needs to be rewired in order to experience an utterly new reality.[94]

---

[92]André Bazin, „The Myth of Total Cinema", in Andre Bazin, Hugh Gray (trans.), *What Is Cinema?* (London: University of California Press Ltd, 1967). See also, Eisenstein, S. (1949): *Film form: Essays in film theory* (J. Leyda, Trans.). New York: Hartcourt.

[93]Cf. Tobias Hochscherf, Heidi Kjär and Patrick Rupert-Kruse, „Phänomene und Medien der Immersion", *Jahrbuch Immersiver Medien* (Schüren Verlag, 2011) 12.

[94]Gilles Deleuze, „The Brain is the Screen" in: *Two Regimes of Madness. Text and Interviews 1975-1995.*

But here again we are in forbidden and bracketed territory, as it was Walter Benjamin who recognized this as he attempted to prevent National Socialism from "hardwiring" mass media. Excluding Benjamin's theses about the politicizing of media, there nevertheless, as I have pointed out, is a reasonable correlation between Benjamin's theories about the "photographic frame" and the computer screen of today. If we were to pursue this relationship further it would be worthwhile to query, if Benjamin`s apprehensions about the political implications of serialized imitation, duplication and reproduction in film and photography is related in any way to the ongoing digital revolution. Furthermore, one could ask is the *fetish character* of today's hand-held devices in any way comparable to *the aura* of the work of art?

At this point it is important to once again reiterate that Benjamin's fear of the alienation from authentic experience is not a rejection of technology *per se*. Of all people, Benjamin was not a Luddite. His subject matter is the intentionality of the "framing" or what "the frame" (of reference) ought to be. He was not against the camera or the projector, nor is it far-fetched to suggest that he would not be a critic of the computer. However, what he is concerned about is that the newly gained "frame", that the technical possibilities of reapportioning reality, harbours the danger of modifying at least the perception of physical reality itself. If this argument were true, it would follows that Benjamin's arguments against the triple framing possibilities of the camera (through the aperture, the resulting single exposure, and the possible motion picture) could also be applied to the ideology of the computer interface with which we work every day.[95] As Benjamin deliberated about the abuse of "the original" in terms of falsification, it is important to keep in mind that he continually retained his double focus on both the work of art itself and its "frame". For him *the aura* of the art object, namely that which makes it "real" and "unique" is bounded and grounded in its (and not any) indispensable artistic and social context (*Traditionszusammenhang*). This context

[95] Félix Guattari, *Chaosmosis: An Ethicoaesthetic Paradigm*, trans. Robert Bononno (New York: Plenum Trade Press, 1998).

cannot be a photographic sequence since it is historically (and not merely chronologically) conditioned. [96] Besides these categorical reservations about the artwork and its uses in the age of cinema, Benjamin was equally concerned that "the medium" itself adversely impacts the way we move and interact within public and political space.

When reading Benjamin today, we tend to gloss over parts that appear to not have held up in the light of modern media theory. For instance, Benjamin's argument that the serial character and the speed of film sequences produced neuro-logical stimuli that affected rational thinking seems silly nowadays. Quoting the literary editor Georges Duhamel, Benjamin is surely in agreement as he repeats Duhamel's complaint: "*I can no longer think what I want to think. Movable pictures have replaced the space occupied by my thoughts.*"[97] Surely Benjamin, the aristocratic thinker, were he to live today, would also agree that the duplication and reproduction of digital media opens the floodgates for the commonplace. This is another argument against film, as Benjamin continuing to quote Duhamel remarks:

> *It is a diversion for the uneducated. . .it is a spec-tacle that requires neither concentration, nor cognitive abilities. . . it ignites no fire in the heart and nourishes no hope other than becoming a star in Hollywood one day.* (XV: 25).

In summary, it seems to me that Benjamin`s viewpoint, dated as it may be, cointains a wealth of ideas still applicable to both art and media theory. This is especially the case once we shift our attention away from how the art work and instead focus on how it presents itself within its frame. If we were to do so, we would be in good company, because it was Martin

---

[96] Because the copy lacks this double conditioning it also, according to Benjamin, lacks the full authority of the original. This lack of authority also affects the *fetish character* of the art work, where the collector, devotee and admirer of the artwork seek to partake in the energy emanating of the original cultic art object.

[97] Walter Benjamin, *Das Kunstwerk:* XIV: 24.

Heidegger who asked about the ideological (*weltanschaulich*) pre-conditions for grounding works of art.

Perhaps it is the cunning of technological reason that Benjamin's *The Work of Art in the Age of Mechanical Reproduction* was published in the same year as Martin Heidegger's *The Origin of the Work of Art*. The two did not see eye to eye of course, as they had diametrically opposed political and intel-lectual agendas. Nevertheless, it is remarkable that in 1935 they both called attention to the status of the art work, at a time when art was seemingly relegated to a lesser status.[98]

By comparing the binary coupling of picture/frame to the object/subject distinction, Heidegger made much of the Carte-sian reversal of polarity (where Descartes privileged the subject, that is, "the frame" over "the object"). The picture, as Descartes demonstrated was not an *a priori* given, but existed only as it was made by the subject. That is to say: the frame is prior to the picture. Put in a more dramatic way: Without frames, pictures are not possible.

Unlike Benjamin, Heidegger was not concerned about the aesthetical or iconographical features of the work of art. He was chiefly interested in its unheralded frame, more precisely in the historical process of "enframing". In his seminal essay *The Age of the World Picture* (1938) he famously argued that neither antiquity, nor the medieval world, had a "picture" (*Bild*) that is to say, they were deficient in what Andre Malraux, in his *Psychologie de l'Art* (1947-1949), called "the unity of the framed pictoral space". (S.49). Heidegger argued, and it is here that both Benjamin and Heidegger are in agreement, that it was the rise of modern technology that, paradoxically, brought about the *crisis* that then made a artistic cohesion once again possible. As Heidegger put it: "*The fundamental event of the modern age is the conquest of the world as picture*" (Scopic: S. 19). Only today, with the total digitalization of reality, have we come to

---

[98]With all that has been written about the philosophy of Martin Heidegger, it is continually puzzling how comparatively little thought has been given to the fact that Heidegger moved subsidiary arts such as art history and architecture to the center of modern philosophical discourse.

understand the true import of Heidegger's articulation of "*the conquest of the world as picture*".

As I have proposed, one way to approach this question is to relate the photographic frame created by the cinema of the 1930s to today's computer screen. As the first space of interaction between humans and machines, it is the computer *interface* that has dramatically narrowed the gap between spectator and spectacle. Through its de-emphasis of "the unit" as a privileged category of perception, it is, of all things, not a mechanical device, but the binary code that, at last, generates "the frame of frames", that elusive super screen that Gilles Deleuze had postulated to exist.[99] In the 1980s, Deleuze continually grappled with the reality that the projection etched into physical space. He finally solved the problem in a grand manner by making the cinematographic screen the frame work of it all. For him there is nothing outside the screen as the categories of space and time have been temporally suspended.[100] To slip over into the digital world; to move about in virtual reality is in a sense an indictment of reality. It is not as we would like it. It cannot be altered. It does not speak to us individually. In this sense it is a new form of protest of existing regimes. However, at the end the question remains. What is "the frame of frames"?

Hans-Peter Soëder

---

[99]Gilles Deleuze, *Cinema* 1: *The Movement Image* (1986) 14. In French: Deleuze, G. (1983): Cinéma 1. Paris: Minuit and Deleuze, G. (1985): Cinéma 2. Paris: Minuit.

[100]See also, Siegfried Kracauer (1973): *Theorie des Films: Die Errettung der äußeren Wirklichkeit* [Theory of film: Rescuing the external reality]. Frankfurt/M: Suhrkamp.

CHAPITRE VIII

NAGER À CONTRE COURANT: LA GEOPOLITIQUE ET L'HISTOIRE DU BEP EN JAMAÏQUE

Le créole jamaïquain tient une véritable place dans la vie quotidienne sur l'île. On peut ainsi parler de bilinguisme. Appelé « *patwa* » (du français « patois ») par ses locuteurs, le créole est présent dans la vie de tous les jours, notamment à l'oral. Les intonations et accents sont différents selon les régions de la Jamaïque ainsi que selon les classes sociales. La Jamaïque est en effet une société complexe où le créole fonctionne comme un marqueur social. La ligne de démarcation entre l'anglais et le créole est très instable.

Car, dans de nombreuses sociétés diglossiques et créolophones comme celle de la Jamaïque, les données linguistiques sont difficilement classifiables en deux catégories distinctes, à savoir l'anglais standard (acrolecte ou variété H) et le créole (basilecte ou variété B). En effet, plusieurs faits de langue des variétés intermédiaires se placent entre les deux extrêmes. Au Guyana par exemple, selon une étude faite par le linguiste et sociolinguiste Maurais (1999), on peut identifier dix-huit façons différentes d'exprimer une même phrase.

Une diglossie simple suppose une rupture linguistique entre les variétés. Or, en Jamaïque, la situation de diglossie se caractérise par l'existence d'un continuum linguistique entre l'anglais standard et le basilecte. Ainsi, l'essentiel des productions linguistiques se situe sur un spectre continu et intermédiaire, ce qui les rend « *difficiles à catégoriser linguistiquement*». (Beniamino, 1997). Nous pouvons ainsi demander pourquoi cette situation de diglossie n'est-elle pas classifiée et définie clairement comme un bilinguisme? Nous pouvons également creuser les fondements de cette réalité sociolinguistique. Comme l'affirmèrent Bernabé et al, renier le caractère linguistique, plutôt que la fonction sociale, du créole et la richesse bilingue des sociétés caribéennes donnent lieu à une douleur diglossique qui perdure.

Notre imaginaire fût oublié, laissant ce grand désert [...]. Notre richesse bilingue refusée se maintient en douleur diglossique. (Bernabé, Chamoiseau, Confiant, 1989, p.25).

Cette situation sociolinguistique complexe doit donc évoluer vers des rapports entre les langues plus sains. Partant du constat que l'enseignement du créole à l'école dispensé sous la forme bilingue peut contribuer au développement des aptitudes culturelles, intellectuelles et linguistiques chez l'élève, le professeur Devonish propose un projet pilote bilingue qui valorisera les deux langues en place. Son projet prévoit d'employer des ressources et supports langagiers et culturels des deux langues. À terme, ce bilinguisme scolaire devrait mettre en valeur la diversité linguistique et langagière existante sur l'île. À court terme, l'élève sortira de sa *douleur diglossique*, dépendant moins des stratégies interlectales pour construire un discours, car il maîtrisera mieux la distinction entre le créole et l'anglais.

Les linguistes jamaïquains se battent depuis une quarantaine d'années pour la mise en place d'un projet d'éducation bilingue dont l'objectif est l'utilisation des deux langues en place en tant que langues d'enseignement, outils d'alphabétisation et langues enseignées comme langues maternelles. (Devonish 2011). Cependant, la question du créole à l'école et plus généralement son rapport à l'anglais - la langue nationale et internationale, porte des croyances, représentations, *a priori* et idéologies qui se heurtent dans les différentes visions de la place de l'île dans le monde.

REPRÉSENTATIONS LANGAGIÈRES

Dans les représentations de la population, deux pôles opposés sont bien présents. Selon Henri Boyer, ces représentations socialement partagées « *pèsent d'un poids très lourd sur l'évolution des situations linguistiques, sur leur gestion 'civile' tout autant que sur une éventuelle gestion institutionnelle* » (2003).

Ainsi en Jamaïque, l'évolution de la situation linguistique mène souvent à une réalité dans laquelle le créole est méprisé. Pis, pour nombre de ces locuteurs, il n'est pas une langue, mais de l'anglais corrompu employé par les personnes non éduquées. En effet, les Jamaïquains des milieux défavorisés qui n'ont pas fait de longues études peinent à maîtriser l'anglais car, pour eux, cette langue s'apprend à l'école. Tandis que dans les classes sociales favorisées, l'anglais est parlé en famille.

En 1999, le ministère du Plan et de l'Urbanisme américain a commandité la traduction en créole d'une plaquette de 8 pages. Malheureusement, le texte a été mal traduit dans une transcription phonétique du créole jamaïquain. Toutefois, la réaction de l'ambassade jamaïquaine à Washington était très parlante: «*Tous les documents officiels jamaïquains sont publiés en anglais standard (...) Nous nous sentons profondément offensés*»

Nous voyons donc qu'au lieu de défendre le respect des règles du créole, les porte-paroles de l'ambassade jamaïquaine ont totalement renié cette langue. Vraisemblablement, bien que le créole partage la même structure fondamentale que l'anglais --la langue dominante européenne-, il est encore confiné à un usage de proximité et de connivence.

LE CRÉOLE AU SEIN DE L'INSTITUTION SCOLAIRE

En Jamaïque, en dépit d'une certaine reconnaissance linguistique, mais surtout culturelle, la place du créole au sein de l'institution scolaire reste marginale. Le créole est perçu comme un frein social et scolaire mais aussi comme vulgaire et, de fait, comme étant non occidentalisé. La quasi-totalité des supports scolaires est en anglais. Les enseignants jouent les traducteurs en expliquant beaucoup de choses en créole, ce qui est paradoxal car les enseignants dépensent plus d'énergie à chercher à bannir le créole de la salle de classe qu'à créer des occasions de parler anglais. Par conséquent, certains élèves créolophones préfèrent se taire ou faire le clown en classe plutôt que d'être réprimandés par l'enseignant. De plus, les apprenants qui ne maîtrisent pas l'anglais sont perçus comme présentant des troubles d'apprentissage.

Dans cette logique, les acteurs scolaires jamaïquains minorent la culture créolophone au profit d'une culture anglophone plutôt américaine, ou britannique pour les plus anciens, et ce, bien que la grande majorité des enfants soit essentiellement créolophone. Les conséquences de cette situation donnent lieu à une survalorisation des élèves qui maîtrisent mieux l'anglais et une dévalorisation des autres, laquelle peut passer par des cas d'humiliation.

La cohabitation semble proscrite bien qu'en réalité les enseignants se rendent compte que le créole leur est indispensable pour se faire comprendre, tout au moins par une partie de leurs élèves. S'agissant des enseignants jamaïquains, ils se sentent souvent mal formés pour gérer les deux langues en place et se plaignent de ne recevoir aucun support lorsqu'ils cherchent à intégrer le créole dans leurs cours.

Les statistiques officielles fournissent des données précises en matière d'échec scolaire à l'école primaire et établissent une relation entre les résultats scolaires et les compétences linguistiques des élèves. Il est logique de se demander dans quelle mesure le fait d'enseigner l'anglais dans un milieu créolophone, tout en reniant la légitimité du créole, opère sur les résultats scolaires des élèves.

Dans une publication intitulée«*Language Education Policy*», le *Moey&c* reconnaît l'influence du créole sur l'apprentissage de l'anglais et, sans donner pour autant des moyens précis, incite les enseignants à opter pour une approche qui peut mener à l'amélioration des résultats scolaires en anglais et en lecture. Le ministère admet que bien que la Jamaïque soit décrite comme un pays bilingue (le créole et l'anglais), la nature fluide du continuum créole crée des difficultés pour la majorité des locuteurs du créole apprenant l'anglais.

L'importance de ces difficultés est confirmée par les statistiques fournies par le ministère. Ils démontrent l'ampleur du problème. À titre d'exemple, entre 1998 et 2009, environ 50% des élèves du cours préparatoire n'ont pas atteint le seuil de réussite préétabli. Ils n'ont pas acquis les compétences nécessaires dès le départ pour être préparés à la lecture. Ce chiffre laisse donc entrevoir que beaucoup d'élèves débutent l'école élémentaire (Grade One) sans avoir atteint le niveau minimum requis. Arrivés à la fin du leur scolarité secondaire, selon ce que les données suggèrent, ces apprenants n'ont jamais réussi à combler leurs lacunes initiales en anglais. D'une manière générale, les chiffres illustrent l'ampleur du défi de l'enseignement et de l'apprentissage de la langue cible et ce, à tous les niveaux.

Les chiffres pour toute la région des Caraïbes entre 1993 et 1997 (Craig 1999) montrent que seulement 13 % des étudiants en secondaire ont été autorisés à passer l'anglais général à l'examen régional, le *cxc* (Caribbean Examination Certificate)[101]. En moyenne, seulement 33% de ces candidats ont atteint les grades I et II[102].

Les données fournies par le *Moey&c* indiquent une tendance semblable pour les résultats des évaluations de 2003. Pour Craig: « *It seems obvious that the Creole influenced majority student population of the Caribbean experiences a magnitude of difficulty in acquiring English Language and literacy* » (1999: 29).

En effet, à la lumière de ces résultats, la question se pose de savoir si le niveau à attendre n'est peut-être pas trop ambitieux pour des apprenants qui débutent l'école et ne parlent, en grande partie, que le créole jamaïquain. Ou peut-être est-ce la méthodologie qui est à revoir?

LE PROJET BILINGUE

Le créole est enseigné à l'université de Mona, UWI (University of the West Indies) par un linguiste notoire, Hubert Devonish, qui souhaite que tous les créoles soient enseignés à l'université dans la Caraïbe et que le créole jamaïquain le soit dans toutes les écoles de la Jamaïque.

L'équipe du chercheur est guidée par les résultats d'une enquête exploratoire menée par son laboratoire. Ces résultats ont conclu que la majorité des Jamaïquains reconnaissait le

[101] Il existe une autre version appelée « basique » du CXC, plus facile et moins reconnue par les Instituts de troisième cycle.

[102] Alors considérés comme des deux catégories où l'on réussit l'épreuve ; depuis, grade III est accepté également.

créole comme une langue à part entière (79,5 %) et se déclarait bilingue (78,6 %). Selon l'enquête, une majorité des répondants estime que les ministres du gouvernement devraient faire leurs discours en créole afin de faire mieux comprendre les enjeux nationaux. 68,5 % déclarent que le créole devrait être une langue officielle de la Jamaïque au même titre que l'anglais. En outre, 71 % de la population interrogée aimerait voir la mise en place d'écoles bilingues.

Le *Bilingual Education project* (BEP) est donc lancé en 2004 dans quatre écoles de l'île et pour une durée de quatre ans, en tant que projet expérimental. Il s'agit de l'un des plus récents travaux sociolinguistiques caribéens dans ce domaine. Il concerne des élèves du cours préparatoire (grade 1) au cours moyen (grade 4). Les chercheurs espèrent démontrer ceci: "*instructing in the native tongue can lead to improved performance and competence in the content subject areas - that is, mathematics, science and social studies – and fluency in language use of Patois and English*"[103]. Ainsi, chaque cours donné en anglais est renforcé par la même leçon en créole.

Dans cette optique, le programme projette d'amener les élèves à acquérir l'ensemble des compétences notées dans le programme scolaire, en plus de celles qui sont liées à l'emploi au quotidien du créole. Il propose des activités d'enseignement en créole en s'appuyant sur les échanges quotidiens de l'élève, de manière à lui apprendre à valoriser cette langue de façon naturelle et directe selon des procédures comparables à celles de l'apprentissage d'une langue maternelle. L'enfant pourrait ainsi maîtriser la seconde langue (l'anglais) sans pour autant dénigrer la première (le créole).

Le BEP utilise des supports du cours en créole spécialement conçus. Les enseignants qui participent à ce projet sont formés pour le servir. Par exemple, il est recommandé que les deux langues soient séparées en classe. L'enseignant devrait marquer

---

[103] Cité dans «The patois experiment... Mek we trai di patwa; Devonish tries to prove Jamaicans bilingual in primary school project » Martin-Wilkins. Sunday, November 20, 2005.
http://www.jamaicaobserver.com/news/html/20051119T200000-0500_92873_OBS_THE_PATOIS_EXPERIMENT_MEK_WE_TRAI_DI_PATWA.asp (Consulté : 01.05.2014)

cette séparation avec des phrases telles que « *Maintenant, nous allons parler en créole* » et des manuels pédagogiques spéciaux sont aussi mis à leur disposition. Le projet expérimental propose une étude approfondie des problématiques suivantes:

i) the writing system issue;

ii) the literacy materials supply issue.

iii) the political and social attitudes supposedly associated with the use of Creole as a medium of instruction.

Selon les chercheurs à l'origine du projet, ce triple axe identifie les freins majeurs qui entachent la crédibilité d'un enseignement de l'anglais comme langue secondaire en Jamaïque. Le troisième point, en particulier, souligne le fait que les débats sur le créole à l'école tournent effectivement autour de questions culturelles, identitaires, et sur des questions géopolitiques.

Un bilan des trois premières années du projet bilingue (BEP) est publié dans un ouvrage sur des projets impliquant la présence des créoles dans l'enseignement.[104] Dans cet article, Carpenter & Devonish citent Thomas et Collier qui affirment qu'entre cinq et sept années d'éducation entièrement bilingue sont nécessaires avant de pouvoir constater l'impact positif d'un tel projet. Dans cette optique, le BEP a été à l'origine conçu pour suivre des élèves tout au long de leur scolarité en école primaire, c'est-à-dire six ans. Or, Devonish et son équipe ont été contraints par le gouvernement jamaïquain d'écourter le programme. En effet, les deux dernières années de primaire en Jamaïque sont consacrées à la préparation intensive de l'examen régional «*grade six achievement test*» (GSAT). Ce raccourci sement du programme comportait donc un risque pour le bon déroulement du projet.

À la fin de la troisième année, les élèves de grade 3 (CE2) faisant partie du projet bilingue ont été évalués à deux reprises. D'abord, ils ont passé les épreuves annuelles nationales – *English Language Arts and Communication* prévues pour tous les élèves du primaire. Puis le BEP a administré aux

---

[104] Dans Creoles in Education: a Critical Assessment and Comparison of Existing Projects (2010) Migge, A. Bartens & I. Léglise (coord), John Benjamins.

participants une évaluation parallèle calquée sur le modèle national, mais cette fois en créole jamaïquain.

Selon Carpenter & Devonish, les élèves du BEP ont eu des résultats un peu plus élevés en créole qu'en anglais. Tandis que la moyenne des résultats en anglais pour le groupe non-BEP était légèrement moins élevée que les résultats du groupe de BEP. Pour les évaluations en créole jamaïquain, les résultats du groupe du projet bilingue font état d'une meilleure performance à l'oral qu'à l'écrit. Ces résultats s'expliquent selon Carpenter & Devonish par le nombre insuffisant de supports en créole. Il étaye ses propos en citant les recommandations des consultants externes Morren et Morren:

A major criticism of the programme by the external reviewers was the shortage of reading material in Jamaican. With the lack of practice in seeing written Jamaican relative to written English, the effect of the impact of the English writing system on writing Jamaican was significantly greater than the reverse effect, that of Jamaican on English. (Page 177)

S'agissant des résultats en anglais, le score moyen de 61 %, en anglais du groupe non-BEP s'est avéré être 1 % au-dessous du score du groupe BEP. Par ailleurs, deux élèves dans le groupe BEP ont obtenu le score maximum de 100 % tandis que le score maximum en anglais pour le groupe non-BEP était 75 %. Ces résultats sont intéressants dans la mesure où les élèves du groupe BEP ont eu moins de cours d'anglais, car leurs cours de langues sont partagés entre l'anglais et le créole jamaïquain.

Ainsi, déjà au terme de trois années, les avantages de l'éducation bilingue sont observables. En effet, selon l'évidence mise au jour par Devonish et son équipe, il semblerait que les acquis en L2 (anglais) des élèves dans le groupe BEP surpassent les acquis des élèves qui ont reçu un enseignement uniquement en L2. Par ailleurs, pour Carpenter & Devonish, ce bilan très positif du groupe BEP témoigne de l'ampleur de l'inefficacité de l'approche actuelle qui prévaut en Jamaïque - une approche qui ne prend pas en compte la L1 des élèves:

The fact that the BEP group has caught up with the non-BEP one so quickly suggests that the non-BEP approach was particularly ineffective, thus amplifying the positive effect of the fully bilingual approach. (Page 179)

Pour Carpenter & Devonish, les résultats de l'année finale du BEP seront décisifs, car ils détermineront le succès ou l'échec du programme. Pour conclure son article, le chercheur note que les enjeux sont de taille pour tout territoire dans la même situation que la Jamaïque, c'est-à-dire avec une langue créole en L1 pour la plupart des élèves:

Whether full bilingual education comes to be regarded as a viable option in Creole language situations such as that of Jamaica, will depend in large measure on whether the gamble that was taken when we took the plunge in 2004, turns out to have been a judicious one. (Page 181)

En effet, cette approche structurée apportée par le projet bilingue a permis de comparer, contraster et analyser l'inter-compréhension entre l'anglais et le créole, qui est à base lexicale anglaise.

L'ÉDUCATION BILINGUE ENVERS ET CONTRE TOUS LES OBSTACLES

En mai 2001, Maxine Henry-Wilson, alors ministre de l'Information en Jamaïque, puis ministre de l'Éducation, de la Jeunesse et de la Culture (désormais *Moey&c*) de 2003 à 2007, semble lancer un défi à la nation. Dans un discours au parlement, elle affirme que le gouvernement jamaïquain ne fait pas la sourde oreille: «*We hear the debate, but the issue is not settled as far as (the government) is concerned*», soutient-elle à propos des multiples travaux de recherche et les discussions et implications didactiques engendrées par leurs résultats. Henry-Wilson prévient que les citoyens doivent se mettre d'accord sur le rôle que le créole devrait jouer avant qu'il puisse être considéré comme une langue officielle.

En effet, le gouvernement jamaïquain a toujours affiché une grande méfiance envers le créole. Selon Carpenter et Devonish, un des critères pour la mise en place de BEP fut une injonction du gouvernement qui exigeait d'être convaincu en amont que le projet «*did not do academic harm to the the children involved* »

Bien entendu, toute innovation pédagogique comporte des difficultés d'ordres socioculturel, linguistique et didactique, matériel, technique, économique, méthodologique et psychologique. Des approches qui constituent une déviation de la norme nécessitent la mobilisation de ressources humaines, matérielles et financières pour la formation, afin de faire de la sensibilisation et une campagne d'information. Cependant, il est intéressant de s'interroger sur les représentations sous-jacentes de l'idée qu'un projet bilingue pouvait « *do academic harm to the the children involved.* » Car il laisse entendre les idéologies qui se fondent sur l'illégitimité et la dangerosité même du créole.

De nombreuses solutions ont été proposées à ce qui paraît être une situation critique et récurrente pour le système scolaire jamaïquain, mais les acteurs scolaires ne leur ont pas accordé une attention sérieuse, préférant se reposer sur les représentations du créole, datant d'une autre époque. En effet, la politique linguistique de la Jamaïque semble se résumer à la non-intervention, ce qui signifie que les pratiques en vigueur lors du colonialisme britannique perdurent.

En juillet 2008, Bruce Golding, alors le premier ministre de la Jamaïque, à l'occasion d'une cérémonie de remise de diplômes, dans un discours très critique, déclarait que vouloir enseigner en « patois » signifiait que la bataille pédagogie contre l'échec scolaire était perdue. Dans ce discours, toutes références aux réalités sociolinguistiques qui prévalent sur l'île ont été toutefois omises. Ainsi pour Bruce Golding, l'origine des élèves se limite à la seule formation scolaire qu'ils ont reçue. C'est une vision réductrice, car, pour le chef d'État, l'élève tel qu'il se présente à l'école est une entité vide de toute vie antérieure et l'institution scolaire est la seule entité qui forme son identité et sa réalité. Selon ce discours, le pessimisme généré par le taux d'échec scolaire inquiétant mène à un laxisme pédagogique qui risque de nuire à l'objectif primordial qui est la maîtrise de l'anglais. Car un des fondements de ce discours est l'idée que le créole n'est pas un vecteur de communication dans le monde du travail. Ainsi, les besoins économiques se traduisent par une urgente nécessité de maîtriser la langue anglaise en excluant totalement le créole.

En effet, Bruce Golding fait part de son incapacité à comprendre la démarche des chercheurs. Dans le registre du sarcasme, le premier ministre évoque les textes de loi et les procédures judiciaires qu'il faudrait aussi traduire en « *patois* ». Ce discours laisse entendre que le créole ne peut pas être employé pour décrire, disserter et argumenter toutes les notions formelles, compliquées ou abstraites nécessitant une conceptualisation. Ainsi, sans apporter des éléments de solution, le premier ministre critique les résultats des recherches qui prônent l'instauration du créole à l'école. Il ressort ainsi une vision méprisante du créole, présenté comme une sous-langue, vulgaire et sans intérêt sur le plan scolaire.

Un an après le lancement du BEP, il semble peu probable que sa stratégie soit adoptée par le ministère de l'Éducation dans le système scolaire formel, et ce, quels que soient les résultats de l'étude. En 2005, Maxine Henry-Wilson, alors ministre de l'Éducation émettait *à priori* des réserves. Selon elle, le programme donnait une trop grande place au « *patois* » comme première langue. Ce qui d'après le ministre pourrait pénaliser les enfants jamaïquains à long terme. Dans un entretien accordé au journal local « *The Sunday Observer* », elle affirmait que:

We are open for views from persons, but we must be mindful that we are still in an environment where English is still the dominant language, whether broken or the Queen's English, [...], we have to be careful we do not rule ourselves out.[105]

---

105 Cité dans « *The patois experiment... Mek we trai di patwa; Devonish tries to prove Jamaicans bilingual in primary school project* » Martin-Wilkins. Sunday, November 20, 2005.
http://www.jamaicaobserver.com/news/html/20051119T200000-0500_92873_OBS_THE_PATOIS_EXPERIMENT_MEK_WE_TRAI_DI_PATWA.asp (Consulté.05.03.2014)

Dans cette citation, nous voilà au cours des combats livrés à contre-courant. Car elle laisse entrevoir l'attachement féroce aux références coloniales « *the Queen's English* » ainsi que la peur d'être laissé pour compte dans « *an environment where English is still the dominant language* ».

Dans un article daté du 18 décembre 2013 intitulé « *Gov't dismisses renewed calls for J'can language to be used in school system* », l'actuel ministre de l'Education Ronald Thwaites a réitéré le rejet du créole à l'école en précisant qu'au-delà de la classe du cours préparatoire 2, le créole n'avait pas sa place, car seulement l'anglais est « *the accepted medium of professional communication.* » Devonish, pour sa part, souligne que le programme a été développé afin de réfuter ces constats formulés par le ministère de l'Éducation qui admet que l'idéal serait un système d'éducation complètement bilingue, mais que cette stratégie n'était pas possible dans le contexte jamaïquain. Dans *The Sunday Observer* de novembre 2005, Devonish affirme clairement que «*People the world over speak three, four different languages and Jamaicans are no different*».

Toujours est-il que Henry Wilson, tout en soulignant que la nouvelle politique de l'éducation nationale aborde certaines de ces questions, restait évasive sur la mise en place d'un enseignement bilingue sur une échelle formelle après l'achèvement du projet bilingue. Elle prévient que:

We must be mindful that English is a global language; Patois isn't [...], One of the assets we need to optimise is that we do have English as a formal language, it's universal, and we need to ensure that our children are able to mine that advantage.

Une fois de plus, Madame la Ministre justifie son positionnement à la lumière des réalités géoéconomiques et géopolitiques avec une nette minoration des questions identi-taires et socioculturelles locales. Alors que le débat fait rage, le professeur Devonish précise que son but final n'est pas d'obliger les élèves ni les enseignants à utiliser le créole. Il affirme seulement souhaiter être en mesure de leur proposer des choix validés scientifiquement. Dans les discours des représentants des pouvoirs publics, il règne une conception antagoniste et dichotomique des rapports entre le créole et l'anglais. Or ce modèle bipolaire n'est plus pertinent. Il faudra repenser les rapports entre l'anglais et le créole dans un cadre d'aménagement linguistique qui se fonde sur une vision plus moderne, socialement sereine et économiquement rentable. À la Jamaïque, les linguistes se heurtent également à une hostilité de la part de certains locuteurs ordinaires ainsi que des classes privilégiées qui font valoir aux linguistes que:

Jamaican Creole [Patois] is not language, it is merely 'broken English', it cannot be written, and cannot be used to express serious thought » (Kouwenberg 2011: 388).

Plusieurs extraits des commentaires illustratifs publiés le quotidien local le plus lu « *The Jamaica Gleaner* » apparaissent ci-dessous. Ces commentaires sont énoncés par les lecteurs suite aux prises de position tranchées faites par le ministre de l'Education Ronald Thwaites. Ils permettent de déceler les valeurs attribuées aux deux langues en place:

[...] there is a tendency to confuse a dialect with an established language. We are now living in a Global Village in which the English Language is the core [...]. Why are we trying to re-invent the wheel? (Johnny Reasoner)

keeping people ignorant and "unlearned" is the way to keep them down - [...]-I dare you to walk in a class room and ask the student who are all fluent in patios to take a patios spelling test - I bet you not only will there be incorrect spelling but most will spell the words differently though they pronounce the same - the time you spend standardising the patios - go teach the kids proper English so they can be marketable and can left their heads up! enough of this crap! [...]. ughhh. (Ann)

Jamaica doesn't have its own 'language'. Patios is spoken by [...] those not educated enough to know better, and those too lazy to speak English. [...] (NewYorkviaJamaic)

Will people please stop this foolishness already? We should be preparing our kids for entry into the world of commerce and

[...], English is king. [...] There is a little place outside of Jamaica called the world,[...] Patois is only effective in a Jamaican setting. It is not a second language like French or Spanish [...] spoken by the masses in the lower socio-economic group, [...]...!!! (guest)

Most of those UWI PHDs have Permanent Head Damage. [...]

Wake-up people; [...] Some of those PHD's are only used to operating in a "Lab" environment, it is a very dangerous thing to have them practice in the real world when they have been living [...] in an isolated "bubble culture" [...]. To them everything is an experiment, and if things go wrong, they bear no responsibility. (guest)

La langue joue un rôle inestimable dans la formation, car elle est le véhicule privilégié de la transmission et du partage des savoirs. Cependant, tous les acteurs scolaires doivent comprendre cette démarche. Pour cette raison, le programme d'aménagement linguistique sous forme d'une mise en place d'un système d'éducation bilingue doit être accompagné par des campagnes d'informations qui démontrent que l'enseignement et l'apprentissage de cette langue minorée n'est pas en contradiction avec le développement économique ou social et que la place de la Jamaïque dans le monde ne serait pas menacée par ces actions éducatives. Car les craintes exprimées par les opposants au créole laissent apparaître le fait que le développement est souvent perçu et défini par rapport aux seuls critères géopolitiques et économiques.

Le projet pilote d'éducation bilingue réalisé en Jamaïque a révélé que les élèves s'en sortaient mieux en ayant commencé à apprendre à lire dans le système à orthographe cohérente du dialecte local et en transposant cette maîtrise dans l'anglais standard. Pour fonctionner académiquement dans une langue seconde, il faudra d'abord développer et maintenir la capacité des élèves dans leur langue maternelle. Dans cette optique, il est donc de bonne politique d'optimiser les chances de l'élève de réussir. Sans précipitation ni démagogie, une étape essentielle reste l'adoption d'une Charte des langues par la région Caraïbe car dans le cadre scolaire, le créole et les langues internationales peuvent cohabiter si on reconnaît les enjeux liés aux droits et à la politique des langues comme médiums de formation et matières dans les programmes de formation. Cette charte traitera également des positionnements public et parental envers le créole et des langues internationales.

Il semblerait que le créole soit allé plus vite et plus loin que les responsables politiques vers la convergence et la rencontre culturelle. Au niveau des systèmes éducatifs, la volonté de mettre en place une véritable articulation entre langues, cultures et enseignement est primordiale; les élèves ont tout à gagner, d'un point de vue linguistique, pédagogique de ce bilinguisme fonctionnel car, en valorisant la langue maternelle, l'enseignement du créole à l'école signale une acceptation de la pluralité humaine. En effet, l'enseignement d'une langue n'est pas dissociable des réalités culturelles de l'environnement et il est ainsi fondamental de prendre en compte les réalités socio-culturelles de l'île. De plus, la Jamaïque possède un patrimoine créole culturel très riche qui inclut la littéraire et d'autres productions artistiques diverses, qui méritent de faire partie formelle du programme scolaire. Ainsi, l'enseignement du créole à l'école constitue un bon socle pour l'introduction de nouveaux savoirs, dans la perspective d'une ouverture indispensable au monde extérieur.

Sandra Colly-Durant

Bibliographie

Bernabé, Jean., Chamoiseau, Patrick. & Confiant, Raphaël. 1989. *Eloge de la Créolité*. Paris, Gallimard / Presses Universitaires Créoles.

Beniamino, Michel. 1997. « Diglossie », dans Marie-Louise Moreau (dir.), Sociolinguistique, concepts de base, Sprimont, Mardaga

Boyer, Henri. 2003. « Le poids des représentations sociolinguistiques dans la dynamique d'un conflit diglossique », dans : Annette Boudreau, Lise Dubois, Jacques Maurais, Grant McConnell, Colloque international sur l'écologie des langues, Paris, L'Harmattan, p. 173.

Carpenter, Karen & Hubert Devonish. 2010. Swimming against the tide: Jamaican Creole in education. In Migge et al. (Eds.),167-182. Creoles in Education: a Critical Assessment and Comparison of Existing Projects, John Benjamins.

Craig, Dennis. 1999. Teaching Language and Literacy: Policies and procedures for vernacular situations. Georgetown Guyana, Jamaica: Education & Research Associates Ltd.

Collier, Virginia. 1992. A synthesis of studies examining long-term language minority student data on academic achievement. *Bilingual Research Journal* 16 (1-2): 187-212.

Ferguson, Charles A. 1959. Diglossia. *Word* 15: 325-340.

Kouwenberg, Sylvia. 2011. Linguistics in the Caribbean. Empowerment through creole language awareness in: *Journal of Pidgin and Creole languages* 26:2, 2011, 387-403, John Benjamins Publishing Company.

Maurais, Jacques. 1999. La qualité de la langue: un projet de société, Québec, Conseil de la langue française, p. 54.

Migge, Bettina & Isabelle Léglise. 2010. Integrating local languages and cultures into the education system of French Guiana: A discussion of current programs and initiatives. In Migge et al (Eds), 107-132.

Migge, Bettina, Isabelle Léglise & Angela Bartens (Eds). 2010. *Creoles in Education: An appraisal of current programs and projects*. Amsterdam: John Benjamins.

Thomas, Wayne & Virginia Collier. 1997. *School effecttiveness for language minority students*. National Clearinghouse for English Language Acquisition (NCELA) Resource Collection Series, No. 9, December 1997.

Gov't Dismisses Renewed Calls For J'can Language To Be Used In School System

December 18, 2013

http://jamaica-gleaner.com/latest/article.php?id=50030#.UrIdeHKzxK0.facebook.

CHAPITRE IX

LA LUTTE DES FEMMES CAMEROUNAISES POUR LEUR EMANCIPATION

Au fil des années, la lutte des femmes pour leur émancipation est devenue un sujet transnational de première importance. Certes, l'histoire a souvent limité la lutte des femmes à l'Europe et à l'Amérique mais le féminisme est actuellement un mouvement contemporain qui touche tous les continents notamment l'Afrique. Elle a toujours été présentée comme une société très patriarcale mais force est de constater qu'il existe déjà un féminisme, encore peu connu. Quelle est sa situation actuelle ? Pour le savoir, nous allons prendre l'exemple du Cameroun, pays d'Afrique centrale.

Le Cameroun fait partie des pays africains qui ont su développer un féminisme grâce aux combats menés par les femmes dans différents domaines. Par exemple, on observe de plus en plus de célébrités camerounaises, plus précisément d'artistes, qui ont décidé de faire de la chanson un outil pour défendre les libertés des femmes. Pour appuyer notre propos, nous pouvons citer l'exemple de la très célèbre chanteuse K-Tino qui, à travers ses chansons, dénonce la domination masculine dans les foyers camerounais. En outre, elle œuvre aussi pour que les femmes puissent avoir une liberté sexuelle dans un pays où les valeurs ancestrales sont toujours très présentes. Il est important de parler de cette artiste came-rounaise car K-Tino s'exprime en Bulu[106] dans ses chansons. Elle est donc entendue par beaucoup de Camerounaises qui souvent ne parlent pas la langue française. En outre, il existe des associations qui se mobilisent pour faire évoluer les mentalités au Cameroun. Nous pourrions citer plusieurs types d'associations cependant nous nous sommes focalisées sur une association qui nous a fait le plaisir de nous recevoir: la MWP[107].

---

[106] Bulu: Dialecte issu des populations de la région du Sud du Cameroun.

[107] MWP sont les initiales de More Women in Politics, association féministe camerounaise fondée le 12 mars 2007.

La *mwp* a vu le jour grâce à l'initiative de Madame Justine Diffo Tchunkam[108] qui décida de mettre fin à la domination des hommes dans le domaine politique. Assurément ce n'est pas un problème spécifiquement camerounais: dans la plupart des pays africains, mais aussi des pays européens, on observe les mêmes réalités. Les femmes sont toujours en infériorité ou alors affectées aux mêmes types de postes: Ministre de l'Education, des Affaires Sociales etc. C'est avec une grande désolation qu'elle observait les résultats des scrutins à chaque élection sans jamais constater le moindre progrès. Pour cette féministe, la seule façon de changer les choses était d'agir en sensibilisant les femmes mais aussi les hommes. Sa cible principale reste les femmes, divisée en deux catégories: les candidates mais aussi les électrices. Pour Justine Diffo Tchunkam, il est important d'insister sur le fait qu'être une femme présente en politique ne veut pas seulement dire se présenter aux élections: il s'agit de se présenter mais aussi d'élire les représentant(e)s. Elle incite donc les femmes à aller voter en sensibilisant les 18-21 ans car la majorité politique au Cameroun est à 20 ans. La MWP est une association mixte où le rôle des hommes est primordial car ils permettent de sensibiliser les autres hommes, afin de leur faire comprendre qu'il est nécessaire de changer les mentalités pour permettre aux femmes d'accéder à la scène politique.

Pour mener à bien cet objectif, l'association est présente dans toutes les régions du Cameroun afin de sensibiliser toute la population. Elle dispose de 62 antennes régionales qui permettent d'enseigner aux filles et femmes que voter est un devoir, mais aussi que l'évolution de leur pays ne se fera pas sans elles. Il est nécessaire de rappeler que les électrices sont très importantes pour le collectif car, sans elles, les choses auront du mal à évoluer. Même s'il est vrai qu'il est présent dans tout le Cameroun, il est toutefois plus actif dans certaines régions. Pour mettre en évidence nos propos, nous pouvons prendre le Grand Nord du Cameroun pour exemple: il comprend deux principales régions, le Nord et l'Extrême-Nord. Dans chacune, la religion dominante est l'islam, ce qui rend parfois difficile le travail du collectif *mwp*. En effet, le gouvernement camerounais a décidé

[108] Enseignante en Droit et Juriste Camerounaise

de lutter contre la fraude aux élections durant lesquelles on pouvait constater qu'un citoyen votait plusieurs fois pour le même candidat. Le gouvernement a donc décidé d'informatiser tous les votes en créant des cartes d'électeurs pour tous les citoyens en âge de voter. D'ailleurs, il est obligatoire pour chaque camerounais de posséder cette carte. Cependant, pour cela, une photo d'identité devait être faite par les autorités camerounaises. Le port du voile y était interdit car le visage de chaque individu devait être mis en évidence. Néanmoins, en voulant bien faire, le gouvernement camerounais a dû faire face à une abstention localisée dans le Grand Nord du Cameroun: les femmes musulmanes étaient contre le fait de devoir enlever leur voile afin de se faire prendre en photo. L'Extrême-Nord étant la région la plus peuplée du Cameroun, nous pouvons imaginer l'impact de l'absence des femmes en politique.

En outre, afin de toucher tous les Camerounais, l'association utilise différents moyens de communications. Tout d'abord, le collectif dispose d'un site internet qui présente toutes les actualités liées au collectif. Néanmoins, contrairement aux pays occidentaux, Internet est un outil qui n'est pas encore réellement ancré dans les habitudes camerounaises. Pour sa fondatrice, il est important de travailler avec des moyens plus classiques comme la presse. C'est la raison pour laquelle l'association a décidé de créer son propre magazine qui permet de renseigner les camerounais sur toutes les actualités politiques, mais surtout sur l'évolution du rôle de la femme camerounaise en politique. Toutefois, le moyen indispensable de cette association reste le *minproff*[109]. Grâce à ce Ministère qui s'occupe essentiellement de la Femme, la *mwp* tente de sensibiliser le plus de femmes possible notamment en mettant des affiches de femmes en train de voter ou encore en obtenant des aides du Ministère afin de pouvoir élaborer et distribuer des tracts de sensibilisation. La *mwp* possède un atout indispensable: contrairement à de nombreuses associations camerounaises, elle travaille avec tous les leaders des partis politiques afin de pouvoir aussi toucher les femmes qui sont contre le

---

[109] Ministère de la Promotion de la Femme et de la Famille.

gouvernement actuel. Une initiative très rare dans un pays où l'on sait que l'unique parti est le *rdpc*[110].

La *mwp* a permis à de nombreuses femmes une certaine émancipation dans la vie politique. Même si elle a longtemps été freinée par une société patriarcale, l'association a pu constater l'impact de toutes ses actions de sensibilisations en 2013. En effet, le Cameroun a connu un changement important cette année. Depuis son indépendance, il ne possédait qu'une Chambre Basse, c'est-à-dire l'Assemblée Nationale. Pourtant, les Etats ont souvent un système bicaméral qui divise le Parlement en deux chambres: la Chambre Basse (l'Assemblée Nationale) et la Chambre Haute (le Sénat). En 2013, Paul Biya[111] a décidé de créer le Sénat, une décision qui permettrait au collectif de juger de l'évolution de la place des femmes en politique. Depuis l'indépendance du Cameroun en 1960, l'Assemblée Nationale est la première institution qui a vu le jour. Elle a succédé à l'*arcam*[112] puis à l'*atcam*[113] qui a son tour se transforma en *alcam*[114]. Le 10 avril 1960, quelques mois après la proclamation de l'indépendance, l'Assemblée Nationale vit le jour au Cameroun. Un demi-siècle plus tard, cette institution va connaitre une évolution: un système bicaméral est mis en place avec une chambre de députés composée de 180 sièges et un Sénat composé de 70 membres élus au suffrage universel et 30 nommés par le Président de la République. Fin avril 2013, les premiers résultats se font connaitre, sur les 70 députés, on ne compte que 17 femmes: le collectif *mwp* est furieux mais il compte encore sur les nominations du Président. Néanmoins, sur les 30 sénateurs nommés par lui, on ne compte que 3 femmes c'est-à-dire 20 femmes sur les 100 membres du Sénat. Des conclusions sont vite tirées: les femmes sont une fois de plus écartées de la scène politique malgré toutes les campagnes de sensibilisation des groupes féministes. De plus,

---

[110] Rassemblement Démocratique du Peuple Camerounais, précé-demment connu sous le nom d'Union Nationale Camerounaise (1960-1985).

[111] Président du Cameroun depuis 1982.

[112] Assemblée Représentative du Cameroun née le 22 décembre 1946 pendant la colonisation.

[113] Assemblée Territoriale du Cameroun fondée le 30 mars 1952.

[114] Assemblée Législative du Cameroun née le 10 mai 1957.

le Président est très critiqué et accusé de ne pas montrer l'exemple et de privilégier la gent masculine.

Même si les femmes ne sont pas assez représentées au Sénat, nous pouvons néanmoins constater que l'association MWP est devenue un acteur clé dans les élections. Assurément, nous pouvons prendre pour exemple les élections législatives qui élisent les députés. Comme nous l'avons dit ci-dessus, l'Assemblée Nationale est la plus vieille institution depuis l'indépendance, pourtant, les femmes n'y sont guère repré-sentées. Les élections législatives de juillet 2007, année de la création de la *mwp*, peuvent nous aider à comparer l'Assemblée Nationale et le Sénat : nous pouvons clairement voir que pour 180 sièges, on ne compte que 25 femmes contrairement au Sénat qui compte 20 femmes sur 100 sièges. Le *mwp* a donc joué un rôle important car nous pouvons imaginer que si le collectif n'avait pas entrepris autant d'actions, il y aurait sûrement eu moins de femmes au Sénat. En outre, même si les résultats ne se font pas forcément sentir chez les candidates, on observe néanmoins plus de femmes qui décident de contribuer au changement en allant voter. Comme nous l'avons souligné plus haut, le *mwp* collabore avec tous les partis politiques, le collectif n'a pas de parti officiel car l'un de ses objectifs est de voir se développer une collaboration entre les différents partis politiques. Cependant, le *mwp* ne parvient pas à faire changer les choses de ce côté car sur 20 femmes sénatrices, on n'en compte que 3 qui sont de l'opposition. En politique, le *rdpc* demeure le parti dominant et pour certains, il est même considéré comme le parti unique.

Même si en 2014 le Cameroun ne peut toujours pas être considéré comme un pays respectant la parité en politique, on observe de nombreux changements, parfois surprenants. Avec le dévouement de la *mwp*, le Cameroun a vu en 2007 une femme, nommée Kah Walla[115], devenir conseillère municipale dans la ville de Douala 1er. En 2007, Kah Walla n'est pas encore connue de tous mais en 2011 elle décida de se présenter aux élections contre le Président Paul Biya. Une grande ambition

[115] Edith Kahbang Walla, femme politique camerounaise, fondatrice du parti d'opposition Cameroon People's Party.

qui s'est terminée sur un échec toutefois, mais le peuple camerounais a pu connaitre cette femme qui a été soutenue par plusieurs femmes et aussi des hommes. Les différentes associations féministes s'émerveillaient de voir enfin une femme oser se présenter aux présidentielles car il est important de noter qu'elle reste la seule femme à avoir entrepris cette démarche. Une évolution que les associations féministes s'attribuent.

Même si la montée en puissance du féminisme est indéniable, nul n'est jamais à l'abri de certaines régressions. En effet, à la fin de l'année 2013, Madame Marie-Thérèse Abena Ondoa[116] a créé la polémique: la ministre a convoqué certains ministres dont Issa Tchiroma[117] afin de débattre des tenues vestimentaires des jeunes femmes camerounaises. Pour la ministre, les jeunes femmes camerounaises ne respectent plus les valeurs traditionnelles en s'habillant de plus en plus « osé ». La ministre estimait que les jeunes femmes camerounaises devaient s'habiller plus décemment et elle proposa de mettre en place une amende que chaque femme devra payer si elle n'est pas habillée de façon décente. Toutefois, cette mesure n'a jamais été mise en place par le gouvernement mais cela n'a pas empêché l'opinion publique de se demander comment, au XXIème siècle, ce genre d'attitudes peut encore exister? En outre, pour le peuple camerounais, c'est inacceptable de penser ainsi et surtout de la part d'une femme ministre de la Femme et de la Famille. La question posée, qui sera notre conclusion, est celle du rôle des représentants du gouvernement dans l'émancipation des femmes au Cameroun, ce qui pourrait conforter les Camerounaises dans l'idée qu'au fond leur libération totale ne viendra que d'elles.

Corinne Penverne

---

116 Ministre de la Promotion de la Femme et de la Famille

117 Ministre de la Communication

CHAPITRE X

À CONTRE-COURANT: LE HARCELEMENT SEXUEL EN EGYPTE, DU FLEAU NATIONAL À L'ARME POLITIQUE

En 2008, l'organisation *ecwr* (Egyptian Center for Women's Rights) publie une étude selon laquelle 83% des Egyptiennes et 98% des femmes étrangères déclarent avoir été victimes de harcèlement sexuel dans les lieux publics. En outre, 62,4% des hommes interrogés reconnaissent avoir harcelé sexuellement des femmes. Comment expliquer des chiffres aussi frappants? Le 25 janvier 2011, l'Egypte a pourtant connu un évènement crucial de son histoire moderne: la Révolution populaire, renversant le Président Hosni Moubarak, après trente ans de règne. Est-il possible dès lors, d'espérer le renouveau d'une Egypte si fortement conservatrice au niveau des mœurs?

Si la frustration sexuelle due à l'abstinence en dehors du mariage prônée par la religion, ainsi que la misère financière empêchant le mariage sont des causes du harcèlement sexuel, il s'avère qu'il ne s'agit pas là d'une vérité générale. En effet, beaucoup de femmes prétendent avoir subi des avances de la part de pères de famille et, pire encore, d'attouchements de la part d'enfants mineurs, principalement dans la rue ou dans les transports en commun. Dès lors, ce sont les vêtements et la démarche des femmes qui sont remis en question, jugés provocants et/ou aguicheurs. Mais à nouveau on note que des femmes voilées, et même intégralement voilées, se disent être victimes d'un harcèlement sexuel quotidien, comme en témoigne Ghada Abdel Aal, pharmacienne et romancière, à Robert Solé pour son article dans *Le Monde* en avril 2013, « Le harcèlement sexuel, la onzième plaie d'Egypte»:

Ghada Abdel Aal n'a pourtant rien d'une allumeuse. Elle porte le hijab, qui s'est quasiment généralisé dans son entourage, sans chercher à le "compenser" (...) par un pantalon moulant ou un maquillage outrancier. "Le harcèlement sexuel, je l'ai intégré depuis l'enfance, précise-t-elle. Dès l'âge de 10 ou 11 ans, quand j'apercevais un groupe de garçons ou que je devais passer devant un café, je changeais spontanément de trottoir.»

Toujours selon l'étude d'*ecwr*, seulement 2,4% des femmes égyptiennes et 7,5% des femmes étrangères ayant été victimes de violences sexuelles ont recouru à la police. La plupart n'ont pas porté plainte, pensant que cela serait vain et qu'elles n'obtiendraient aucun dédommagement. Et pour cause, les plaintes pour harcèlement sexuel ne sont que rarement prises au sérieux par les policiers. Pire encore, ces derniers ont tendance à en rire ouvertement devant la victime, si ce n'est à l'intimider et la harceler. Par ailleurs, dans ce pays traditionnellement conservateur, évoquer, pour une femme, les violences sexuelles dont elle est victime est plus que tabou. En effet, cette société partriarcale, très stricte sur les principes de l'honneur et de la réputation (basculant facilement dans la paranoïa du *« qu'en dira-t-on ? »*), aura tendance à blâmer la victime, voire même trouver des excuses à l'agresseur. Face à une pression sociale trop forte, beaucoup de femmes préfèrent, alors, se taire.

Ainsi, à défaut de sécurité, s'est mis en place un nouvel ordre social: la ségrégation sexuelle. C'est tout d'abord avec l'inauguration du métro dans les années 1980 qu'elle fut initiée. En effet, sur tous les métros du Caire, les deux voitures du milieu (la quatrième et la cinquième) sont réservées aux femmes (la cinquième est cependant ouverte aux hommes à partir de 21 heures). Cette particularité a été créée afin d'éviter le contact physique, surtout aux heures d'affluence, et ainsi de protéger les femmes contre des comportements dérangeants. Dès lors, bien qu'elle ne soit en rien obligatoire, la séparation des genres est de plus en plus pratiquée: salles séparées dans les mariages, écoles non mixtes, clubs sportifs, piscines, plages réservées aux femmes, et même, plus récemment, des cafés exclusivement féminins ont ouvert dans la capitale.

Le fait qu'on veuille des espaces pour nous n'a rien à voir avec la religion. Ces lieux n'existeraient pas si les hommes arrêtaient de nous traiter comme des traînées parce qu'on boit un café entre copines, s'ils cessaient de nous regarder comme des morceaux de viande.

Radwa Rashid, étudiante en droit, affirme dans l'article du journal *Libération* « Au Caire, la mixité à l'épreuve de la ségrégation 'positive'» écrit par Claude Guibal et publié le 8 avril 2008.

Si séparer les hommes des femmes est censé remédier à la tentation des agresseurs, la dite solution rencontre pourtant des limites. D'une part, l'opinion publique accuse la facilité et regrette l'absence de réelles lois renforçant les sanctions contre la délinquance sexuelle. D'autre part, l'efficacité de la ségrégation est remise en question ; en effet, il est fréquent que des hommes la tournent en s'introduisant dans les lieux réservés.

Le sujet avait néanmoins pris une nouvelle tournure dès mars 2011, après le départ d'Hosni Moubarak et sous le régime provisoire de l'armée de Tantaoui. Celle-ci est accusée de porter atteinte aux activistes, toujours présents sur la Place Tahrir, et en particulier aux femmes. En effet, pour les dissuader de manifester, une stratégie de l'humiliation se met en place : agressions physiques, attouchements, on va jusqu'à les traîner au sol, les arrêter et, lorsqu'on ne les viole pas dans les commis-sariats, on les soumet à des tests de virginité (qui, s'ils s'avèrent négatifs, les pénalisent automatiquement d'un procès pour atteinte aux bonnes mœurs, voire pour prostitution). Les scandales se multiplient et se répètent: on se rappelle, entre autres, de l'affaire Samira Ibrahim, une jeune fille de vingt-cinq ans arrêtée lors d'un sit-in sur la place Tahrir le 9 mars 2011, torturée par des soldats de l'armée, puis obligée de se soumettre à un l'un de ces tests de virginité. Si son cas n'est pas isolé, Samira est cependant l'une des rares victimes à avoir déposé plainte et à avoir tenu à ce que son affaire soit menée devant les tribunaux et médiatisée. Les autres ont-elles été menacées ? Craignent-elles les représailles ? Toujours est-il que, malgré la Révolution, les tabous dominent encore les esprits. La plupart des victimes préfèrent se taire et ne portent pas plainte. Autre affaire ayant suscité l'émoi, celle de *« The Blue Bra Girl »* (littéralement « la fille au soutien-gorge bleu »): le 19 décembre 2011, aux abords de la Place Tahrir, sous les yeux des caméras de télévision, une jeune fille est renversée à terre par les forces de l'ordre, piétinée et tabassée à coup de matraques. Elle sera finalement laissée inanimée, à moitié dénudée. Si les images de son corps meurtri ont été retransmises en boucle sur les réseaux sociaux et dans les médias, son visage reste jusqu'à aujourd'hui inconnu. *« La fille au soutien-gorge bleu »* devient cependant un emblème dont il faut racheter la dignité: des billets circulent sur les réseaux sociaux et des associations, campagnes de publicité et manifestations se mettent peu à peu place. Pour la première fois en Egypte, la condition de la femme est un sujet sur lequel on s'attarde et que l'on soutient, les femmes comme les hommes.

Dès lors, l'établissement d'un nouveau régime dont les représentants seraient issus de la Place Tahrir, paraît être la sortie de cette spirale de violences et d'abus. Si, depuis le 25 janvier 2011, on dénonçait entre autres le fondamentalisme religieux grandissant dans la société, c'est paradoxalement Mohamed Morsi et le Parti de la Liberté et de la Justice des Frères Musulmans qui ont été élu le 24 juin 2012 à l'issu des élections présidentielles. De cette date jusqu'à juillet 2013, on observe une augmentation importante des attaques sexuelles, principalement sur la Place Tahrir et aux alentours, lieux toujours occupés par des opposants du régime. Les grands jours d'occupation, les rassemblements tournent à l'émeute et le groupe *Operation Anti-Sexual Harassment/Assault* a notamment été informé de 19 cas d'agressions commises envers des femmes le 25 janvier 2013, jour du deuxième anniversaire de la Révolution. La militante Yasmine El Baramawy, attaquée en marge d'affrontements en novembre 2012, a marqué les esprits lors de son apparition dans l'émission *Akher El Nahar*, un talk-show très populaire, en montrant les vêtements déchirés par ses agresseurs qu'elle portait lors de l'agression. Elle témoigne:

Ils se sont rassemblés autour de moi et ont commencé à lacérer mes vêtements avec des couteaux (...) Je ne me suis pas sentie triste ou atteinte dans ma dignité. Je me suis sentie en colère, et je veux que justice soit rendue (...) Ces attaques visent à exclure les femmes de la vie publique et à les punir de leur participation au militantisme politique et aux manifestations. Elles sont aussi une tentative de ternir l'image de la place Tahrir et des manifestants en général.

Inas Mekkawy, du mouvement de défense des droits des femmes *Baheya ya Masr*, déclare à l'AFP: «*Nous voulons que le terme "harcèlement" ne soit plus utilisé. Ce dont il s'agit aujourd'hui, c'est de terrorisme sexuel.*»

Le problème se heurte toujours à l'indifférence des autorités et à l'opprobre d'une grande partie de la société. En plus d'une police totalement absente, les médias gouvernementaux nient les faits et vont jusqu'à s'en prendre aux victimes elles-mêmes, voire à encourager les atteintes à leur encontre. On note parmi ces accusateurs, entre autres, des prédicateurs populaires aux discours explicites: *"Ce sont toutes des prostituées. On a déployé nos hommes, maintenant, elles sont prévenues"* (Abdullah Badr) ; *"Ces femmes nues, non voilées, ne se rendent à Tahrir que dans l'unique but de se faire violer. Elles méritent toutes le bûcher"* (Abou Islam); *"Il n'y a pas de viol, il n'y a que des femmes consentantes. Il est scientifiquement prouvé que les cuisses sont les muscles les plus forts du corps féminin: en conséquence, si l'une d'elle refuse l'acte, elle n'a qu'à simplement fermer les siennes"* (Mahmoud Shaaban).

Le gouvernement des Frères musulmans fut difficilement ouvert au débat. La déclaration de Reda El Hefnawy, du PLJ, illustre cette réalité: « *les femmes ne doivent pas se mêler aux hommes pendant les manifestations.*» De surcroît, la nouvelle constitution égyptienne ne contient aucun article mentionnant le droit des femmes. Selon l'avocate Nihad Abou El Konsam: «*cette constitution va envoyer l'Égypte 100 ans en arrière.*» (http://www.affaires-strategiques.info). Interrogé le 25 février 2013 sur la chaîne *Mehwar* par le journaliste Amr El-Leithy, à propos des incidents et des viols collectifs sur la Place Tahrir, le Président Mohamed Morsi soutient:

Je ne crois pas à ces agressions, du moins pas de cette ampleur. Je pense tout simplement que ce sont des personnes anarchistes qui refusent la stabilité du pays et qui sont prêtes à accuser le gouvernement de tout et n'importe quoi dans le but de parvenir à leur fin. Cela est désolant.

En conclusion, le bilan reste plus que mitigé. Si avant le 25 janvier 2011, leur statut attirait la critique, les femmes semblent aujourd'hui se battre contre l'anéantissement total de leur personne. Toutefois, la Révolution et les changements qu'elle a apportés ont été l'occasion de franchir un premier seuil: celui du mur du silence. En outre, l'opinion commune égyptienne s'accorde à dire que le combat est loin d'être terminé, et que des progrès sont encore à attendre, d'autant que le régime des Frères Musulmans a été renversé en juillet 2013, suite à un mouvement populaire soutenu par l'armée du Général (puis Maréchal) Abdelfattah Al-Sissi. Cependant, dans ce contexte d'instabilité politique et de graves crises sociales et économiques qui en découlent, le sujet de la femme est presque automatiquement devenu secondaire: seules certaines associations non-gouvernementales (pas toujours reconnues) se préoccupent de la question. Ainsi, cette étude reste à actualiser.

Nada Hassan

CHAPITRE XI

SORTIR DES MODELES DOMINANTS: LES GRANDS BARRAGES EN INDE ET AU BANGLADESH

Depuis des siècles, les richesses naturelles créent des conflits entre les nations. L'eau, ressource vitale et pour nous facile d'accès, n'est cependant pas aussi abondante et accessible dans d'autres régions de notre planète. Avec l'augmentation rapide de la population, il devient de plus en plus difficile de répondre à la demande croissante. Toutes les civilisations se sont d'abord développées autour des points d'eau. Rivières et fleuves ont une importance capitale pour l'économie et l'environnement de tous les pays. Avec l'évolution rapide des infrastructures, l'homme a désormais la possibilité de prendre des initiatives et ainsi d'avoir un certain contrôle sur l'accès à l'eau en construisant par exemple des barrages sur les cours d'eau. Néanmoins sa capacité reste limitée car les interventions d'un pays sur un cours d'eau ont souvent des effets parfois irréversibles en aval, et dans d'autres territoires. L'Inde et le Bangladesh, deux pays voisins d'Asie du Sud qui se partagent 54 fleuves, sont particulièrement concernés par ce type de problème. L'eau étant un sujet sensible, elle est à l'origine d'une longue histoire de conflits et elle est devenue un des enjeux de la relation bilatérale indo-bangladaise. Pour illustrer les conséquences désastreuses que les barrages peuvent avoir sur l'environnement et les populations, nous étudierons les impacts provoqués par ces barrages sur deux grands fleuves de la région, le Gange et la Teesta.

LE CAS DU BARRAGE DE FARAKKA SUR LE GANGE

Le Gange traverse au total quatre pays: la Chine, le Népal, l'Inde et le Bangladesh. Ce bassin fluvial est le plus densément peuplé du monde. C'est un fleuve vital pour les millions d'Indiens et Bangladais qui vivent le long de son cours. Le Gange représente la principale source de revenus des habitants du bassin. Ce long cours d'eau naît au glacier de Gangotri qui se trouve dans l'Himalaya occidental, dans l'État indien d'Uttarakhand. À 16,5 kilomètres de la frontière avec le Bangladesh, le barrage de Farakka, qui contrôle le flux du Gange, détourne une certaine quantité d'eau dans un canal relié au fleuve Hooghly. À environ 4 kilomètres après le barrage, le Gange se divise en deux branches. La branche principale entre au Bangladesh et rejoint les fleuves Brahmapoutre et Goalundo tandis que la branche droite, secondaire, continue son trajet vers le Sud, à travers l'Etat indien du Bengale Occidental, et prend le nom de Bhagirathi-Hooghly, fleuve sur lequel est situé Calcutta. Au Bangladesh, le Gange prend le nom de Padma qui est rejoint par le fleuve Jamuna. Il se confond ensuite avec le fleuve Meghna et finit sa longue course en se jetant dans le golfe du Bengale. Le cycle hydrologique du bassin du Gange dépend de la mousson. La quantité d'eau du Gange est très saisonnière, ce qui engendre beaucoup de problèmes. Les variations sont si fortes qu'elles peuvent entraîner à la fois d'intenses sécheresses en période sèche et d'importantes inondations pendant la mousson. Le Bangladesh en subit tout particulièrement les conséquences.

Suite au déclin du port de Calcutta, l'existence même de cette ville était menacée. L'Inde se devait de trouver rapidement une solution. Ainsi, à la suggestion de certains spécialistes, le gouvernement indien a initié la construction du barrage de Farakka pour détourner 1 132,4 mètres cubes d'eau par seconde du Padma, vers le Bhagirathi sans faire aucune étude sur les impacts environnementaux que cela pourrait provoquer aussi bien au Bangladesh que dans certaines régions de l'Inde. En 1970, la construction du barrage était achevée, mais c'est le 21 Avril 1975 que le barrage fut mis en marche. Ce projet avait pour objectif principal d'augmenter le flux du Bhagirathi-Hooghly et ainsi d'accroitre la profondeur de l'eau dans le port de Calcutta, menacé par l'accumulation de dépôts de limon depuis 1977.

Le barrage de Farakka a non seulement échoué à relancer l'activité du port de Calcutta, mais il a aussi posé de terribles problèmes au Bangladesh, un pays déjà fortement sujet aux catastrophes naturelles. La déviation de l'eau du Gange par l'Inde a baissé le flux de l'eau au Bangladesh, ce qui a affecté le pays sur plusieurs fronts: l'agriculture, la pêche, l'industrie forestière ou sylviculture, la distribution et la disponibilité de l'eau dans les foyers, la navigation, la santé publique et la biodiversité. Or l'agriculture, la pêche et l'industrie forestière sont trois secteurs clés de l'économie du pays.

Un dépôt important de sel dans les terres destinées à l'agriculture a causé une forte diminution de la production agricole et industrielle. La baisse du débit fluvial a retardé les semailles et réduit la saison agricole, ce qui a entraîné une diminution de la production. L'écoulement insuffisant ne parvient pas à évacuer les mauvaises herbes, les insecticides et les débris industriels qui nuisent aux poissons et crevettes qui font partie de la diète des Bangladais.

Les conséquences écologiques du barrage sont donc terribles. L'augmentation considérable de la salinité en surface a eu des effets désastreux allant de la diminution des récoltes, de la pêche et de la production d'énergie à une réduction de la production industrielle. (Jatin Desai) Cela a aussi eu des répercussions sur les nutriments de la terre et des plantes, causant la disparition de beaucoup d'espèces d'arbres, dont certaines très précieuses dans la plus grande forêt naturelle de palétuviers d'Asie du Sud, les Sundarbans. Les retombées sur l'écosystème sont donc considérables, d'autant plus qu'après la construction du barrage les caractéristiques hydrologiques et morphologiques du Gange et de ses défluents au Bangladesh ont subi de grands changements. La réduction du flux a causé un envasement excessif ainsi qu'une hausse du niveau du lit du fleuve, ce qui a considérablement accentué et aggravé les inondations pendant les moussons. La population bangladaise souffre de plus en plus de problèmes de santé liés au manque d'eau potable. D'autre part, le Bangladesh dépend fortement du système de navigation intérieure pour le transport de passagers et de marchandises. Quelques années après la construction du barrage, les transports par les voies de navigation intérieures ont été fortement réduits. Plus de 320 kilomètres de voies navigables sont devenues impraticables pendant la saison sèche. Des centaines de bateliers sont désormais sans travail.

Un des résultats notables de ces effets environnementaux et économiques est la migration à grande échelle de la population bangladaise vers l'Inde. Cette immigration se concentrait d'abord dans la région d'Assam et du Bengal Occidental mais peu à peu, elle a également commencé à s'étendre dans les bidonvilles situés plus au centre de l'Inde tels que ceux de Bombay et Delhi. Ce phénomène a créé de nombreux conflits ethniques entre les migrants bangladais et les habitants de ces régions.

Le barrage de Farakka n'a pas seulement menacé le bien-être du Bangladesh, il a eu des effets très graves en Inde, écologiques mais aussi sociaux et économiques. L'équilibre du Gange a été touché, son niveau s'est élevé d'environ 8 mètres en amont de Farakka. Au fil du temps, le fleuve grossit et s'allonge en amont du barrage, augmentant l'intensité et l'importance des inondations. Un autre problème majeur est l'érosion qui a augmenté après la construction du barrage. Elle a ainsi engendré un flux de migration, un appauvrissement et une margina-lisation des communautés rurales vivant près du fleuve ainsi qu'un nouveau type de réfugiés. À Murshidabad, le fleuve est limitrophe entre l'Inde et le Bangladesh, donc toute perte de terre de la rive droite due à l'érosion devient une perte de territoire du gouvernement indien. Cela crée des conflits de territoire à la frontière entre l'Inde et le Bangladesh car des terres qui se trouvaient auparavant du côté indien, après avoir été submergées un certain temps par le fleuve, réapparaissent du côté bangladais. Entre 1988 et 1994, 206,6 kilomètres carrés de terres à Murshidabad ont été touchés par ce phénomène, déplaçant ainsi 14 236 familles. En 1989 et 1990 le village d'Akheriganj a été rayé de la carte, laissant derrière lui 23 394 sans-abris. Dans les régions frontalières de Murshidabad, nombreux sont les paysans qui sont devenus passeurs de contrebande. Du côté du Bihar, des milliers de sites en plaine qui par le passé ne restaient inondés que pendant la mousson le restent maintenant dix mois par an en raison de l'élévation du niveau du lit du fleuve. Ce phénomène a des conséquences graves sur la population car il est source de maladies infectieuses. La fertilité des sols est également affectée, tout comme la pêche, car cela empêche la migration naturelle des poissons, tels que le hilsa, qui est une espèce en train de disparaître du Gange.

LE CAS DU FLEUVE TEESTA

Le fleuve Teesta est un des nombreux fleuves que l'Inde et le Bangladesh ont en commun. La Teesta a une importance capitale pour le Bangladesh et particulièrement pour sa région du Nord-Ouest où environ 21 millions de personnes vivent sur son bassin. Ce fleuve dont beaucoup de Bangladais dépendent est aussi d'une importance majeure pour l'Inde. En effet, 8 millions d'habitants de l'État indien du Bengale Occidental et 500 000 habitants de l'État indien du Sikkim vivent également sur son bassin. (Arun Ur) L'eau de la Teesta est capitale pour l'agriculture, aussi bien pour le Bangladesh que pour l'Inde. Son importance est donc significative pour l'économie des deux pays. La Teesta prend ses origines dans un lac glaciaire du Sikkim, dans l'Himalaya, et mesure au total 414 kilomètres. La quantité d'eau transportée par le fleuve est mal répartie dans l'année. Pendant la saison des pluies, l'eau est abondante, alors que pendant la saison sèche elle vient à manquer. De nombreuses installations, aussi bien pour l'irrigation que pour produire de l'électricité, ont été construites sur le fleuve, ce qui, inévitablement, pose de graves problèmes.

Afin d'augmenter sa capacité de production agricole et donc ses performances économiques, le Bangladesh a commencé à mettre en place un projet d'irrigation. Divisé en deux phases, il consistait à construire un barrage qui aurait eu plusieurs fonctions: il devait, dans un premier temps, acheminer l'eau vers les terrains cultivables pour les irriguer, servir de système d'évacuation des eaux pour environ 750 000 hectares de terrains cultivés afin d'augmenter la production agricole et également être une protection contre les inondations. Le Bangladesh a ainsi entamé la construction du barrage de Dalia en 1983 sur le fleuve Teesta dans le district de Lalmonirhat à Doani-Dalia. L'ouvrage est devenu opérationnel en 1993. Cette première phase a été conçue pour irriguer 10 000 mètres carrés (*Asia Foundation*, 10) dans 12 sous-districts des districts de Rangpur,

Nilphamari et Dinajpur. La deuxième phase du projet ne fut pas achevée par manque de fonds.

L'Inde a entrepris plusieurs projets différents sur le bassin du fleuve Teesta. Suite au manque d'énergie, pour la production d'électricité, la construction de toute une série de barrages sur les cascades du fleuve dans l'État de Sikkim pour produire de l'hydroélectricité et ainsi exploiter les nombreuses chutes d'eau de la Teesta a été planifiée. Ce projet prévoit la construction d'une centrale électrique et de 30 aménagements majeurs qui auraient la capacité de produire plus de 5 000 mégawatts. Le programme n'est cependant pas apprécié par la communauté locale du Sikkim et les personnes soucieuses de l'environnement à cause des dégâts écologiques qu'il provoquerait. Des groupes se sont organisés pour manifester leur mécontentement mais aussi pour sensibiliser les Indiens et les avertir du danger.

Pour produire davantage d'électricité et optimiser l'utilisation du fleuve Teesta, le gouvernement indien a lancé un autre projet de barrage au Bengale Occidental et un programme d'interconnexion de rivières appelé « Inter-Linking of River Program », qui est très controversé et prévoit de générer entre 20 000 et 25 000 mégawatts d'énergie et d'irriguer 30 millions d'hectares. Mais le projet de l'Inde qui nous intéresse plus particulièrement est le « Teesta Barrage Project » dans le Bengale Occidental. Divisé en trois phases, il devait servir à améliorer l'irrigation et la navigation, produire de l'énergie et aider à contrôler les inondations.

L'Inde projetait d'irriguer 922 000 hectares dans 6 districts du Bengale du Nord et de construire une structure capable de produire de l'électricité grâce à un large réseau de barrages et canaux sur le fleuve. À ce jour, ce projet, qui avait commencé en 1976, n'est pas fini. Deux barrages ont été construits, l'un sur le fleuve Mahananda et l'autre connu sous le nom de barrage de Gazoldoba à Kochbihar, dans le district de Jalpaiguri qui est situé dans l'État indien du Bengale Occidental. (*Asia Foundation*, 10) Ce dernier barrage se trouvant à seulement 100 kilomètres du barrage de Dalia crée des conflits et des tensions entre l'Inde et le Bangladesh. Il sert à dévier l'eau de la Teesta vers le fleuve Mohanonda pour l'irrigation dans le Nord du Bengale. Il dévie 85% du flux d'eau de la Teesta. Le barrage est devenu opérationnel en 1993, la même année que le barrage de Dalia. (Islam, Yoshiro, 373) La Teesta est donc un fleuve très exploité. Toutes ces installations ne sont pas sans conséquences. Elles ont, comme le barrage de Farakka, des effets très dangereux et bien souvent irréversibles.

La réalisation de ces deux projets, indien et bangladais, a engendré des conséquences souvent difficiles à gérer. Elles ont non seulement eu des impacts sur l'agriculture et la vie des habitants des régions concernées, créant ainsi des tensions entre ces deux pays voisins, mais elles ont également eu des retombées sur l'environnement qui ne peuvent être ignorées. Une des premières conséquences de la construction du barrage de Gazoldoba en Inde est la réduction de l'eau du fleuve Teesta au Bangladesh. Les experts bangladais reprochent aux Indiens de dévier et garder une trop grande quantité d'eau pour leur propre agriculture pendant la saison sèche, ce qui crée une forte diminution d'eau en aval et donc affecte l'irrigation de leur agriculture. (Bhattacharjee, 9) De plus, suite à ce prélèvement, le barrage Dalia dans lequel le Bangladesh a investi une très grosse somme est devenu inutile.

Avec la baisse soudaine du débit de l'eau au Bangladesh, moins de terrains pouvaient être irrigués et donc utilisés pour la culture, entraînant en conséquence une baisse de la production agricole. Cela a donc aussi eu un impact sur les revenus et la survie des millions de personnes vivant dans cette zone au Bangladesh. Si l'eau continue à être déviée en amont à ce rythme, un quart des terres fertiles au Bangladesh ne tarderont pas à devenir des terrains vagues. Les agriculteurs de la région concernée au Bangladesh sont très inquiets pour leur avenir. La capacité du fleuve diminue également à cause d'une forte accumulation de dépôts de sédiments sur les rives suite à la baisse du débit d'eau. Cette réduction en saison sèche entraîne aussi l'envasement des canaux et réduit fortement la profondeur du fleuve. La baisse du niveau de l'eau est telle qu'il est maintenant possible de traverser le fleuve à pied. (*Asia Foundation,* 12)

Suite à ces phénomènes, des fonds sableux provenant de Gazoldoba remontent à la surface au Bangladesh et recouvrent parfois les rives de sable. (Dulu, 7) Il ne fait aucun doute que l'équilibre écologique du fleuve Teesta a été fortement déstabilisé par la succession de barrages et projets qui ont été menés par les deux pays. Ces barrages ont causé un rétrécissement de la largeur du fleuve au Bangladesh provoquant ainsi des phénomènes d'érosion souvent très graves. Ces conséquences terribles pour les habitants des rives ont obligé des centaines d'entre eux à se déplacer et à quitter leur domicile. L'assèchement et la dégradation du fleuve empêchent également les bateaux de circuler en saison sèche et réduisent la population aquatique, ce qui nuit donc à la pêche. Les passeurs y perdent leur emploi. Les problèmes ne se limitent pas à la saison sèche. Pendant la période de mousson, l'ouverture soudaine de toutes les portes du barrage de Gazoldoba provoque des inondations au Bangladesh, détruisant habitations, routes et récoltes. Ces projets ont donc non seulement affecté l'irrigation et la production agricole mais aussi la navigation et la pêche qui sont des secteurs vitaux pour la région, et ont endommagé l'écolo-gie, affaiblissant ainsi toute la dynamique de la région concernée au Bangladesh. Les pertes économiques ont été estimées à plus d'un demi-milliard de dollars par an dans l'agriculture, la pêche, la navigation et l'industrie par Yoshiro Higano et Md. Fakrul Islam dans leurs travaux d'études qui datent déjà de 2002. (Islam, Higano, 375)

Malgré les demandes répétées du Bangladesh de réduire la quantité d'eau déviée, l'Inde a continué ses prélèvements. De plus, les effets de ce barrage ne se sont pas fait ressentir seulement au Bangladesh, les Indiens habitant sur les rives du fleuve près du barrage de Gazoldoba se sont également plaints. La présence du barrage a augmenté la sédimentation, les dépôts de sable et l'envasement du fleuve dans cette région, provoquant l'érosion du bord des rives et des inondations dans certains villages qui nuisent en outre à la faune et à la flore. Ces effets forcent également les Indiens de cette région à se déplacer et à se reloger ailleurs. (*Asia Foundation,* 21) Cependant si le barrage nuit aux Bangladais et même aux Indiens habitant les rives près de Gazoldoba, un point qui ne peut être ignoré est la dépendance du Bengale du Nord en eau venue du fleuve Teesta. 80 à 90% des habitants des districts du Cooch Behar, Darjeeling, Jalpaiguri et Dinajpur vivent de l'agriculture. Une bonne irrigation des terres pour les agriculteurs est donc indispensable. Or, la Teesta ne contient plus autant d'eau qu'auparavant alors que les agriculteurs indiens en ont toujours autant besoin.

Une autre conséquence de ses barrages est la multiplication de nouveaux conflits entre l'Inde et le Bangladesh. Les négociations pour réguler l'utilisation du barrage de Farakka ont été très difficiles et même si un accord a été signé en 1996, après 30 ans de négociations, les deux pays semblent encore à ce jour insatisfaits des termes établis. Il n'est donc guère surprenant de voir qu'ils peinent de nouveau à s'entendre sur le partage de l'eau de la Teesta. Dans cette nouvelle affaire viennent se mêler stratégie politique et problèmes internes qui compliquent davantage la relation bilatérale. Après plusieurs années de négociations et de discussions, ce n'est qu'après 1996, une fois les conséquences des aménagements sur la Teesta constatées au Bangladesh et l'accord pour le barrage de Farakka signé que les deux gouvernements se sont intéressés plus sérieusement à cette affaire. Pendant plus de 10 ans, l'Inde et le Bangladesh ont été confrontés à une impasse car aucun des deux n'était prêt à faire de concessions. Ce n'est qu'en 2007 qu'ils réalisèrent qu'une entente ne pourrait être trouvée que si tous deux acceptaient de faire des sacrifices.

En Janvier 2011, c'est avec satisfaction que l'Inde et le Bangladesh ont annoncé leur désir de signer un accord pour le partage du fleuve en Septembre 2011, lors de la visite du Premier ministre indien Manmohan Singh au Bangladesh. Cet accord était significatif aussi bien pour l'Inde que pour le Bangladesh. Il n'allait pas seulement permettre de renforcer les liens bilatéraux mais il impliquait aussi la signature d'un autre accord particulièrement important pour l'Inde, celui du « Transit »: l'Inde, en faisant un certain nombre de concessions au sujet de la Teesta et en étant plus ouverte aux demandes du Bangladesh, allait pouvoir en contrepartie signer un traité prévoyant une route entre la plus grande partie de l'Inde et ses États du Nord, séparés par le Bangladesh. Alors que le partage des eaux et ses diverses implications semblaient satisfaire les deux pays, Mamata Banerjee, Chief Minister du Bengal Occidental, zone particulièrement concernée par le flux de la Teesta pour son irrigation, s'est opposée en dernière minute à la signature de l'accord, expliquant que ce traité allait nuire aux fermiers de sa province.

Cette opposition a conduit à l'annulation de la signature et a eu beaucoup de conséquences politiques dans les deux pays. Mamata Banerjee a fortement été critiquée non seulement au Bangladesh mais aussi dans son pays, l'image de l'Inde a été ternie, le Parti Politique Bangladais, traditionnellement amical envers l'Inde, a perdu de sa popularité à l'approche des élections et les conflits internes entre les différents partis politiques indiens se sont accentués. Depuis cet événement, l'accord a été retravaillé mais sa signature est sans cesse repoussée car l'affaire n'est pas simple pour l'Inde qui doit d'abord résoudre ses conflits internes à ce sujet.

Les conséquences que pourraient avoir de tels barrages sont bien souvent ignorées lors de leur construction. Des années de protestations et négociations sont nécessaires pour réduire les dégâts. Malgré l'expérience passée, l'Inde s'est de nouveau intéressée à des projets similaires nuisant non seulement aux Bangladais mais également à certains Indiens dont l'opinion est souvent ignorée. Ces nouveaux projets créent également de nouveaux conflits entre l'Inde et le Bangladesh. Il est important que l'Inde commence à chercher des alternatives allant à rebours de ces grands barrages, profitables dans l'optique de la vision dominante du développement mais si dangereux pour l'environnement ainsi que pour les populations les plus défavorisées aussi bien d'Inde que du Bangladesh.

Nadia Alamgir

Bibliographie

Bhattacharjee, Joyeeta: « Need for resolution of the Teesta dispute », *South Asia Weekly Report,* vol 4, n° 45, 11 novembre 2011.

Desai, Jatin: « Heavenly Ganga », *Radio Sai,* vol 6, n° 5, mai 2008.

Dulu, Sadrul Alam: "No Water for Teesta to irrigate crops", *The Financial express,* http://www.the financialexpress-bd.com/2007/12/08/19341.html.

Islam, Fakrul et Yorisho Higano: *Rural Poverty Alleviation through Large-scale Irrigation Planning,* Japon, Tokyo, 2002.

Ur, Rachid Harun: "Teesta Water Issue: A few Hard Facts", *The Daily Star*, 11 janvier 2012.

Autres documents

Asia Foundation: "Political Economy Analysis of the Teesta River Basin", *The Asia Foundation,* mars 2013, San Francisco.

Irrigation and Waterway Dpt (Gov of west Bengal: Teesta Barrage Project,

http://wbiwd.gov.in/irrigation_sector/major/teesta.htm.

CHAPITRE XII

LA CHINE À REBOURS DES MEDIAS OCCIDENTAUX

La Chine, certes, s'est beaucoup développée depuis son ouverture au monde extérieur de la fin des années 1970. Cependant, ce développement a accru les inégalités régionales entre les provinces côtières tournées vers le monde et le reste du pays. Cela explique également la perte de privilèges administratifs et fiscaux en faveur des investissements étrangers dans les régions des côtes-Est et la stratégie chinoise actuelle envers l'intérieur du pays.

Le premier échelon économique comprend les villes situées à l'Est de la Chine, des villes côtières essentiellement, mais aussi les villes de l'Est riches en matières premières. La deuxième partie, « l'intérieur », se trouve géographiquement au milieu de la Chine, représentée par des villes telles que Xi'an, Wu han, Tai Yuan, etc... C'est un vaste espace, riche en mains-d'œuvre, tout en disposant des richesses culturelles de plusieurs millénaires, qui reste loin dernière les villes côtières mais produit la majeure partie des céréales du pays, tels que les blés et maïs, grâce à son territoire très fertile. Enfin, le troisième espace est constitué par les villes de l'Ouest, séparées géographiquement par des montages. Il est souvent occupé par des ethnies minoritaires, comme dans la province de Guizhou, de Sichuan, ou encore de Xinjiang et de Xizang (Tibet).

Le littoral, a profité de l'ouverture de la Chine et de l'explosion des investissements directs étrangers ainsi que des délocalisations. Cette partie, qui ne représente qu'environ 14% de la superficie du pays, contribue cependant à la hauteur de 60% au PIB national, alors que l'Ouest, qui recouvre plus de 56% du territoire, ne produit que 8% de la richesse du pays[118]. Et puis, il y a un autre problème qui inquiète les autorités chinoises, c'est le risque de conflits entre les différentes ethnies chinoises. À l'Est réside majoritairement l'ethnie Han,

[118] Chiffre venant du Bureau National des Statistiques de Chine

cumulant de plus en plus de richesses, alors qu'à l'Ouest se trouvent essentiellement des ethnies minoritaires plus pauvres.

Ce déséquilibre régional vient d'abord de l'inhospitalité de l'Ouest où se trouvent géographiquement les montagnes et les déserts chinois. Les terres les plus fertiles se situent à l'Est et dans les provinces côtières, ce qui a abouti à une surpopulation dans cette région. Nous y comptons plus de 449 habitants au kilomètre carré, alors qu'à l'Ouest, toujours profondément rural, ce chiffre est de 23.

Cette polarisation extrême de la population, du commerce ainsi que des richesses créées a considérablement aggravé les inégalités entre les régions. Cela se traduit essentiellement dans les écarts des espérances de vie entre l'Est et l'Ouest. Dans les provinces telles que le Guizhou où l'espérance de vie ne dépasse pas 64 ans, cela est dû, d'un côté, à la dureté du travail, surtout agricole, et de l'autre au moindre accès aux soins, tant en quantité qu'en qualité à cause du déséquilibre dans la redistribution des richesses nationales. Les autorités centrales sont bien conscientes de ce manque d'harmonie qui risque de freiner le développement économique et d'engendrer des réactions. Cela explique leurs efforts dans le domaine des infrastructures et la politique « Go West » mais les résultats ne sont pas évidents avec le phénomène de la migration de la main-d'œuvre vers les régions côtières, un taux d'investissement étranger de 13 % seulement (pour 45 % de la population chinoise) et des hésitations de la part des étrangers[119].

En conclusion, ce déséquilibre régional en Chine pose de plus en plus de problèmes au gouvernement central, tels que les émeutes ou les protestations qui ont eu lieu ces dernières années à l'Ouest. Les autorités chinoises, malgré leurs efforts, ne peuvent pas inverser la tendance actuelle. C'est pour cela que le gouvernement actuel, dirigé par Xi Jinping, poursuit une politique initiée depuis la fin du mandat de Hu Jintiao et renforce les politiques qui visent à resserrer les écarts régionaux.

Certes, la Chine devient riche, tous les rapports publics ou privés/ mondiaux ou régionaux le démontrent, et personne ne peut le nier, car elle a quadruplé son PIB depuis son adhésion à

---

[119] Rapports Prime View, *bm*, *ocde*.

l'OMC fin 2001. Sa population souffre néanmoins de plus en plus de la flambée des prix des marchandises et de l'immobilier, sans ajouter d'autres grands problèmes, tels que l'insécurité alimentaire, la pollution ainsi qu'un manque d'eau potable, notamment dans les régions Nord-Ouest, ce qui a provoqué une inquiétude profonde au sein de la population chinoise.

Malgré sa croissance économique très satisfaisante qui fait rêver les pays européen, nous observons désormais en Chine un creusement des inégalités de plus en plus inquiétant, inégalités entre les villes et les zones rurales et inégalités au sein des villes. Ces deux sortes d'inégalités sont les conséquences à la fois du développement économique chinois et de la redistribution des richesses. Ainsi le coefficient de Gini[120] a dépassé en 2011 le seuil critique de 0,45, avec un ratio de 0,47. Ce chiffre est loin devant l'Allemagne et la France (0,29) et il est considéré comme potentiellement dangereux.

Alors que les familles défavorisées luttent pour joindre les deux bouts en fin de mois, les familles aisées accumulent pouvoir et richesses. Le nombre de milliardaires en Chine a quasiment doublé entre 2010 et 2011, passant de 64 à 115, et 10% de la population détient plus de la moitié des richesses du pays. Cette tendance crée non seulement des tensions sociales, car les inégalités risquent de perturber la soutenabilité de la croissance, problème dont le gouvernement central est parfaitement conscient, mais elle freine aussi, à plus long terme, la croissance potentielle du pays comme cela s'est vu en Amérique latine.

La Chine ne sera pas une exception à la règle. Certes, les mécontentements ainsi que les révoltes produites par les inégalités sociales ont pu, jusqu'ici, être résolus à temps par le biais de concessions et de reculs calculés du gouvernement mais, selon un sociologue chinois, Wu ci, nous enregistrons en Chine chaque année plus de 10 000 révoltes collectives, notamment

[120] Selon l'Insee, l'Indice (ou coefficient) de Gini est un indicateur synthétique d'inégalité de salaires (de revenus, de niveau de vie...) entre les 10% les plus riches et les 10% les plus pauvres. La barrière jugée critique est estimée à 0,45.

dans les petites villes, voire les zones rurales. Et ce chiffre ne cesse d'augmenter.

Lucie Wang

CHAPITRE XIII

COMPRENDRE « À REBOURS » DANS LE CADRE DE LA QUESTION DES CASTES AU TAMIL NADU

Un sens ne se révèle qu'en contact avec un sens qui lui est étranger et lorsque s'engage un dialogue...Nous soulevons de nouvelles questions, qu'autrement nous n'aurions jamais posées, nous cherchons des réponses pour nous-mêmes dans cette confrontation qui nous répond en nous révélant de nouveaux points de vue et des profondeurs sémantiques inespérées. (Bakhtin)

Un trait d'union n'est qu'une séparation mais une barre divise intérêts et sympathies de façon irréconciliable. Partout la classe régnante se renouvelle en incorporant de nouveaux groupes parvenus à son niveau. En Inde, la classe régnante est une corporation fermée où personne, à moins d'être né en son sein, n'est admis. (B.R. Ambedkar)

Le mot français « rebours » m'a aidé à repenser la relance de la question des castes durant la dernière décade du XXe siècle ainsi que la fonction du courant hégémonique au Tamil Nadu et dans son contexte indien. Ce mot ne survit que dans l'expression « à rebours » qui signifie à l'encontre du mouvement de tissage et, de façon figurative, du mauvais côté. La métaphore textile m'a interpelé : comme le mot écriture est plus riche que ses traductions anglaises, « à rebours » va au-delà de « contre » ou « en opposition à ». Comme les bourrelets tissés à contre-courant ne peuvent être enlevés de la toile sans la déchirer, il faut bien faire avec. Cette image prendra tout son sens dans notre étude.

Les castes sont très anciennes en Inde mais elles ne devinrent un objet d'étude et une question nationale que lorsque les dits « intouchables » ont contesté le système et subverti le courant dominant castéiste. D'abord je ferai un panorama de la décade étudiée et y situerai, au sein du mouvement dit des « petits magazines », *Nirapirikai* comme « à rebours ». La seconde partie étudiera le recours à la littérature de *Nirapirikai* et d'*Udagam* qui en redéfinissant le courant dominant dépassent la confrontation critique et idéologique. Enfin, avec *Dalit* et les activités du mouvement dalit, nous verrons comment est redéfini le courant dominant.

Le contexte global de 1989 et de la chute du mur de Berlin se saisit du théâtre des guerres culturelles et mit au centre des questions l'identité nationale qui passa d'un cadre territorial à une recherche culturaliste. La chute de l'URSS précipita cette évolution. Elle fut interprétée comme la fin des idéologies. Une route s'ouvrait aux identités régionales. Le gouvernement central indien se lança alors dans une politique de globalisation et de définition de l'identité hindoue marquée par la destruction de la mosquée de Babri Masjid (1991) et l'impact du *Ramayana* en feuilleton télévisé.

Le régionalisme affrontait donc les idéologies nationalistes. L'anniversaire de la naissance du Dr Ambedkar, apôtre des Dalits, déchira l'étouffante atmosphère religieuse et hindouiste du moment. L'insistance sur le concret et le local favorisa l'expression de la caste en tant qu'unité culturelle mais sans perdre le lien avec la nation et le global afin d'éviter le sort de l'URSS.

Dans le contexte tamoul ces évolutions durent beaucoup aux « petits magazines », définis dès les années quarante par leur « sérieux » opposé aux thèmes populaires habituels. Il s'y dessina une jonction du discours intellectuel et du discours sur les droits de l'Homme, entraînant un passage de l'idéologie à la subjectivité. Venus du marxisme, A. Marx (physicien), Ravikumar (employé de banque) Po Velsamy (homme d'affaire et spécialiste du Tamoul), les animateurs de *Nirapirikai* inaugurèrent une stratégie novatrice d'avancée de la pensée grâce au dialogue : rencontre d'intellectuels d'origines variées, interventions individuelles, études de terrain, interviews, comptes rendus de lectures, traductions d'ouvrages étrangers. La revue organisa une conférence sur l'économie et la politique des années quatre-vingt sous l'égide de George Fernandes, un progressiste qui finit par devenir ministre dans un gouvernement majoritairement BJP. (n° 5 de la revue, oct 1992) Puis vint une conférence sur les actions audacieuses de défenseurs des droits de l'Homme comme Kannabiran et Balagopal. Alors que la peine capitale ne pouvait être réellement contestée suite à l'assassinat de Rajiv Gandhi, une autre conférence demanda que les accusés soient considérés comme des réfugiés plutôt que comme des militants. Le puissant et très conservateur organe de presse, *Dinamalar,* parla à ce sujet d'actions antinationales. Cette évolution de *Nirapirikai* ne fut possible qu'avec son engagement postmarxiste envers les travaux d'Althusser, de Gramsci et de Foucault, maintes fois traduits dans le magazine. Le n° 7 (janv 1994) se concentra sur les vues de Gramsci sur les subalternes et suggéra une culture et une éducation alternatives.

Ce thème fut repris avec une intervention sur la montée du mouvement hindutva, des écrits philosophiques postmarxistes et féministes (Simone de Beauvoir, Luce Irigaray) sur la subjectivité et une relecture de la tradition opposée aux castes, notamment de l'idéologue Periyar. Avec la montée du mouvement dalit, la caste apparut comme la dominante du courant dominant. L'effort critique mené par d'autres cultures fut reconnu, par exemple dans le réalisme magique et sa résistance à l'Occident et au patriarcat. Le magazine en vint, pour répondre au problème posé par les Dalits et à l'encontre de ses premiers engagements, à fonder un supplément littéraire et il annonça une conférence sur « l'anéantissement des castes. » La littérature apparut comme le retour du refoulé si longtemps vu comme élitiste et inutile à l'action sociale. L'identité dalit y fut représentée comme partie prenante des voix venues des marges des cultures les plus diverses. Critiques et œuvres de création accompagnaient des traductions de littérature afro-américaine et des écrits féministes. Le supplément impulsa en réalité un engagement profondément novateur.

India Today condamna le supplément en 1995. La rencontre organisée par *Nirapirikai* y vit la voix du courant dominant et conseilla de renvoyer ce numéro souillé d'excréments, ce qui arriva une fois selon l'écrivaine Vaasanthi, rédactrice en chef du magazine. Mais *India Today* décida d'ouvrir ses colonnes aux voix venues des marges dès son numéro spécial consacré à la littérature en 1996. Des intellectuels et écrivains dalits comme Raj Gowthaman, Amayam, Bame et Ravikumar (futur théori-cien du mouvement dalit) jouèrent le jeu.

Le journal *Udagam* naquit en 1995 sous l'égide de A. Ramasami, personnalité du monde du théâtre, et de ses amis,

Arunan, Kannan et le poète Prathiba Jayachandran. Ravikumar, très proche de cette équipe, et A. Marx lui accordèrent leurs contributions. Si *Nirapirikai* était un organe activiste, *Udagam* était un magazine d'avant-garde tourné vers un public populaire et critique de toute forme d'intellectualisme. Il redéfinit la nature et la fonction du courant dominant en dénonçant le type de lecture pratiquée par le public des petits magazines et leur silence sur l'oppression de caste. Une critique dalit se fit jour au sein du supplément littéraire de *Nirapirikai* et d'*Udagam*, par la suite rassemblée dans l'ouvrage *Modernisme, anti-modernisme et le mouvement dalit* qui ne se gêna pas pour dire que l'affiliation à un certain post-modernisme de divers écrivains et critiques tamouls relevait de l'imitation servile, voire d'une forme d'expression déguisée de l'appartenance aux castes supérieures. Pourtant l'ouvrage voyait en la critique dalit une avancée post-moderne et s'attaquait à la vision marxiste du post-modernisme qu'il qualifiait de régressive.

Le n° 1 d'*Udagam* critiqua énergiquement le Prix Chevalier accordé à l'acteur tamoul Sivaji Ganesan et la musique symphonique de Ilayajara. Il expliqua que le cinéma tamoul renforçait en réalité la domination de caste et le pouvoir patriarcal. La revendication moderniste de nombreux poètes et romanciers était critiquée, des poèmes signés par des grands noms étant introduits comme « Ecriture fantôme » dans le n° 3. Il est vrai que certains lecteurs ne comprirent pas la critique qui portait sur la question de la créativité.

Le numéro suivant en profita pour montrer combien la lecture des abonnés était aléatoire. Tamilavan, auteur post-moderne auto-proclamé, était aussi attaqué ainsi que les modes occidentales, post-structuralistes ou post-modernistes des petits magazines. Le deuxième numéro avait même publié une interview d'un intellectuel français imaginaire, Jacques Ivan Yermola, truffée de références inventées, de faux titres d'ouvrages et de faits irréels comme la venue de Yermola à la conférence du monde Tamoul.

La traduction en Tamoul d'une interview de Gayathri Spivak par Robert Young fut publiée avec une note qui contestait comme une revendication de haute caste sa théorie d'une origine sanskrite du post-modernisme. Le post-colonialisme peut donc aussi être le canal du courant dominant. De toutes les façons, ni l'Occident ni le post-colonialisme n'abordent sérieusement les problèmes posés par le système des castes. Suivit un débat organisé par *Nirapirikai* sur l'écrivain moderniste Pudumai Pithan qui divisa le magazine et conduisit à sa fermeture. Alors que beaucoup de participants insistaient sur ses positions de caste, Ravikumar et d'autres autour de lui les mirent en garde contre la réduction de la littérature à l'idéologie.

Ce qui était en jeu était la possibilité et les conséquences d'un rapport au courant principal qui, d'une part est capable d'accueillir des œuvres dalits mais qui, d'autre part, reste toujours fondé sur le système des castes. *Nirapirikai* ne résista pas au débat et connut une grave scission suivie de sa fermeture.

Face au courant dominant le problème dalit, qui combat l'exclusion, est simultanément de s'y opposer et de s'y inscrire, ce qu'entreprit *Dalit* sous la direction de Ravikumar. En 1997 les mouvements dalits condamnèrent les célébrations du 50e anniversaire de l'Indépendance et boycottèrent les élections. De nombreux activistes tombèrent sous le coup de la Loi sur la sécurité nationale, ce qui les empêchait, une fois arrêtés, de sortir sous caution, mais deux ans plus tard ils se lancèrent dans les élections, un changement de perception, tant politique que littéraire, qui voyait dans le courant dominant un espace de dialogue. Cela se sentit clairement dans *Dalit*.

Cette évolution était due à l'apparition de petites formations dalits et à la consolidation du mouvement global. Au Tamil Nadu cela impliqua une remise en cause des théories et de l'histoire de la mouvance. Insistant sur les relations invisibles existant déjà, *Dalit* joua un rôle tout à fait crucial, à l'encontre de *Nirapirikai*, opposé à ce changement. Courant dominant signifiait colonial, nationaliste, dravidien, communiste, postcolonial, subalterne. Les intellectuels dalits contestèrent alors que leur mouvement entretenait une relation de continuité avec les dravidiens anti-brahmins. Le prétendre ne serait même qu'une stratégie récupératrice, d'autant que le mouvement anti-brahmin commença en 1916 et que l'intellectuel dalit Iyothee Thass (1845-1914) lança le Dravida Maha Jana Sabha en 1891 et dirigea le *Talilian* entre 1901 et 1907. Pour sa part, Rettamalai Srinivasan (1860-1945), proche d'Ambedkar lors de la deuxième table ronde de Londres, dénonça l'élitisme et l'hindouisme du Congrès dans son magazine, *Parayan* (1891-1900). Lorsque le Parti de la Justice prit son élan au XXe siècle les Dalits avaient déjà créé un climat anti-brahmin et ils travaillèrent étroitement avec le Parti de la justice contre le Congrès.

La situation changea avec la victoire de ces forces et il faudra un jour expliquer comment la mouvance anti-brahmin se renforça et comment les Dalits se retrouvèrent simultanément réduits à l'état de minorité politique. Il convient certes de récuser la binarité brahmins / non-brahmins. Lorsque les préjugés de caste des non-brahmins furent dénoncés, les intellectuels tamouls en furent très choqués. Alors que certains endossaient une identité brahmine, Iyothee Thass fondait une identité tamoule indépendante des castes et affirmait que le terme brahmin ne désignait pas une caste mais un bouddhiste qui assume une fausse identité. Il montra aussi comment le nationalisme cachait une dominante hindouiste. *Dalit* refléta tous ces débats, suscitant d'autres magazines dalits et des écrits d'autres marginaux dont un certain nombre de femmes. Il y eut aussi une relecture dalit du marxisme.

Pour *Dalit*, définir l'Etat pose problème en Inde. Ambedkar et Marx restant à ce sujet enracinés dans une vision très occidentale, il fallait donc faire appel aux marginaux du marxisme. Le capitalisme, loin de sombrer, s'est réinventé sans que les marxistes ne produisent une nouvelle stratégie, mais au même moment les Dalits ont mis au point une stratégie de survie en Inde. L'intellectuel organique relit donc Foucault pour comprendre la stratégie oppressive liée à l'hindouisme et, pour sa part, loin des théories occidentales et des discours anticolonialistes, *Dalit* cherche des contre-stratégies. La ques-tion de l'abolition de la peine de mort, les droits de l'homme, des traductions d'écrits féministes, afro-américains, latinoaméricains et d'Europe de l'Est œuvrèrent en ce sens et suggérèrent une nouvelle stratégie littéraire. En montrant comment se déchaîne la violence, on s'adresse au courant dominant et on empêche la littérature de n'être qu'engagée.

Les 11 conférences pour un collège électoral séparé ont relancé la singularité (terme en consonance avec un essai important et avec Lyotard) de la question dalit. Imitant Hélène Cixous, Ravikumar affirme en outre: «*si tous les intouchables ne peuvent être regardés comme des Dalits, seuls les Intouchables peuvent devenir des Dalits.* » Il expliqua aussi, à l'occasion de la commémoration de la disparition de Saïd en 2003, que les intellectuels post-coloniaux brahmins se l'étaient approprié et qu'il convenait de ranimer son œuvre dans le contexte des luttes des Dalits. L'activisme saïdien n'est pas réduit à un domaine unique, il se mêle aux questions philosophiques et littéraires les plus variées, ce qui conduisit à un Festival culturel dalit à Pondicherry en 1992, semblable au festival culturel noir des Etats-Unis. Cette célébration est, depuis, devenue annuelle. Le mois de l'histoire dalit a remplacé la célébration, plutôt rituelle, de la naissance d'Ambedkar. Ces événements veulent relâcher les liens avec le mouvement dalit initial de Bombay, insister sur les espaces-temps concrets, poser la question des castes dans les études littéraires, sociales et culturelles, insister sur le caractère culturel de la lecture.

La critique dalit est donc un facteur essentiel de l'histoire culturelle tamoule et indienne. Elle sort de sa marginalité pour montrer comment les castes changent pour s'inscrire dans le courant culturel dominant. On le vit déjà durant la période nationaliste où des intellectuels dalits, pourtant accusés d'être pro-anglais, secondèrent Gandhi tout en réclamant un collège séparé contre lequel le Mahatma engagea un jeûne jusqu'à la mort. Deux mouvements dalits opposés au XXe au mouvement dravidien, travaillent désormais avec le Parti dravidien et ont été pour cela durement critiqués.

Dans ce contexte des relectures s'imposent, bien au-delà des petits magazines, au sein des politiques d'émancipation. Dans cette tâche, littérature et critique théorique ne se contredisent pas. Cela nous aide à voir que le courant dominant, au moins en Inde, n'est pas purement une question de politique et de représentation politique. Les voix binaires et anti-castes ne peuvent plus rester uniquement des voix d'opposition au pouvoir politique, elles doivent aussi assumer un engagement dans le domaine culturel. Comme les motifs et les boursoufflures créés par un mouvement à rebours ne peuvent être arrachés du tissu, les voix opposées au système des castes s'inscriront – du moins certains l'espèrent - solidement au sein du courant dominant. Un coup d'œil sur l'histoire de la dernière décade du XXe siècle au Tamil Nadu nous aide à comprendre que l'expression « à rebours » nous en dit beaucoup plus que sa traduction anglaise « against the mainstream ».

La question n'est pourtant pas jouée. Au XIXe et au XXe l'inscription des Dalits dans le courant dominant leur a apporté une certaine visibilité mais en fin de compte, ils furent absorbés et redevinrent invisibles car le facteur de caste répugne au dialogue et inlassablement réinvente sous de nouvelles formes l'ordre ancien.

Azgagarasan Rajamanickam

Bibliographie

Udagam,(4 numéros) de jan 94 à sep 95.

Nirapirikai, (9 numéros, 4 suppléments littéraitres) d'oct 90 à mai 98.

Dalit, (11 numéros) s'avril 97 à fev 07.

Sivakumar, R. « Little Magazine as Counter Discourse », thèse de doctorat, Université de Madras, 2009.

Marx, A. et Ravikumar R. « Postmodernism, Antimodernism and Dalitism », Pondicherry: *Nirapirikai,* 1995.

Ravikumar, R., ed., *Dalit Engira Thanituvam,* Coimbatore: Vilimbu Trust, 1996.

Iyothee Thassar Cinthanaikal, ed Aloysius. Trois vols. Palayamkottai: Folklore Research Centre, 2000.

TROISIEME PARTIE
ARTS ET LITTERATURE CONTRE LE COURANT DOMINANT

CHAPITRE XIV

MUSIQUE ET CONSCIENCE DALIT

La marginalité naît du jeu entre le centre, la périphérie et les frontières qui, pour leur part, sont des constructions discursives. Mais peuvent-elles être, au moins dans le domaine musical, le lieu d'une confrontation entre la marginalisation créée et la transgression ? Mon intention est d'aborder ces questions en explorant *Bhukha* (1989), le film de Sabyasashi Mohapatro sur la communauté dalit des *Bajniyas* qui luttent pour leur survie dans l'ouest de l'Odisha en Inde. Ce travail vient principalement de mon rapport au film et de mon expérience auprès des *Bajniyas.* J'ai appris leur langue, assisté à leurs représentations et concerts et dansé avec eux.

En passant des lieux sociaux aisés mis en scène par le cinéma aux Dalits, ce film inaugura la nouvelle vague cinématographique de l'état. Les *Bajniyas* ont des orchestres de tambours dirigés par *mahuri* et ils se donnent en spectacle pour distraire leurs maîtres de hautes castes. Les tambours auraient un pouvoir magique et ils écarteraient les mauvais sorts. Ces hommes affamés de nourriture, de reconnaissance et d'identité, utilisent la musique pour affirmer une identité qu'ils partagent avec quelques 300 millions de parias de condition comparable dans le monde.

L'action est très simple: Ashim suit les musiciens pour écrire une thèse, il tombe amoureux de Kasturi, une jeune femme de la communauté, puis finalement il quitte les Dalits lorsqu'il ne peut plus voir en eux les hommes qui incarnent la vision romantique qu'il projette sur eux. Cette façon de voir ne peut que nous rappeler la protestation d'Ambedkar contre l'appellation d'harijajans (enfants de Dieu) que Gandhi donnait aux Intouchables et qui fut comprise par certains comme une vision condescendante et exotique qui idéalisait leur extrême pauvreté. En dehors d'Ashim, deux autres non-dalits apparaissent dans le film: le docteur et le boutiquier.

L'importance de la musique est fondamentale pour cette communauté. L'interprétation d'Aintha, le frère de Kasturi, est d'autant plus intense qu'il se sent trahi et rejeté par le monde entier. Alors qu'il est tuberculeux, il ne peut jouer qu'en prenant de grands risques pour sa santé comme le lui a expliqué le docteur. Il va jusqu'au bout de son engagement artistique et rend l'âme après avoir joué le plus beau morceau de toute son existence. Hadu joue de façon aussi exceptionnelle juste après la mort de son fils, victime de la malnutrition. Le défunt Aintha laisse la place à son fils et l'orchestre se donne un nouveau *Mahuri*. La communauté construit son identité et trouve son dynamisme (agency) dans l'art musical populaire qui lui vient de ses pères et que les musiciens devront un jour transmettre à leurs enfants. C'est un engagement total de tous et chacun.

La musique et les chants ont un style très distinct: langue villageoise et langue des taudis, symboles liés à la vie rurale et agricole, rythme des tambours, fascinants et envoûtants, répétitions (vers-chœur-vers-chœur...). Mahapatro utilise la musique des *Bajniyas* pour conter son histoire, créer une atmosphère authentique et nous introduire dans cette culture.

La musique présente donc le monde vu et senti par la communauté et cela en soi est une protestation. Nous dirons plus encore : la musique n'est pas qu'un reflet de la société, elle est ce qui la produit, ce qui crée la culture et l'identité des *Bajniyas*. Elle est une expression métaphorique des sentiments qui témoignent de la réalité profonde de la société. Elle exprime donc l'aliénation de ces gens et ainsi précède, annonce, suscite des changements.

Une identité est toujours susceptible de devenir un idéal partagé, ce qu'on voudrait être plutôt que ce que nous sommes par la force des choses. En explorant, en affirmant et en célébrant aussi leur sens d'une identité partagée les musiciens et les chanteurs deviennent les acteurs de la société idéale qu'ils créent en s'adonnant à leur art. La musique a donc une force libératrice toute particulière.

Un interprète peut sortir de son corps et de son être. Sa capacité à traverser les frontières lui donne aussi des possibilités illimitées de construire des identités différentes et novatrices. La musique construit des identités et régule le corps. L'expression est un dynamisme (au sens d'*agency*, le concept utilisé par les études subalternes indiennes) qui naît de ce pouvoir de l'art d'éveiller les sens et la perception, de sortir l'homme de son inertie, de bousculer l'aliénation.

La musique des *bajniyas*, qui leur donne leur identité, s'oppose à la musique classique des hautes castes. Elle n'a pas la même sophistication, elle manque de discipline, elle est spontanée, elle surgit du sol, raconte des histoires locales, propose une histoire alternative. Elle est donc l'autre de la « grande » musique et elle s'insurge contre toute territorialisation. Or l'identité d'un groupe se construit dans la confrontation comme la musique populaire s'invente contre les règles classiques.

Elle est peu structurée et elle est donc changeante. De même une identité qui se cherche est fluide, en procès, elle n'est pas fermée sur elle-même. En outre les chants des *Bajniyas* sont polyphoniques, aucune voix n'étouffe les autres. Ainsi se constitue métaphoriquement une démocratie créatrice, une totalité d'égaux. Comment, dans ces conditions, la musique elle-même ne les conduirait-elle pas à remettre en cause l'inégalité sociale et leur statut de marginaux ?

Elle s'oppose de façon flagrante à la réalité socioéconomique que décrit par ailleurs le film : pauvreté, dureté du travail, oppression des enfants et des femmes par les hommes affamés et humiliés, prostitution des femmes (dont Kasturi, désespérément à la recherche de 10 roupies pour acheter des médicaments pour son frère, Aintha, et qui se donne), image dégradante des Dalits, exclusion, absence de droits…

Bhukha est donc un film très honnête qui tente de présenter le monde des Dalits dans une perspective dalit et rompt avec les présentations de ces hommes faites par le passé à partir du regard des classes supérieures. Dans cet effort méritoire la musique joue un rôle incontournable.

Quelques mots empruntés à Selva Kuma:

Un pas en avant
Cela suffit
Sois audacieux afin de vivre libre.

Bisweswar Pattnaik

CHAPITRE XV

ONIR, À CONTRE-COURANTDE BOLLYWOOD DANS *MY BROTHER NIKHIL* AND *I AM*

À contre-courant du cinéma indien commercial, des réalisateurs et grandes productions indiennes, Onir est peut être le premier réalisateur indien à avoir eu le courage d'aborder le thème de l'homosexualité et du sida, dans une production indienne indépendante, *My Brother Nikhil.*

En 2010 il réitère en proposant *I am* avec quatre courts métrages : *Omar, Afia, Abhimanyu* et *Megha*, présentant les histoires de quatre personnages aux vies tourmentées, qui abordent des sujets de société : l'homosexualité, le don de sperme, les abus sexuels sur les enfants, et les questions d'exil et de religions en Inde. Contrairement aux films de Bollywood, colorés et entraînants, ces films sont réalistes et dépeignent une certaine vision de la vie indienne jusqu'à présent taboue à l'écran. Nous évoquerons les difficultés du réalisateur à financer ses projets, leur accueil en Inde ainsi que les diverses contestations qu'ils véhiculent, ceci dans un climat d'actualité où l'homosexualité est toujours considérée comme un crime, ainsi que le stipule l'article 377 du code pénal indien. En nous penchant sur certaines scènes de ces films, nous verrons que les long métrages d'Onir sont différents et contestataires non seulement sur le fond mais aussi sur la forme.

Le réalisateur Onirban Dhar, dit Onir, a tenu à aborder des sujets délicats en Inde, et il est jusqu'à présent l'unique réalisateur indien à avoir revendiqué publiquement son homosexualité. Sa prise de risques et son audace ne peuvent que nous laisser admiratifs. En effet, Onir a mis en lumière des thèmes tabous à l'écran en Inde, au risque d'être catalogué comme un réalisateur homosexuel. Bien plus qu'un réalisateur engagé, Onir souhaiterait changer le regard de la société indienne sur bien des sujets. Ses films ont indéniablement une dimension politique et revendiquent une liberté identitaire.

C'est certainement en réponse à l'issue défavorable du vote de la loi portant sur la décriminalisation de l'homosexualité en Inde en décembre 2013, qu'Onir a sauté le pas et s'est affirmé dans ses choix politiques. Lassé de la corruption omniprésente en politique, le réalisateur avait souhaité se rallier à un parti digne de confiance. En effet, il avait décidé de soutenir un nouveau parti politique en janvier 2014, l'AAP. C'était un parti qui selon lui, offrait une alternative, un refuge concernant les thèmes délaissés par les partis du gouvernement. En effet, l'Aam Aadmi Party (Parti de l'Homme du Peuple) est un parti politique indien fondé en novembre 2012 qui s'est élevé contre des injustices telles que les prix élevés de l'électricité et de l'eau mais aussi contre les injustices en matière de viols. Malheureusement, très récemment, Onir a été déçu par ce parti car ce dernier n'a pas souhaité soutenir les droits des homosexuels. Il s'est alors retiré et ne leur apporte plus son soutien officiel. Néanmoins, il reste très présent dans les medias afin de faire évoluer les mentalités. Onir nous explique que la communauté homosexuelle en Inde n'a pas été représentée jusqu'à présent "*We have been apolitical for too long. We need to actually participate in politics, fight and lobby for change*[121]." De ce fait, il apporte à ses films une dimension politique et même militante pour les droits des homosexuels ainsi que les victimes de la corruption. Le leitmotiv du réalisateur est clairement qu'il ne veut plus être invisible "*I am gay and I am not invisible. My films are about giving space, giving voice to these people*[122]."

Dans ce climat hostile, le réalisateur a eu par ailleurs du mal à financer ses projets cinématographiques. C'est surtout grâce à internet qu'il a pu récolter suffisamment de fonds pour réaliser ses films. En effet, il a exposé ses projets sur Facebook, ce qui lui a permis de recevoir le soutien financier des internautes sans qui il n'aurait pas pu faire aboutir ses films.

C'est en réponse à ces difficultés que le réalisateur a également créé sa propre maison de production Anticlock. Le logo d'Anticlock représente une horloge dont les aiguilles remontent le temps. Cela symbolise la volonté, peut-être encore

---

[121] Cela fait trop longtemps que nous sommes apolitiques. Nous avons besoin de participer à la vie politique, et de nous battre pour que cela change.

[122] Je suis gay mais pas invisible. Mes films donnent plus d'espace et une voix à ces gens-là.

inavouable, d'aller à contre sens et à contre-courant du cinéma indien actuel. Plus que cela, Onir a souhaité créer avec Sanjay Suri, un de ces acteurs fétiches, une maison de production intemporelle. Désireux de faire plus que produire ses propres films, Onir veut également aider les jeunes réalisateurs dans leurs projets.

Comme nous souhaitons analyser en quoi les films d'Onir vont à contre-courant de Bollywood, il nous semble nécessaire de rappeler les codes du cinéma indien du courant dominant. Le cinéma indien populaire est inspiré de la tradition indienne du spectacle vivant depuis des siècles. Les récits d'histoires épiques sont mis en scène par le chant et la poésie. Nous savons que le cinéma indien a pour origine le théâtre de rue jouant le *Ramayana*[123] , livre sacré joué sur scène, ou le *Mahabharata*, œuvre clé de la mythologie hindoue. « *Il y a un modèle à suivre* » nous explique Shiraz Ahmed, scénariste à Bollywood, « *on commence par deux scènes comiques puis une scène d'action, ensuite une danse et une chanson et une autre scène d'action. On rajoute deux ou trois scènes comiques et une autre chanson raam.* »[124]

Les films bollywoodiens obéissent donc à des codes narratifs bien définis. Ils sont rythmés par une série de temps forts mélodramatiques et émotionnels. Traditionnellement, ils racontent tous une histoire d'amour entre un héros sympathique et une jolie jeune fille. De plus, la famille et les valeurs qu'elle véhicule, jouent toujours un rôle central dans l'histoire. Chanson, danse, drame, action, romance mêlés à quelques touches comiques sont la recette de Bollywood. Les films tendent vers un compromis entre valeurs indiennes modernes et traditionnelles, l'objectif étant de fournir à un très vaste public un divertissement suscitant l'enthousiasme collectif. Bollywood vend du rêve à travers ses films commerciaux, les *masala*, dans lesquels on retrouve les thèmes du rêve d'ascension sociale, de

---

[123] Le *Ramayana* qui signifie en sanskrit « le parcours de Rama » est la plus courte des épopées mythologiques de langue sanskrite composées entre le IIIe siècle av. J.-C. et le IIIe siècle de notre ère. Constitué de sept livres et de 24 000 vers, le *Ramayana* est, avec le *Mahabharata*, l'un des écrits fondamentaux de l'hindouisme et de la mythologie hindoue.

[124] Documentaire télévisé sur Bollywood. Arte.

l'amour impossible et des valeurs familiales traditionnelles. La morale de l'histoire classique bollywoodienne est que l'amour triomphe de tous les obstacles possibles mais que le chemin est semé d'embûches. Le cinéma indien a un côté magique, on y mêle musique, danse et culture traditionnelle.

Contrairement aux films bollywoodiens, les films d'Onir sont ancrés dans la réalité de la société indienne, ils ne vendent donc pas du rêve mais sont au contraire le reflet d'une réalité qui est trop souvent cachée et niée. Le réalisateur ne s'est pas entièrement affranchi des codes bollywoodiens mais les a détournés afin d'être quasi inclassable. Dans un entretien en décembre 2013[125], nous lui avons demandé directement ce qui le poussait à choisir des thèmes à contre-courant du cinéma populaire et en quoi ses films étaient différents du courant dominant bollywoodien[126]. Il nous a répondu:

I choose the subjects because they are mostly absent or misrepresented in the mainstream Hindi cinema space. The subjects challenge me as a film maker as I need to figure out how to tell these stories in the mainstream space. I am not against mainstream. I am against regressive mainstream.[127]

Onir souhaite donc faire évoluer le cinéma indien dans une direction plus tolérante et plus ouverte. Il est contre un cinéma commercial considéré comme régressif. Il nous explique également que le format de ses films est différent du courant dominant:

---

[125] Nous avions rencontré Onir à Paris en janvier 2013 lors du Festival de film d'Asie du sud transgressif, FFAST.

[126] Voici ma question en anglais "Maybe you could tell me why you choose to make films about subjects which challenge the mainstream in India and if you consider yourself against the mainstream or part of it."

[127] J'aborde ces thèmes parce qu'ils sont absents ou mal représentés dans l'espace cinématographique populaire indien. Aborder ces thèmes est pour moi en tant que réalisateur, un défi car j'ai besoin d'arriver à raconter ces histoires dans un espace populaire. Je ne suis pas contre le courant dominant. Je suis contre un Bollywood régressif.

The format of My Brother Nikhil with characters talking straight to the audience, is not mainstream language. It gives it the feel of reality. While main-stream largely likes to be in the Fantasy space. I won't talk of any particular scene but I think the "normal" portrayal of two gay characters is rare in mainstream Indian cinema[128].

Comme nous le verrons dans une deuxième partie, les plans face caméra est un des outils du réalisateur pour contester le cinéma traditionnel. Il a une démarche réaliste et présente des personnages homosexuels non caricaturés. De plus, afin de faciliter le ton réaliste de ses films, Onir fait appel à des acteurs qui ne portent pas un film sur leurs seules épaules « *My actors are well known actors who are known for being good performers but not huge stars* »[129]. Un acteur comme Sanjay Suri ne se cantonne pas à des rôles types et s'adapte donc mieux à des rôles transgressifs. Il adopte un jeu très naturel, que l'on retrouve chez des acteurs occidentaux ou dans les films socio-réalistes britanniques.

Il est vrai que montrer la vérité qui dérange n'est pas chose aisée et pour cela il a fallu qu'Onir déjoue la censure en stipulant habilement, dans le générique de ses films que ses histoires étaient de la pure fiction et surtout pas basée sur des faits réels « *All the characters in this film are fictitious and bear no resemblance to any communities, person living or dead, any resemblance if any, is purely coincidental.* » Pourtant, Onir avoue désormais que ses films sont bien inspirés de faits réels. L'histoire d'*I Am Omar* est arrivée à un de ces amis et celle de *My Brother Nikhil* a été relatée dans les journaux.

Outre le fait d'être contestataires, le point commun des deux films d'Onir, cités précédemment, est de traiter de l'homosexualité. Dans *My Brother Nikhil,* le réalisateur a fait preuve

---

[128] Le format de *My Brother Nikhil*, avec les acteurs qui s'adressent directement aux spectateurs, n'est pas du tout grand public. Cela accentue la dimension de réalité. Alors que Bollywood reste dans un espace imaginaire. Je ne citerais pas de scène en particulier mais, le portrait "normal" de deux personnages homosexuels est assez rare dans le cinéma indien.

[129] Mes acteurs sont connus pour leurs performances mais ne sont pas de grandes stars.

d'audace en abordant le thème du sida mais l'homosexualité n'était que suggérée. Dans *I am*, les thèmes sont assumés et revendiqués.

Paradoxalement, alors qu'elle est quasiment absente à l'écran, l'homosexualité était un thème très présent dans la tradition poétique persane et ourdoue, comme par exemple dans le roman de Vikram Seth *A Suitable Boy* qui traite de la relation homosexuelle entre Maan et Firoz. Les histoires se déroulant dans les *kotha*[130] traitaient également d'homosexualité. Comme dans les tragédies grecques ou le théâtre occidental, dès 1913, les films de Phalke utilisaient des acteurs masculins pour représenter des prostituées femmes car à l'époque être une actrice n'était pas très respectable en Inde. Nous pouvons citer un film emblématique de l'homosexualité féminine dans le cinéma indien: *Utsav* réalisé par Girish Karnad en 1984. *Utsav* appartient au genre « film de courtisanes » qui met en scène une Inde nostalgique représentant un passé érotisé. Le personnage de Subhah dans le film *In Razia Sultan* réalisé par Kamal Amrohi en 1983 incarne la première femme à régner sur le Sultanat de Delhi au XIIIe siècle. Hema Malini joue la princesse qui tue son amant et trouve réconfort auprès de sa suivante dans l'espace du *zenana*. Il est important de noter que dans le discours colonial britannique, le *zenana* concrétisait tout ce qui était soit disant primitif et arriéré de la culture indienne. À l'inverse, les évocations du *zenana* par des nationalistes indiens, étaient revalorisées comme un symbole de l'Inde authentique et traditionnelle, comme un lieu nostalgique du plaisir, des loisirs et de l'érotisme féminin[131]. Pour les Anglais, le *zenana* est également un lieu de plaisir et d'amours interdits.

Malgré de nombreuses contributions littéraires traitant de l'homosexualité, l'Inde accepte mal la communauté homosexuelle. La société indienne semble vouloir taire cette réalité et se voiler la face. Aller à l'encontre du héros bollywoodien typique, incarnant la toute-puissance masculine, patriarcale et

---

[130] Les maisons des courtisanes.

[131] Gopinath,Gayatri. *Impossible Desires, Queer Diasporas and South Asian Public Culture*. Duke University Press: London, 2005. P 109

sexuelle, est une chose inimaginable pour la plupart des réalisateurs. Comme l'expliquent Rao et Kavi[132]:

The formulation of indian queer identity, and gay urban indian identity in particular, as taking shape in relation to the hierachy of male sexuality and where subversion and rereading against the grain of the hetero normative bollywood diegesis is often a recur-ring strategy of existence[133].

Récemment, des films indiens grand public comme *Dostana*[134] ou encore *Bol Bachchan*[135] ont abordé l'homosexualité masculine, mais cela était seulement dans un but comique. En effet, dans *Dostana*, les deux protagonistes prétendent être homosexuels afin de pouvoir partager l'appartement d'une charmante jeune femme célibataire. Ils surjouent et utilisent tous les clichés homosexuels afin de devenir de véritables caricatures dignes de *La Cage aux Folles*. Malheureusement le film *Dostana* n'aborde que les stéréotypes gays, bien entendu sous l'angle de la moquerie. Bien que *Dostana* se veuille une comédie commerciale, son ton très *gay-friendly* a suscité beaucoup de polémiques. On y voit en effet deux hommes échanger un bref baiser. Le producteur Karan Johar dit vouloir banaliser l'homosexualité à l'écran mais il ne l'a fait qu'en surface « *as for gay jokes, I think it's time for everyone to wake up to reality. I had gay jokes in Kal ho naa ho and no one was offended.*"[136] De plus, le thème de l'homosexualité a été

---

[132] Rao Et Kavi, Rajinder Kumar Dudrah. *Bollywood: Sociology Goes to the movies.*

[133] La formulation de l'identité homosexuelle indienne, et en particulier l'identité homosexuelle indienne urbaine, prend forme par rapport à la hiérarchie sexuelle masculine, où la subversion et la relecture contre de la diégèse de la norme hétéro bollywoodienne est souvent une stratégie pour exister.

[134] Sorti en 2008 réalisé par Tarun Mansukhani.

[135] Réalisé par Rohit Shetty, sorti en 2012. Le héros doit se faire passer pour un danseur homosexuel afin de masquer son identité. Il est à nouveau joué par Abhishek Bachan qui semble apprécier ces rôles d'homosexuels caricaturés.

[136] Concernant les blagues gays, je pense qu'il est temps que tout le monde accepte la réalité. Je m'étais moqué des homosexuels dans mon film Kal ho naa ho et personne ne s'en est offusqué.

toléré dans *Dostana* car les deux acteurs John Abraham et Abhishek Bachchan[137] ne sont pas homosexuels dans la vie. Le réalisateur Tarun Mansukhani explique que:

One will always have to deal with stereotypes. It's the spirit in which Dostana was done that was inspiring...I do not expect Bollywood to do a Broke Back Mountain.[138]

L'industrie bollywoodienne n'est peut-être pas encore prête pour réaliser un film comme *Broke Back Mountain*[139] mais c'est bel et bien le cinéma indien indépendant qui ose défier les convenances.

C'est à l'aide d'exemples, et d'analyses de courtes scènes des deux films d'Onir que nous allons voir de quelle façon le réalisateur conteste le courant dominant. Nous commencerons par le premier film dans l'ordre chronologique, *My Brother Nikhil,* pour terminer par *I am*.

My Brother Nikhil, réalisé en 2005, est basé sur l'histoire vraie d'un champion de natation séropositif. A l'origine, ce film devait être un documentaire, mais l'acteur qui a le premier rôle, Sanjay Suri, a poussé Onir à en faire un film. Le documentaire est donc devenu une fiction et pour cela le réalisateur a été obligé de prétendre que l'histoire était fictive afin d'éviter les polémiques et la censure. Ce film est considéré comme le premier film indien qui aborde les thèmes prohibés du sida et de l'homosexualité. Le thème de l'homosexualité de Nikhil est pourtant secondaire car c'est bien le combat contre sa maladie et l'injustice qui sont ici mis en avant. On comprend peu à peu que le héros est homosexuel, puisqu'il est rejeté par son père, le corps médical et la société entière. Ce film est avant tout une histoire sur les liens forts entre un frère et une sœur, un retour sur les bons et les mauvais souvenirs de leur vie ensemble et de leur combat contre l'injustice. Il est important de stipuler que

---

[137] Fils d'Amitabh Bachchan, peut-être la plus grande star du cinéma indien.

[138] Notre traduction. On aura toujours affaire aux stéréotypes. C'est l'état d'esprit dans lequel a été fait *Dostana*. Je n'attends pas de Bollywood qu'elle produise un *Broke Back Mountain*.

[139] Film d'Ang Lee, sorti en 2005, retraçant l'histoire d'amour de deux cowboys.

même si ce film est indépendant et à contre-courant du genre bollywwodien, il a reçu le soutien de Karan Johar, grand nom du cinéma indien populaire. En effet, celui-ci a été ému par le film et a accepté de le distribuer grâce à sa maison de production Yash Raj Films.

My Brother Nikhil n'a pas été distribué en Inde et ne passe pas non plus à la télévision alors qu'il a été distribué en France où le DVD est en vente. Il faut noter que le DVD français le présente comme « *Le premier film Bollywood gay.* » Ceci est un peu réducteur car même s'il est vrai qu'Onir a eu le courage d'aborder des thèmes tabous tels que le sida et l'homosexualité, son film pose Nikhil en victime de la société indienne qui ne reconnait ni sa maladie ni son identité. Pour le grand public, désigner un film comme "gay" est assez péjoratif car on s'imagine y voir des jeunes hommes dénudés mais ce n'est pas le cas de *My Brother Nikhil.* De plus, dire que ce film fait partie du cinéma bollywoodien est également sujet à controverses car il est bien loin de ces films commerciaux. Même s'il défend des valeurs familiales et s'il est ponctué de chansons, il ne se rapproche de Bollywood qu'en surface.

L'homosexualité de Nikhil n'est pas au premier plan, mais certains évènements la suggèrent. Par exemple, les parents de Nikhil essaient de le marier avec une jeune fille mais c'est un échec. C'est ainsi que le spectateur comprend qu'il est homosexuel. La rencontre avec Nigel, le petit ami de Nikhil, est visible mais pas explicite. Les deux jeunes hommes se rencontrent au bar et discutent. Plus tard ils sont souvent ensemble comme des amis et ce n'est que lorsque Nikhil tombe malade et que Nigel l'héberge que l'on comprend. À aucun moment dans le film, on ne voit d'échanges amoureux entre les deux hommes. Cependant, un plan sur lequel on peut lire « *faggot* »[140] tagué en gros sur la maison de Nigel ne laisse plus de doute. Comprenant que son fils était homosexuel, le père de Nikhil rejette son petit ami mais finit par tolérer sa présence à la fin du film, lorsque son fils est mort.

Si l'on se penche sur les affiches indienne et française du film, la différence de perception d'un pays à l'autre est alors

---

[140] Terme anglais pour désigner de manière grossière les homosexuels.

frappante. L'affiche du film vendu en France insiste clairement sur son caractère homosexuel en montrant Nikhil et Nigel, avec en arrière-plan, la mer d'Oman dans laquelle Nikhil aime tant nager. Sans avoir vu le film, on pourrait alors penser qu'il dépeint l'histoire de deux homosexuels à la plage. À l'inverse, l'affiche indienne originale représente Nikhil en train de nager avec le visage souriant de sa sœur Anamika, interprétée par Juhi Chawla, qui occupe tout l'arrière-plan. Cette affiche est beaucoup plus proche du message que le film souhaite faire passer, l'histoire d'un frère racontée par sa sœur.

Le film est différent de Bollywood à bien des égards. Cependant quelques scènes sont plus représentatives que d'autres de cette volonté d'aller à contre-courant. En effet, l'*incipit* annonce souvent le thème d'un film et c'est bien le cas dans celui-ci. Par contre, même si la chanson ouvre le film, le format ne ressemble pas à un film bollywoodien car il n'y a pas de danse l'accompagnant. Nous avons tous en mémoire des ouvertures de films qui ressemblent à des clips de pop stars. La promotion d'un film indien se fait très souvent grâce à sa bande son. Le film commence ici avec la chanson extra diégétique « Le chale », la chanson phare du film qui revient plusieurs fois accompagner les souvenirs et les moments de complicité entre le frère et la sœur. Particulièrement émouvante, cette chanson nostalgique et douce est chantée par une voix masculine, le chanteur Shaan. Les paroles expliquent que les meilleurs souvenirs resteront toujours intacts quoiqu'il advienne et que rien ne les séparera.

Chandai muksuraye jab [141]
Hawa kuch kahe
Samajho meri sadaye
Hai tere saath mein
Jo ghana ho fiza mein andher
Layenge hum sawere tere liye

---

[141] Quand la lune sourit, l'air chuchote quelque chose, sache que ma chanson, sera toujours avec toi, quand il fait très noir. Nous apporte-rons la lumière, emmenant avec nous, une caravane de souvenirs, où que tu ailles, où le ciel rencontre la terre.

Le chale le chale
Yaado ke ye kafile
Jayenge hum jaha
Ye zameen aasama mile

On comprend que c'est alors le personnage principal du film qui s'adresse à sa sœur. On peut voir un frère et une sœur qui jouent sur la plage à Goa au bord de la mer d'Oman. Le temps est accéléré et on les voit enfants, qui deviennent adolescents puis adultes courant sur la plage, jouant dans les vagues comme si le temps n'avait aucune emprise sur eux. Le spectateur comprend d'emblée qu'on va lui raconter l'histoire d'un frère et d'une sœur séparés par un évènement tragique.

La chanson s'arrête et l'on aperçoit alors une magnifique demeure de style colonial au bord de l'eau. En bas à gauche de l'écran on peut lire la date du 5 janvier 1994. On pénètre à l'intérieur et une jeune femme s'avance vers la caméra pour nous raconter l'histoire de son frère. Le face caméra est très surprenant et nous fait penser à un documentaire. Néanmoins on comprend très vite grâce à la mise en scène et au montage que ceci est bien un film, une fiction. Onir a voulu ici insister sur la véracité de cette histoire tout en conservant un format de long métrage. Le réalisateur utilise le plan face caméra et les *flashbacks* dans un film très narratif. Ce lien direct avec le spectateur est également une volonté de dévier des codes bollywoodiens. Les personnages se présentent, on voit la mère qui vient au-devant de la caméra puis c'est au tour du père. Toute la famille parait aisée et semble vivre dans la tradition coloniale portugaise de Goa. De la maison dans laquelle on voit des icônes chrétiennes aux murs, jusqu'aux vêtements occidentaux et ternes portés par les protagonistes, rien de ressemble à un film bollywoodien. Dans ce film, il n'y a pas de paillettes, pas de saris colorés, pas de danses joyeuses mais plutôt une atmosphère presque triste, des tonalités délavées comme balayées par le temps. Plus tard dans le film, l'aspect réaliste et sombre, tranchant avec Bollywood, atteint son paroxysme lorsque Nikhil est envoyé en sanatorium, sorte de quarantaine ou de quasi prison. Il est enfermé dans une pièce avec un mobilier sommaire et sans les commodités. On assiste à sa dégradation physique alors que sa sœur tente de faire plaider sa cause par une avocate qui réussira à le faire sortir après de longs mois de bataille.

À la onzième minute du film, la scène se passant dans un bar est assez représentative de la façon dont Onir détourne les codes bollywoodiens. Il a souhaité utiliser la musique et les chansons en play back mais ancrées dans la réalité et non la fiction bollywoodienne. Dans cette scène, la chanson « Le chale », tel un leitmotiv émotionnel[142], est cette fois diégétique et rend la scène plus vivante et vraie. Nikhil présente sa sœur à un ami, qui finira par être son futur mari, et chante pour elle. Nikhil chante dans un micro accompagné par des musiciens. Ils sont dans un bar avec leurs amis et l'ambiance est bon enfant. Tout d'abord, ce qui n'est pas courant à Bollywood est le fait que la musique soit douce et calme, même si bien entendu cela arrive de temps en temps. Néanmoins, le public a plus l'habitude de rythmes effrénés qui appellent à la danse. Le fait que Nikhil utilise un micro insiste sur la volonté d'Onir de rendre cette scène plus réelle. De plus, le style vestimentaire des acteurs est très occidental mais pas à la dernière mode. Les personnages ne portent pas des vêtements ultra sexis, des maillots de bains ou des mini jupes comme on peut le voir dans les films comme *Dostana* par exemple. La danse est présente mais n'est pas traditionnellement indienne ni reprise par toute une troupe à l'arrière-plan comme cela est souvent le cas à Bollywood. Ici les deux protagonistes dansent tranquillement un slow.

La façon de filmer, elle aussi, ne ressemble pas à Bollywood, puisque le réalisateur fait des plans longs et lents. Les gros plans et des plans rapprochés sont présents mais ils sont plus longs qu'à Bollywood où les images sont souvent saccadées pour coller au rythme entrainant des musiques.

Avec son deuxième film *I am*, le réalisateur franchit une étape supplémentaire dans la contestation du courant dominant bollywoodien. Le format de ce film est assez innovant car il est divisé en quatre courts métrages traitant chacun de thèmes inhabituels, comme le don de sperme, l'inceste, l'exil et bien

---

[142] La chanson « Le Chale » revient cinq fois dans le film. Au début, à 11 minutes, à 1h13, 1h43 et à 1h53.

entendu l'homosexualité. Ici il ne suggère plus l'homosexualité mais la montre sans détour. De plus, il conteste l'article 377 du code pénal, instauré par le British Raj, qui pénalise l'homosexualité et dénonce la corruption de la police indienne. Le film *I am* a reçu deux *national awards* mais n'est malheureusement pas visible sur les petits écrans en Inde. Nous avons choisi de nous focaliser sur la dernière partie du film *I am,* dédiée à *Omar,* afin de montrer une certaine évolution dans la façon de mettre en scène l'homosexualité.

La partie *Omar* de *I Am,* raconte l'histoire de Jay, un homme homosexuel, interprété par Rahul Bose, qui tombe amoureux d'un prostitué, Omar. Mais Omar tente de faire chanter Jay avec l'aide d'un policier en menaçant de le faire tomber sous le coup de l'article 377 du droit indien. À contre-courant des films destinés au grand public, on peut voir ici deux hommes véritablement homosexuels s'embrasser. Contrairement à *Dostana*, le film n'est pas une comédie et les personnages ne sont pas caricaturés et moqués.

Il s'ouvre sur une route de la ville de Mumbai, la nuit. Il fait très noir et on ne voit que les lumières de la ville et des voitures. Onir a un style très narratif et utilise des flashbacks pour retracer la mésaventure de Jay qui revient à Mumbai après quelques mois. Alors qu'il est en taxi il aperçoit Omar dans la rue et il se souvient alors des circonstances de leur rencontre. La lumière apparait peu à peu car la scène de leur rencontre se déroule durant la journée. Cela se passe dans un café, lieu emblématique des rencontres amoureuses hétérosexuelles, ce qui témoigne d'une grande avancée et ouverture d'esprit du réalisateur. Les deux hommes s'échangent le journal et Omar vient à la table de Jay pour discuter. Un jeu de séduction s'installe peu à peu et Jay décide d'inviter Omar à dîner: les deux hommes se retrouvent donc en tête à tête au restaurant. Ensuite, Jay propose de raccompagner Omar mais il se souvient que ses parents lui rendent visite et il ne peut l'inviter chez lui. Les deux hommes décident de s'arrêter sur le bord de la route alors que la nuit est tombée. Ils s'embrassent et commencent à s'étreindre tendrement lorsqu'un policier frappe aux fenêtres de la voiture avec sa lampe torche.

À partir de ce moment, cette rencontre se transforme en cauchemar. La caméra filme à la façon d'un reportage et les rapides champs contre champs entre Jay et le policier témoignent de la violence ambiante. Jay est battu et injurié par le policier dont les termes explicites sont coupés. De surcroît, le policier en profite pour escroquer Omar en lui demandant 100 000 roupies pour ne pas l'envoyer en prison. Jay est alors faible, démuni car dans son tort aux yeux de la loi indienne. Il donne donc de l'argent au policier qui abuse également sexuellement de lui, mais cela n'est que suggéré. Finalement, le policier décide de laisser Jay tranquille et d'emmener Omar au poste de police. Le film reprend alors au moment présent et Jay s'avance vers Omar et lui apprend qu'il l'a cherché cette nuit-là, qu'il est allé au poste avec un avocat pour lui venir en aide mais qu'il n'y était pas. Il n'a même pas pu porter plainte puisque le policier a tout nié. Blessé Jay pleure et remonte dans son taxi, ayant été doublement abusé. Les spectateurs comprennent alors qu'Omar avait piégé Jay pour lui voler de l'argent et qu'il était le complice du policier.

La modernité, la véracité et le jusqu'au boutisme du réalisateur font de ce film une œuvre marquant un tournant dans l'histoire du cinéma indien. Le spectateur voit ce qui lui est d'ordinaire interdit de voir. Le film montre non seulement un baiser homosexuel mais dénonce également les violences subies par les homosexuels en Inde.

La citation de Rabindranath Tagore qui ouvre le film *I am*, "*Where the mind is without fear and the head is held high...into that heaven of freedom my Father, let my country awake*"[143], reflète bien l'esprit des oeuvres d'Onir.

Dans ses films, Onir raconte des histoires tirées de la réalité. Pour cela il utilise les flashbacks ou encore les plans face caméra et ses personnages sans artifice sont des héros invisibles de la société indienne. À contre-courant des films bollywoodiens, ils n'offrent pas de rêve aux spectateurs mais une fenêtre ouverte sur des thèmes pourtant bien présents dans la société indienne actuelle. Véritable ambassadeur des droits des

---

[143] *Gitanjali*, Là où l'esprit est sans peur et où l'on avance la tête droite...dans ce paradis de liberté, mon père, permets que ma patrie s'éveille.

homosexuels indiens à l'écran, il veut sensibiliser l'Inde aux minorités encore invisibles. Il nous a confié récemment qu'il n'était pas très optimiste pour la réalisation de ses prochains films et qu'il lui serait encore très difficile de déjouer la censure à l'avenir. Cela ne l'empêche pourtant pas d'avoir le projet de traiter de nouveaux thèmes controversés tels que la transsexualité ou encore le système des castes.

Caroline Trech

CHAPITRE XVI

POETIQUE / POLITIQUE D'HERMAN MELVILLE DANS *LES ENCANTADAS (1854)*

Le contexte historique de l'auteur et de son œuvre nous permet de comprendre les réalités qui auraient pu façonner la perception de Melville relative à « l'Autre ». En effet, Melville est un sujet actif, toujours en mouvement, en termes d'expérience concrète - voyageur à travers les mers -, et d'imagination, en quête de la 'vérité' sur la dialectique du 'Moi et de l'Autre' (Self-Other). D'autre part, sa vie a été perturbée- par la perte de son père à un âge précoce, et la rétrogradation sociale et économique de sa famille - ce qui pourrait expliquer la recher-che perpétuelle de l'identité et de l'individualité dans ses œuvres de fiction. Son époque a également été un temps plein de turbulences dues à des changements rapides dans différents domaines : social, politique, culturel et économique. Autant de facteurs qui ont contribué à changer sa vision de l'homme et son comportement envers les autres hommes et les différentes cultures. Par conséquent, ce qui peut être considéré comme des révolutions dans la société, la culture et l'économie a permis de développer chez l'auteur une impulsion vers un imaginaire culturel dont le cœur est «l'Autre». Il n'était pas facile pour Melville de s'identifier à des causes et des idées émancipatrices vu le contexte de l'époque. Étant lui-même marginalisé (Otherized) par sa société et par son non- conformisme, il a regardé l' 'Autre' différemment.

Melville en tant qu'écrivain de la mer, aurait pu négliger les questions politiques. Cependant, nous allons montrer que sa correspondance avec son frère, Gansevoort, et l'analyse du texte suggèrent une perception astucieuse et complexe de ces problèmes. L'étude de *Les Encantadas* a montré que l'auteur exprime des oppositions qu'il déploie pour réprimer ou apaiser les craintes au sujet de l'intégrité et de la stabilité de l'Amérique face aux autochtones américains et à la présence ethnique d'émigrés de divers horizons, mais aussi face aux questions politi-ques, comme l'empire et la construction de la nation.

Melville traite narrativement les inquiétudes raciales et nationales de cette «Nouvelle Nation » en les déplaçant dans l'altérité de Hunilla. Cette fiction nous aidera à comprendre la complexité et l'ambivalence de l'auteur par rapport à l'impérialisme américain et au discours racial de l'époque et peut être même de notre époque. En effet, le personnage féminin s'exprime à travers son silence. Le viol et l'abus sexuel de l'indienne par l'homme blanc et nord-américain, révèlent la 'politique' (mot utilisé par Simone de Beauvoir) de Melville pour dénoncer l'oppression. Ainsi, la femme indienne, dans ce récit est une figure féminine de premier plan dans la critique de l'impérialisme.

Dans *Les Encantadas*, le mutisme du personnage féminin déstabilise le monde masculin du narrateur. Il soulève la question de la puissance d'un narrateur masculin qui veut contenir son histoire dans le discours du monde masculin en général. Le phénomène linguistique nous fait penser à la notion de Frank Kermode, critique anglais, du secret dans un récit. Pour lui, les secrets émergent dans le cadre de notre interprétation. Le discours est souvent interrompu pour justement permettre au lecteur d'interpréter le silence de la femme de cette fiction: son mutisme permet à Melville de créer un espace propice pour aborder des questions contemporaines dans le cadre de la nation américaine. Hunilla se présente comme une réponse du principe actif pour exprimer la désillusion de l'héroïsme masculin occidental - souvent un masque de l'oppression et de la cruauté. Dans ce contexte, la question du genre s'étend à la question du colonialisme. Par conséquent, le silence comme stratégie face à l'inavouable, suggère une position éthique et politique puissante de l'écrivain quant aux relations de pouvoir qui créent la subordination de genre, de classe et de race.

Dès le début, la femme est associée à « *la douleur* » et à une «*triste agonie* » ainsi qu'à la figure de la femme comme « Autre » - l'opprimé. C'est l'histoire d'une femme d'origine indienne qui se prénomme Hunilla. Le narrateur, qui est lui-même un des membres de l'équipage d'un navire marchand américain, a découvert Hunilla. À bord du navire, elle raconte son histoire. Un capitaine français l'a déposée avec son mari et son frère sur l'île pour qu'ils y récoltent de l'huile de tortue. Mais le capitaine n'est jamais revenu sur l'ile et les a abandonnés à leur sort. Cette femme a vécu un véritable calvaire : elle a été témoin de la noyade de son mari et de son frère. Après cet accident, elle a passé son temps à compter les jours avec l'espoir que quelqu'un vienne. Melville aurait probablement été d'accord avec Frantz Fanon qui révise la Dialectique de Hegel. Fanon considère que celle-ci sous-estime la domination du maître blanc sur les indigènes. Ce maître diffère fondamentalement de celui que décrit Hegel. Selon Fanon, dans la Dialectique de Hegel il y a réciprocité, alors que dans la relation du colonisateur et de l'indigène, le maître ne se soucie guère de la conscience de l'esclave : ce qu'il attend de l'esclave ce n'est pas la reconnaissance mais le travail (1967:220) Hunila, son mari et son frère sont utilisés par le capitaine français pour récolter l'huile de tortue. Cette huile symbolise le pillage colonial dans ce récit. La complexité de ce dernier est dans la non-révélation des secrets de Hunilla par le narrateur. Il se limite à faire des allusions à travers ses exclamations répétées et l'utilisation de mots tels pitié, tristesse, impuissante qui confirment le piteux état de la femme.

Le mystère entoure ce personnage. Le narrateur admire son stoïcisme face à cette tragédie. Elle est décrite comme une femme fière et résolue. En effet, elle montre peu d'émotions lors de son recueillement sur la tombe de son mari, celle-là même qu'elle a creusée de ses propres mains. L'histoire de Hunilla est dominée par la croix comme symbole de sa souffrance et de son endurance. Le mot 'croix' est utilisé cinq fois dans des contextes significatifs et plus si l'on considère les références moins directes. Tout d'abord, Melville cite la 'croix rude' qu'elle a plantée sur la tombe de son mari "*of withered sticks no green ones might be had at the head of that lonely grave*" (1986: 111). Puis il renforce l'image en se référant à une autre croix, celle qui désigne la tombe vide de son frère et évoque la peine en ces termes: "*dull anxiety and pain touching her undiscovered brother*" (Ibid.112) Les croix acquièrent un sens encore plus symbolique quand le narrateur nous décrit les tendres adieux de Hunilla à son défunt mari. Ici, nous pouvons établir un parallèle entre la souffrance et l'endurance singulière de Hunilla et celles de l'homme face à l'adversité de la vie. À la fin de l'histoire, la symbolique à laquelle recourt Melville se révèle dans le mot la 'solitaire', "*lone Hunilla [...] riding upon a small gray ass; and before her on the ass's shoulder, she eyed the jointed workings of the beast's armorial cross*" (Ibid.121). Cette femme « Autre » incarne la souffrance de la femme en général, et de l'indigène colonisée en particulier, de l'autochtone qui a été soumise à la fois à l'inégalité du genre et à l'altérité raciale.

Les critiques affirment que cette partie du récit (Sketch Eighth) a été soumise à la censure de l'éditeur, ce qui a donc forcé Melville à omettre certaines parties. L'auteur a trouvé une stratégie narrative en rendant le texte explicite à travers les omissions du narrateur et le silence du personnage féminin. Il existe des preuves textuelles sous la forme d'élisions et remarques cryptiques dans le texte. Les élisions commencent quand Hunilla raconte ce qui lui est arrivé sur l'île.

What present day or month it was she could not say. Time was her labyrinth, in which Hunilla was entirely lost.

And now follows - Against my own purposes a pause descends upon me here. One knows not whether nature doth not impose some secrecy upon him who has been privy to certain things. At least, it is to be doubted whether it be good to blazon such...

When Hunilla - Dire sight it is to see some silken beast long dally with a goden lizard ere she devour. More terrible, to see how feline fate will sometimes dally with a human soul, and by nameless magic make it repulse a sane despair with a hope which is but mad...(Ibid. 113)

L'implication ici est que, certes, Hunilla est une victime, cependant les actes de malveillance perpétrés à son égard sont trop dangereux pour être dits en public. Melville nous donne plus tard une idée de la nature de ces actes à travers des omissions et des élisions. Lorsque le capitaine lui pose des questions, elle répond: «*Monsieur, ne me demandez pas* »; «*Monsieur, que ce soit comme vous le dites*» (Ibid. 115), comme si les mots ne pouvaient pas exprimer ce qui lui est arrivé sur l'île. Ce qui suit est plein d'interruptions que le narrateur explique: *"those two unnamed events which befell Hunilla on this isle let them abide between her and her God"* (Ibid. 115). Ce qu'elle ne pouvait pas dire au capitaine doit rester non-dit. Ces interruptions dans le récit dont nous avons essayé de rendre compte dans la citation ci-dessus suggèrent que Hunilla a été violée par des marins qui l'ont ensuite laissée sur l'île. Les omissions de Melville peuvent se référer à la nationalité des marins. Donc, identifier l'équipage américain en tant que participant au viol d'une femme espagnole d'origine indienne, puis l'abandonnant sur l'île, ne pouvait être accepté par un éditeur de l'époque. Cela explique que le récit soit tronqué et, par la suite, qu'il soit ouvert aux interprétations. Pour Frank Kermode les récits sont eux-mêmes des interprétations de la réalité. Le secret de Hunilla devient une réalité reconnaissable révélée par des non-dits. Ainsi, le secret dans ce récit, émerge dans le cadre historique de son interprétation: la réalité contemporaine fait référence à la violation du territoire mexicain par l'impérialisme américain.

Une lecture postcoloniale de cette fiction peut aussi considérer le viol d'Hunilla comme une métaphore pour décrire la violation du territoire de l'indien d'Amérique par l'homme blanc. Les auteurs et les critiques comme Frantz Fanon, Edward Said, Jenny Sharp, et Malek Alloula ont identifié le viol comme un élément important du discours colonial. Dans *l'Orientalisme* (1979), Edward Said fait référence au viol sous forme de métaphore pour décrire la relation entre l'Occident et l'Orient et il considère qu'un rapport de force a toujours caractérisé la relation de l'Occident à l'Orient. Dans ce récit, Melville rend son personnage important et symbolique. Bien qu'elle ne puisse raconter tous les événements, la femme «indigène» fait un effet certain sur l'auditoire : durant sa narration, tous les marins, sans voix, forment un cercle autour d'elle. Le narrateur n'a de cesse de souligner son charisme, son courage pour survivre sur l'île. Donc son viol est une métaphore qui peut symboliser le système colonial qui « prend » la terre par la force pour exploiter les propriétaires légitimes et ainsi abuser d'eux. Hunilla est cet

« autre » finalement « prise », « pénétrée », « abusée », exploitée mais non détruite.

Dans *Les Encantadas*, à première vue, il n'y a pas d'urgence à prendre des mesures contre l'oppression. Il est vrai que l'équipage américain qui l'a secourue a compati à ses souffrances, cependant il n'a pas dénoncé les atrocités qu'elle a subies sur l'île, il n'a pas « agit ». Simone De Beauvoir insiste sur le fait qu'au niveau de l'éthique nous avons pour obligation de changer les Institutions oppressives. Se référant à Djamila Boupacha, la jeune femme Algérienne violée et torturée pendant la guerre contre la colonisation française, elle montre la nécessité de prendre position en agissant sur le plan politique au nom d'une vision éthique. Ce comportement est induit par la conscience et l'action politique. Pour elle, l'alternative est simple et claire : soit on s'aligne avec les «*bouchers contemporains plutôt qu'avec leurs victimes*» (1962: 20) soit on refuse les atrocités qu'ils commettent en se positionnant contre eux et les combattant activement.

Melville n'était que peu engagé dans les rouages du monde politique de son époque. Les lettres qu'il a écrites à des amis et à sa famille au cours des années 1840 et 1850 sont pour la plupart sans contenu politique. Mais, une lettre écrite le 29 mai 1846 à son frère Gansevoort, un homme politique qui soutenait l'expansionnisme américain, peu après que le président James K. Polk déclare la guerre au Mexique, apparait comme une exception importante qui nous permet de déduire la politique d'action de Melville dans *Les Encantadas*:

People here are all in a state of delirium about the Mexican War. A military ardor pervades all ranks -- Militia Colonels wax red in their coat facings -- and 'prentice boys are running off to the wars by scores. -- Nothing is talked of but the "Halls of the Montezumas" And to hear folks prate about those purely figurative apartments one would suppose that they were another Versailles where our democratic rabble meant to "make a night of it" ere long... But seriously something great is impending. The Mexican War (tho' our troops have behaved right well) is nothing of itself -- but "a little spark kindleth a great fire" as the well known author of the Proverbs very justly remarks. -- and who knows what all this may lead to -- Will it breed a rupture with England?Or any other great powers? -- Prithee, are there any notable battles in store--any Yankee Waterloos?-- Or think once of a mighty Yankee fleet coming to the war shock in the middle of the Atlantic with an English one. -- Lord, the day is at hand, when we will be able to talk of our killed & wounded like some of the old Eastern conquerors reckoning them up by thousands; when the Battle of Monmouth will be thought child's play --& canes made out of the Constitution's timbers be thought no more of than bamboos. (Robert S. Levine, 2008:148)

Le ton sarcastique de cette lettre montre sa désapprobation de la guerre du Mexique. En effet, comparant les soldats américains aux conquérants de l'Est, en traitant les colonels de miliciens portant des manteaux rouges, Melville semble faire une critique de la 'Destinée manifeste'. Il rappelle à son frère la réalité ultime, absurde, de la guerre: compter par milliers les tués et les blessés. Il se moque de cette guerre qu'il ne considère pas aussi importante que les deux précédentes guerres américaines: la guerre d'indépendance et la guerre civile.

L'Amérique du Sud dans *Les Encantadas* est le site d'un vaste projet de colonisation qui constitue le cœur de l'œuvre romanesque de Melville où le personnage féminin joue un rôle important. Melville dessine la stature héroïque de son personnage féminin qui apparaît comme une figure du Christ symbolisant la souffrance et le malheur de l'humanité. "*To Hunilla, pain seemed so necessary, that pain in other beings, though by love and sympathy made her own, was unrepiningly to be borne*" (1986: 121). Le déploiement du silence et ses différentes significations /interprétations peut être considéré comme une stratégie du discours de l'auteur concernant le processus dialectique supérieur/inférieur en situation coloniale.

La femme comme « Autre » dans *Les Encantadas* a montré la 'politique' de l'auteur par rapport à l'impérialisme américain et discrédité la politique expansionniste de l'époque. Ce récit est moulé dans les conventions de la fiction d'aventure mais il devient un com-mentaire sur ces conventions, puisque le héros est une femme qui se bat pour garder sa dignité face à une violence physique et morale. Dans ce récit Melville dénonce non seulement le viol – au sens littéral - de la femme indienne, mais aussi le viol économique de l'Amérique du Sud. Le mot « viol » en anglais a commencé à circuler au début des années 1400. Il était d'abord utilisé pour le vol de marchandises et après pour l'enlèvement d'une femme. Il a progressivement acquis son sens moderne le plus courant désignant l'abus sexuel d'une femme dans les années 1580 où Shakespeare l'a justement employé dans « Le viol de Lucrèce » (1594). Ainsi, le viol de Hunilla suggère la position de Melville et ce au travers d'une poétique marquée par le silence et les omissions textuelles.

Fadhila Sidi-Saïd

Bibliographie

Beauvoir, Simone (de); and Halimi, Gisèle. *Djamila Boubacha: The Story of the Torture of a Young Algerian Girl which Shocked Liberal French Opinion.* Translated by Peter Green. New York: MacMillan, 1962.

Bryant, John. "Sexuality and Politics", in *Melville's Evermoving Dawn: Centennial Essays.* Kent, Ohio: Kent State University Press, 2004.

Buell, Lawrence. "Melville and The Question of Decolonization", in *Melville's Ever moving Down.* Edited by John Bryant and Robert Milder. California: Stanford University Press, 2004.

Fanon, Frantz. *Black Skins, White Masks.* New York: Grove Press, 1967.

Hegel, G.W.F. *The Phenomenology of The Mind.* New York: Harper&Row, 1967.

Kermode, Frank. *The Genesis of Secrecy Through Interpretation of Narrative.* London: Harvard University Press, 1979.

Levine, Robert S. *Dislocating Race & Nation: Episodes in Nineteenth-Century American Literary Nationalism.* Chapel Hill: University of North Carolina Press, 2008.

Melville, Herman. *"The Encantadas"*, in *Billy Budd and Other Tales*. New York: Penguin Group, 1986.

North, Michael. *The Dialect of Modernism: Race, Language and Twentieth Century Literature*. Oxford: Oxford University Press, 1994.

Said, Edward. *Orientalism*. New York: Pantheon Books, 1979.

CHAPITRE XVII

GILBRAN FACE AU COURANT DOMINANT DU CHRISTIANISME

Ivrogne, brutal, arrêté pour corruption, le père du grand poète libanais Gibran ne pouvait guère lui donner une image paternelle positive, elle ruinait même son rapport au Dieu-père du Christianisme. Il fit donc de sa mère une source d'amour, une Déesse de la nature, une image de l'amour. Cette relation brouilla son identité sexuelle et nourrit son homosexualité. Cette mère fut aussi envahissante et même dévorante, mais elle lui inspira un glissement vers le christianisme gnostique, d'origine grecque, généralement placé sous l'égide d'une grande Déesse opposée au Dieu-père. Il y ajouta des influences théosophiques et même issue de la philosophie New Age. Sa poésie témoigne de ce glissement hors du courant dominant du christianisme.

D'autres causes de son itinéraire renforcèrent ces dispositions très personnelles. Ce fils est certes fasciné par le Fils, Jésus, venu libérer l'homme des dogmes et des règles pour le conduire vers les cieux et la liberté mais le clergé a dénaturé le christianisme et Gibran sent, en liaison avec les écrits modernes sur « la mort de Dieu » et l'aliénation du croyant par une divinité sur laquelle il projette ses espoirs et ce qu'il y a de meilleur en lui, s'en dépouillant donc au profit de l'être surnaturel, que le formalisme froid de la religion l'empêche d'enlacer Dieu et que l'homme se retrouve sans humanité ni volonté propre, sans son esprit et ses instincts. Même s'il pense que « *le Je en moi... loge dans une demeure silencieuse* » (*tcw*7), Gibran est, comme l'exprime la parabole intitulée « les Somnambules » dans *Le Fou,* très conscient des forces surnaturelles et inconnues qui animent le Soi.

Or selon la Gnose le clergé n'est pas nécessaire pour conduire l'homme vers le salut. En outre la ruse du serpent trompeur et séducteur n'est pas l'incarnation du Mal mais un sauveur qui lui permet d'échapper au conformisme moral et religieux. Les Gnostiques cherchent une libération absolue. Ils sentent qu'ils ont une connaissance profonde, une vision et un accès direct à Dieu. Ces courants antiques « *insistaient sur l'idée d'une gnose secrète et révélée.* » (Hannegraf 2) Ils ont suggéré diverses façons de trouver son salut et de vivre sa propre expérience religieuse à travers la contemplation, la quête de l'étincelle divine, la communication avec le Dieu qui est en l'homme…

Gibran fut en outre franc-maçon, initié en France et / ou aux Etats-Unis (Moreh 100). Il eut aussi des rapports étroits avec la théosophie. Il a développé un intérêt pour la magie et l'astrologie. Son prophète est né d'une vierge qui donne la vie à travers le pain et les récoltes, Vierge du zodiaque, représentée avec une gerbe de blé qui symbolise le moment des récoltes, Ieolool (Août / September). Dans le manuscrit embryonnaire du *Prophète*, sa renaissance coïncide avec le soleil entrant dans la maison du bélier (cité dans Dhadah, 251). Ajoutons que pour la théosophie le Messie est un personnage solaire.

Gibran rencontra Annie Besant, qui prit la succession de Mme Bavatski au sein du mouvement théosophe. Elle souligne l'unité des religions:

> *La fraternité des hommes divins, de temps en temps, envoyait un de ses membres dans le monde pour y fonder une nouvelle religion dotée des vérités essen-tielles des précédentes mais formellement différente pour s'adapter aux besoins de l'époque.* (Besant 15)

Gibran revient sur le préjugé du Dieu sévère de l'Ancien Testament pour aller dans le même sens. (TCW 262) Trouver Dieu réclame d'ailleurs plusieurs vies et bien des formes religieuses différentes, ce qui implique pour Gilbran une croyance en la métempsychose:

> *Aux temps anciens un tremblement saisit mes lèvres et j'escaladai la montagne sainte pour parler à Dieu…*
>
> *Après mille ans j'y revins pour dire à Dieu: « Créateur, je suis ta création ».*
>
> *Mille ans plus tard je revins dire à Dieu: « Père, je suis ton fils.*

Après mille ans encore je m'adressai ainsi à Dieu sur la montagne:« Dieu, ma fin et mon accomplissement.» (TCW 6)

Il aura fallu trois mille ans pour connaître Dieu et devenir cet homme supérieur qu'il appelle «*vast man.*»

Cette haute spiritualité posait aussi la question du corps: « *qui peut dire, ceci est à Dieu et cela à moi; ceci est à mon âme et cela à mon corps ?*» (TCW 148) D'ailleurs, «*on peut lire l'acceptation de la sacralité du corps dans l'ésotérisme. Dans la tradition occidentale, le Divin est ressenti dans les choses de ce monde.*» (Pearson 90) La corporéité de l'esprit relie l'individu aux étoiles et aux cieux. Dans sa poésie le corps est érotiquement lié à d'autres corps, au ciel et à la terre. On sent que les corps communiquent les uns avec les autres. Aleister Crowley a inclus en 1922 l'homosexualité comme une pratique sacrée de son Ordre du Temple de l'Est (Pearson 77) et voyait la sexualité comme une source du pouvoir magique. (Pearson 93)

Un des premiers bienfaiteurs de Gibran fut Holland Day, homosexuel, intéressé par le nu masculin, surtout noir, entouré de jeunes gens et d'amis grecs, syriens, italiens, portugais de Boston. (Aldrich 175) La Franc-maçonnerie et la théosophie croient en la survie d'un culte phallique dans le christianisme et la culture moderne. Jésus est Pan, deux bergers incompris et pourchassés, et la Franc-maçonnerie est « *une forme modifiée et purifiée des mystères grecs de Dionysus,* » (Brown 34) Elle serait ainsi un culte des puissances génératrices et créatrices.

Le Prophète de Gibran embrasse le culte du Dieu-soleil à Orphalese, nom qui évoque Orphée, Ur + phallus, Urshalim ou Jérusalem, ville de la paix, bref un espace sacré fortement érotisé. La contradiction corps / esprit est en tout cas, pour le poète, le produit d'une raison patriarcale et virile qui doit être surmontée afin d'avancer vers le temple qu'est l'homme indivisible. (TCW 251) Or le symbole du dépassement des contradictions est l'androgyne. L'homme doit accueillir en lui l'*anima* jungienne que Gilbran a décrite sous les traits d'Almitra, prêtresse d'un côté, guérisseur de l'autre. Il s'agit d'un processus d'auto-régénération opérée par la puissance génitrice féminine et qui conduit à la plénitude. Gibran a écrit dans sa lettre à M. Haskell: « *Je suis comme une femme enceinte.*» (El Yammouni 53) Kahlil l'hérétique possède d'ailleurs la tendresse féminine et l'audace masculine. (SR 20) A la question de savoir s'il voulait être homme ou femme Gibran répondit: « *pourquoi pas un homme et une femme à la fois.* » (El Yammouni 54)

L'identité pour le poète est érotique parce qu'elle fusionne avec toutes ses composantes, elle l'est dans son rapport à la nature et le but suprême de la mystique est d'aider à réunir les aspects masculin et féminin de la divinité pour effectuer un mariage divin totalement érotique.

Azzedine Bouhassoun

Bibliographie

Aldrich, Robert: *Colonialism and Homosexuality,* routledge, Londres, 2007.

Besant, Annie: *Theosophy,* Dodge, Londres, 1912.

Brown, Robert: *Stellar Theology and Masonic Astronomy,* NP, New York, 1882.

Dhadah, J.P.: *Khalil Gibran* Aldrich, Albin Michel, Paris, 2004.

El-Yammouni, Joseph-Merhi: *Gibral Khalil Gibran*, Aire, Lausanne, 1982.

Gibran Khalil: *Lazarus and his Beloved,* Stuart Kidd, Gutenberg.net, 2005.

- *Spirit Rebellious,* sterling, Delhi, 2007.
- *Collected Works,* Everyman, New York, 2007.

Hannegraaff, Wouter: *Hidden Intercourse,* Brill, Leiden, 2008.

Moreh, Shmuel: *Modern Arabic Poetry 1800-1970,* Brill, Leiden, 1976.

Pearson, Joanne: *Wicca and the Christian Heritage,* routledge, New York, 2007.

CHAPITRE XVIII

RESISTER A LA REALITE, S'APPROCHER DE LA REALITE: *LE PROFESSEUR D'ANGLAIS* (R.K. Narayan[144])

R. K. Narayan, natif du sud de l'Inde, est connu dans l'Inde tout entière, peut-être avant tout grâce à la série télévisée *Les jours de Malgudi* (*Malgudi Days,* 1986) de Shankar Nag, basée sur les nouvelles de Narayan. Il est l'auteur de quinze romans écrits entre 1935 et 1992; trois des quatre premiers – *Swami et ses amis* (*Swami and Friends,* 1935), *Le Licencié de lettres* (*The Bachelor of Arts*, 1937) et *Le professeur d'anglais* (*The English Teacher*, 1945) - reprennent des éléments autobiogra-phiques à travers les personnages principaux, qui incarnent en quelque sorte une seule personne à différents stades de son développement.

Ces trois romans furent écrits sous la période du Raj britannique et, dans chacun d'eux, le protagoniste principal, le garçon Swami, le jeune homme Chandran, et Krishnan, légèrement plus âgé, sont engagés dans une forme de résistance aux forces qui empêchent le développement harmonieux de leurs personnalités et l'accomplissement de leur vie sur les bases de la satisfaction de leurs besoins émotionnels, mentaux, intellec-tuels et spirituels. Swami, Chandran et Krishnan ont en commun leur passage par l'Albert Mission College, où Swami et Chandran sont élève et étudiant et où Krishnan deviendra professeur d'anglais.

Dans cet article, j'étudierai comment, dans *Le Professeur d'anglais*, Krishnan avance vers une vie accomplie tout en se débattant avec la réalité de tous les jours. Le roman, qui trans-pose les pensées profondes de Krishnan et même une condition au-delà de la pensée, est écrit à la première personne. Tout au début, Krishnan est plutôt content de sa journée, même s'il l'est un peu moins de lui-même au fil des heures. Ce jour-là il n'y a pas eu beaucoup de soucis et de conflits – on s'en passe très bien – et toutes les tâches ont été accomplies. Qu'est-ce qui

[144] L'article est traduit de l'anglais par Malou L'Héritier.

pose alors problème à Krishnan? « *Cela faisait plusieurs jours que je sentais l'urgence de* ***me prendre en main****. Qu'est-ce qui n'allait pas? Je n'en savais rien, une vague forme de désaffection, une rébellion contre moi-même pourrait-on dire. [...] tout était parfait, j'en étais certain, mais il traînait tou-jours un sentiment de manque.* »

Nous voyons donc que Krishnan comprend son état d'esprit comme un sentiment d'insatisfaction («*une rébellion contre moi-même* »); il ne se sent pas maître de sa condition (« *une urgence de me prendre en main* »), dans laquelle intervient un élément d'autorité et de contrôle extérieur. En conséquence, Krishnan fait le point sur sa vie. (1)

Le fait qu'il examine sa vie de tous les jours implique que Krishnan est conscient d'autres aspects de la vie que la simple routine quotidienne. Quoi qu'il en soit, pour le moment il est clairement plongé dans ce qu'on peut appeler une situation coloniale dans son Collège, sous la surveillance du directeur anglais qui a créé un environnement basé sur le pouvoir. Cet anglais, qui s'appelle Brown, n'a apparemment de « brun » que le nom: son arrogance et son sens du pouvoir, typiques du colonisateur, apparaissent clairement dans le fait qu'en trente ans il n'a jamais jugé utile ou nécessaire d'apprendre le moindre mot d'aucune des langues indiennes (*bhasha*), le moindre mot de la culture où il vit ; au contraire, il épuise le personnel et les étudiants avec d'innombrables conférences «*sur l'importance de la langue anglaise et la nécessité de préserver sa pureté.*» (2)

Ce que Krishnan trouve difficile dans l'enseignement de la langue anglaise n'est pas la langue elle-même, mais l'entêtement avec lequel on s'acharne sur le plus petit détail de l'orthographe et même de l'écriture (comme les barres des 't'), i.e. sur la pureté de la langue, au détriment d'une plus grande imagination dans l'enseignement et dans les activités proposées, comme l'étude de la littérature ou l'écriture créative elle-même. De cette façon, la structure du pouvoir se perpétue, se réaffirme constamment pour empêcher l'autre, le colonisé, d'acquérir une identité basée sur un développement sain et libre.

Comme nous venons de le voir, Krishnan ressent un malaise réel mais pour l'instant il ne s'agit que d'un sentiment vague, non identifié, dont les causes et la substance n'ont pas de réalité consciente. Cela pourrait correspondre à ce que Sigmund Freud appelle le *ça* de la *psyché*:

Le ça est le côté sombre, inaccessible de notre personnalité, le peu que nous en connaissons est ce que nous avons appris de nos études du Rêve et de la construction des symptômes de la névrose [...] et ne peut le décrire que comme opposé à l'ego. Nous cernons le ça avec des analogies: nous l'appelons un chaos, un chaudron bouillonnant d'excitations diver-ses...Il est rempli de l'énergie provenant des instincts, mais il n'a pas d'organisation, ne produit pas de volonté collective mais seulement la tentative de satisfaire les besoins liés au principe de plaisir. (105, 106)

Le *ça* s'oppose à l'ego, qui agit selon le principe de réalité et qui contient la conscience éveillée. Par analogie, la condition de Krishnan est perçue comme un malaise vaguement identifié, sans véritable évaluation du problème au niveau de la conscience.

Ainsi que l'explique Kakar dans son travail novateur *The Inner World* (*Le monde intérieur)*, la réalité dans le contexte hindou ne signifie pas la réalité éphémère et quotidienne mais plutôt la « *réalité supérieure* » qui « *ne passe pas d'abord par les perceptions conscientes et préconscientes, les défenses inconscientes et les processus de pensée rationnels qui forment l'ego; elle émane d'une couche de la personnalité beaucoup plus profonde et plus ancienne phylogénétiquement.* » (20)

Nous pouvons ainsi mieux comprendre la vague insatisfaction de Krishnan avec lui-même: tant qu'il reste au niveau du conscient et du rationnel, empêtré dans la réalité de la vie de tous les jours, son sentiment de malaise ne peut pas prendre de forme plus précise puisqu'il reste prisonnier de l'éphémère et de la réalité quotidienne. Il en résulte une vie illusoire, la *maya*:

La réalité, selon la croyance hindoue, ne peut être appréhendée ou connue que par ces [du ça] processus archaïques, inconscients, préverbaux du ressenti et du sentiment (tels que l'intuition, ou ce qu'on appelle la perception extra-sensorielle), que l'on s'accorde à croire en relation avec les rythmes et les harmonies fondamentales de l'univers. (Kakar 20)

Même si Krishnan ne se sent pas capable de prendre de résolution ferme dans l'immédiat, il ressent un besoin profond d'agir. Que fait-il, alors ? Tout en continuant à suivre la routine de sa vie de tous les jours, il prend la décision de se lever tôt le matin, de marcher, se baigner dans le fleuve et regarder le lever du soleil. Krishnan se laisse comme envelopper par le petit matin et, avant de se plonger dans l'eau, il s'expose tout entier « *au rougeoiement de l'horizon* », au « *sable encore humide de rosée* », « *aux oiseaux qui s'éveillent et gazouillent dans leur nid* » et aux « *gigantesques banyans qui se penchent au-dessus de l'eau.* » Krishnan étant ainsi véritablement à l'unisson avec les rythmes et les harmonies fondamentales de l'univers:

Je me sentais triomphant [...] Je me sentais réellement dans un monde nouveau [...] Je retrouvais une nouvelle jeunesse [...] A aucun autre moment je n'ai ressenti une joie aussi rayonnante que celle qui m'envahissait alors. [...] 'Nature, nature', répètent tous nos poètes, à s'en rendre aphones. Il y a des émana-tions subtiles, invisibles, dans un cadre naturel: à leur contact, les constituants de notre nature la plus profonde se fondent et s'harmonisent. (6,7)

Dans ce cadre naturel, l'eau est un élément de la plus grande importance qui accompagnera plus tard la quête de Krishnan sous des apparences diverses. L'image de l'eau est utilisée dans la cosmologie hindoue pour expliquer une sorte de renaissance ou de transformation, d'éveil, de passage vers une autre identité et/ou une autre réalité. Les sortilèges de la *maya* disparaissent et une réalité supérieure se met en place. Ce concept a souvent été utilisé par des auteurs indiens comme Salman Rushdie et Anita Desai – et il se retrouve également dans les romans de Narayan – pour décrire le passage d'une société ou d'un individu vers une *moksha,* une union avec l'Absolu, un passage sous une forme ou une autre vers l'Autre. (Pour plus de details, voir Zimmer 27-52 et Volná 2009, 29-37.)

La condition de Krishnan ne résonne pas seulement des caractéristiques d'une partie de la *psyché* difficilement accessible, à savoir la sphère du *ça*, mais elle a aussi des ressemblances avec un autre concept, celui de la « vie », élaboré en théorie par Václav Havel, écrivain, dissident et président tchécoslovaque et tchèque (1936-2011). La « vie » est en résistance et en opposition au totalitarisme. Les formulations de Havel sont basées sur l'analyse de ce qu'il appelle « *un système post-t*otalitaire » dans le régime tchécoslovaque des années 1970 et 1980:

> *Entre les finalités du système post-totalitaire et les finalités de la vie, il y a un gouffre béant : alors que la vie, par essence, aspire à la pluralité, à la diversité, à une constitution autonome et indépendante et à une organisation autonome, bref à la réalisation de sa propre liberté, le système post-totalitaire exige confor-mité, uniformité et discipline. Alors que la vie recherche sans cesse des structures nouvelles et impro-bables, le système post-totalitaire trouve moyen de contraindre la vie dans les formes les plus probables.* (Havel 1990 [1984], IV)

En insistant sur la discipline, l'exactitude, le stéréotype, la banalité, la standardisation et une structure bureaucratique, Brown, un représentant du colonisateur, introduit « *l'ordre sans la vie* » dans le « *désordre naturel de la vie.* » Il s'agit d'un déni de la vie elle-même. (Havel 1975, 31, Havel 1987, 4, 8)

Comme nous l'avons vu, pour Havel une vie associée à la liberté et à une constitution autonome ne peut se réaliser pleinement et devenir une vraie vie, pas juste une existence, que s'il y a de la diversité et de la pluralité ainsi que de la créativité qui se projette dans « *des structures nouvelles et improbables.* » De manière similaire, Freud associe le *ça* avec la spontanéité, la créativité et le principe de plaisir et, de ce fait, avec le rêve et l'imagination; la créativité de Krishnan s'exprime par la composition de poèmes et l'envie d'en écrire toujours plus. Il y a des similarités évidentes entre un régime totalitaire et une entreprise coloniale, dont la structure de pouvoir et la terne réalité quotidienne ne sont qu'une illusion. Comme Havel le remarque plus loin, l'idéologie, qui est l'instrument du pouvoir de ce système, « *prétend que les exigences du système découlent des exigences de la vie. C'est un monde d'apparences qui veulent se faire passer pour la réalité.* » (Havel 1990 [1984], 63)

L'entreprise matinale de Krishnan peut se voir comme un aperçu de la sphère de cette réalité différente, de cette vraie réalité pourrait-on dire ou d'une réalité supérieure (mentionnée plus haut par Kakar) qui signifie qu'on est libéré des soucis et peines du quotidien, ce que Krishnan s'efforce de faire et réussira à la fin de son voyage spirituel. La quête ne sera pas facile, comme le suggère ce qui se passe tout de suite après la promenade matinale: Krishnan, face à ses étudiants, lit un passage de *King Lear* dans une édition qu'il appelle «***ma*** *Vérité* » et reste comme paralysé quand Lear est pris dans une tempête. (9, 10)

Un changement considérable, qui n'a encore rien à voir avec une tempête, se produit dans la vie de Krishnan quand son épouse, Susila, et leur bébé viennent vivre avec lui à Malgudi. Les responsabilités nouvelles pèsent lourd au début mais la famille fait tout ce qu'elle peut pour s'installer, ils recherchent même une maison, symbole de l'accomplissement de Krishnan dans la réalité de tous les jours. Narayan se donne vraiment du mal pour montrer leur vie de famille comme une représentation de la vie quotidienne avec tous ses détails, tels que des dialogues parfaitement réalistes autour de problèmes quotidiens. Les soucis du Collège sont temporairement éclipsés par cette vie de famille heureuse.

La tempête s'abat quand – ce qui est significatif – ils visitent leur future maison de rêve et que Susila contracte le germe de la typhoïde. Elle tombe malade et meurt. Cet évènement divise de manière frappante le livre en deux parties: il y a soudain un 'avant' et un 'après' la mort de Susila qui bouleverse profondément la vie de Krishnan et sa perception de la réalité. En revenant du bûcher funéraire, il ressent « *une douleur au cœur curieusement sourde.* » et ajoute: « *La vie ne me réservera plus de surprises ou de chocs [...] pour moi, la plus grande réalité est ceci et rien d'autre. [...] Plus rien ne m'inquiètera ni ne m'intéressera dorénavant.* » (107) Dans les pages suivantes, qui décrivent le début d'une nouvelle période de sa vie, il comprend que « *vivre sans illusions semble être maintenant la tâche la plus importante de ma vie. [...] Les tours et détours du destin ne nous choqueraient plus si nous connaissions [...] les vérités et les faits essentiels de la vie.*» (109, 110)

Avec l'aide d'un medium, Krishnan entre en contact avec la réalité d'un monde autre que celui qu'il avait connu. Pour bien enfoncer le clou, Narayan ne met en scène ces moments qu'en dehors de Malgudi. Les rencontres se déroulent dans la maison du medium, « *d'une beauté ineffable – un petit étang avec des lotus bleus; un escalier de pierre descendant vers l'eau. Les branches des casuarinas se balançaient en murmurant audessus des berges.Un croissant de lune apparaissait fugitivement au travers du feuillage. Sur la berge [...] se trouvait un petit temple [...] L'impression qui s'en dégage est celle d'un lieu qui appartient à l'Eternité. [...] Ici nous sommes prêts à nous mettre au service de l'illumination.* » (125-127) Il est clair que ceci peut s'interpréter comme un rappel fort de la promenade matinale de Krishnan, une promenade vers l'accomplissement, une immersion dans le monde des «*rythmes et harmonies fondamentales de l'univers*» qui s'approche ainsi d'une réalité supérieure, la *moksha*, une fusion avec l'Absolu, auquel font allusion les références à l'Eternité et le temple. C'est une réalité à laquelle appartient Susila de par sa mort.

En mettant Krishnan en contact avec ces rythmes et harmonies fondamentales de l'univers, Narayan lui donne l'impression que sa connaissance de ce monde-là lui vient de Susila, de l'autre côté, et cela représente ces « *processus archaïques, inconscients, préverbaux du ressenti et du sentiment*» mentionnés par Kakar. C'est un monde où le temps et la pensée sont dans une dimension différente, qui coïncide avec l'accomplissement; l'expérience y relève de la perception sen-sorielle, « *la musique a le pouvoir de transporter les êtres vers des plans supérieurs* » et « *peut établir un lien entre les esprits* » de personnes appartenant à des réalités différentes. La joie et le progrès l'emportent tandis que « *notre plus grande extase est de sentir la Lumière Divine nous envahir.* » (146-148)

Tout ce qu'il faut à Krishnan pour sentir la présence de Susila et s'unir enfin à elle, c'est de se calmer, d'essayer de toutes ses forces de se mettre à l'unisson de la perception particulière qui s'offre à lui. Krishnan reprend alors sa *veena* et en joue, et il marche aussi le long du fleuve au clair de lune. L'école de sa fille, Leela, et ses méthodes d'enseignement lui sont sources de joie, comme elles le sont pour les enfants et le maître d'école. C'est un lieu qui sent la Terre-Mère et où règnent la créativité, l'imagination, la liberté et l'indépendance d'esprit autant que l'amour et le respect de toutes les créatures. Krishnan trouve soudain cela facile de se débarrasser de ce qui le tracasse depuis si longtemps, et il décide de quitter son travail, pourtant bien payé mais au service du colonisateur, sa « *fausse éducation*» (205) et d'enseigner dans l'école de Leela pour «*suivre nos propres racines*» (206), les méthodes traditionnelles de l'enseignement en Inde.

Finalement, dans le monde des enfants, Krishnan trouve une « *grande paix intérieure* » et l'harmonie (211) et soudain, en présence du parfum que libère une fleur arrosée d'un peu d'eau, son esprit flotte avec ravissement tandis que sa perception et ses sens atteignent une plus grande profondeur: Susila le rejoint: «*les limites de leurs personnalités se dissolvent soudain. Ce fut un moment de joie rare, immuable – un moment pour lequel on rend grâce à la Vie et à la Mort.* » (213)

Ludmila Volna

Bibliographie

Freud, Sigmund. *New Introductory Lectures on Psychoanalysis. [Nouvelles conférences d'introduction à la psychanalyse.]* Penguin Freud Library 2, 1933.

Havel, Václav. «Moc bezmocných.» [« Le pouvoir des sans-pouvoirs. »] *O lidskou identitu. [De l'identité humaine.]* (1984 London) Rozmluvy: Praha 1990. 55-133.

Havel, Václav. « Dopis Gustávu Husákovi.» [«Lettre ouverte au Dr. Husák, secrétaire générale de la Partie Communiste Tchècoslovaque. »] Publié pour la première fois en anglais dans *Encounter* (septembre 1975). Traducteur non-identifié.

Havel, Václav. « Příběh a totalita.» [« Histoires et totalitarisme.»] *Jednou nohou.* [*Revolver Review.*] Dédié à

Ladislav Hejdánek. 1987. Traduction anglaise dans *Index on Censorship*, no. 3, mars 1988. Traduit par Paul Wilson.

Kakar, Sudhir. *The Inner World. [Le monde intérieur.]* 1981.

Kakar, Sudhir. *The Indian Psyche. [La Psyché Indienne.]* 1996.

Narayan, R. K. *The English Teacher. [Le Profeseur d'anglais.]* 1945. Madras: Indian Thought Publications, 1973.

Volná, Ludmila. «From the Dreadful Grave to Re-Birth: Workings of Water in R. K. Narayan's *The English Teacher* and Salman Rushdie's *Midnight's Children.* » [« De la tombe épouvantable à la re-naissance: les faits de l'eau dans *Le Professeur d'anglais* de R. K. Narayan et *Les Enfants de Minuit* de Salman Rushdie. »] Eds. Subhendu Mund et Dieter Riemenschneider. *Indian Journal of World Literature and Culture,* special issue on R. K. Narayan. Vol. 3 & 4, décembre 2009. 29-37.

Zimmer, Heinrich. *The Myths and Symbols in Indian Art and Civilization. [Mythes et symboles dans l'art et la civilisation de l'Inde.]* 1946. Princeton: Princeton U Press, 1992.

CHAPITRE XIX

TRAIN TO PAKISTAN: UN CONTRE-DISCOURS DE LA PARTITION DE L'INDE ?

En 1947, l'indépendance de l'Inde britannique s'accompagne de sa séparation en deux États: l'Inde contemporaine et le Pakistan. En marge des célébrations qui marquent la fin de la période coloniale, on estime que des migrations massives et des affrontements auraient fait dix millions de réfugiés et un million de morts, tandis que soixante-quinze mille femmes auraient été enlevées et violées (Butalia, 3).

Depuis, de part et d'autre des frontières, les représentations de cet événement ont été paradoxales. D'un côté, les monuments érigés à la mémoire du passé[145], les manuels scolaires[146], voire certains travaux d'historiens[147] ont braqué leur regard sur le grand récit de la libération nationale et ignoré les violences de la partition. De l'autre, ceux qui ont vécu l'événement, qu'ils aient été victimes ou bourreaux, en ont souvent gardé un souvenir impérissable [148]. L'oubli et la mémoire, telles

[145] Deux monuments aux morts ont vu le jour depuis 1947 : le *Bab-e-Pakistan* (la Porte du Pakistan en Ourdou) à Lahore, dont la construction est en cours, et le Martyr's Memorial à Chandigarh dans le Pendjab (Khan, 200-201).

[146] Citons une étude parue en 2001: « The two narratives come remarkably close in the cursory manner in which they deal with the violence associated with Partition. The horror and suffering that millions of ordinary men and women faced receive no more than a few lines of cold recording in most Indian and Pakistani textbooks » (Kumar, 107).

[147] Selon l'historien Gyanendra Pandey:

If it is the question of guilt and the necessity of the remembrance of suffering that has animated the German debate on the historiography of the Holocaust, it is – as I have stressed – the question of India's unity, and the need to forget in the interests of that unity, that Indians are asked to take (and to a large extent have taken) as guide in their historical scholarship on the Partition of 1947. (Pandey, 60)

Pour être précis, on s'intéresse depuis toujours aux relations entre le Congrès et la Ligue musulmane jusqu'au tracé de la ligne Radcliffe. En revanche, cela ne fait qu'une dizaine d'années que certains historiens recueillent et étudient la mémoire des survivants (voir Butalia, Pandey, Menon et Bhasin).

[148] Pour citer une nouvelle fois Pandey :

There is a wide chasm between the historians' apprehension of 1947 and what we might call a more popular, survivors' account of it – between history and

pourraient être les caractéristiques d'un discours dominant et d'un contre-discours de la partition.

Dans ce contexte, on a voulu voir certains romans historiques comme des lieux de mémoire et de contestation[149]. Selon deux historiennes:

> *... partition fiction (and some non-fiction) is almost the only social history we have of this time. (...) The point does need to be made that it is in fiction, rather than any other genre, that we find an attempt to assimi-late the full import of what Partition meant* (Menon et Bhasin, 22).

À ce titre, le roman *Train to Pakistan*, publié en 1956 par Khushwant Singh, est souvent considéré comme un ouvrage fondateur (Raizada, 127 Pabby, 42-3). On en propose ici une relecture qui permet de le resituer entre discours et contre-discours de la partition selon deux formes d'oubli : le silence et la mise à distance.

L'œuvre de Khushwant Singh ne fait pas taire l'horreur de la partition, elle la crie. Elle ne garde pas le silence, elle le subvertit. Citons un passage significatif, où les pensées d'un chef de la police Hukum Chand, impuissant face à la montée des tensions, sont relatées par le narrateur:

> *Where was the power? What were the people in Delhi doing? Making fine speeches in the assembly! Loud speakers magnifying their egos; lovely-looking foreign women in the visitor's galleries in breathless admiration. 'He is a great man, this Mr Nehru of yours. I do think he is the greatest man in the world today. Wasn't that a wonderful thing to say? 'Long years ago we made a tryst with destiny and now the time comes when we shall redeem our pledge, not wholly or in full measure but*

---

memory, as it were. Nationalism and nationalist historiography, I shall argue, have made an all too facile separation between 'Partition' and 'violence.' This is one that survivors seldom make: for in their view, Partition was violence, a cataclysm, a world (or worlds) torn apart (Pandey, 6).

149 Pierre Nora décrit un lieu de mémoire comme « *la forme extrême où subsiste une conscience commémorative dans une histoire qui l'appelle, parce qu'elle l'ignore* » (Nora, XXIV).

very substantially." Yes, Mr Prime Minister, you made your tryst, so did many others. (TP ,167)

Plus que d'accuser le gouvernement d'inaction, Chand prend le contrepied de la métaphore de Nehru sur le « rendez-vous » de l'Inde avec sa destinée. Jouant sur les pronoms, remplaçant la première personne du pluriel par la deuxième personne du singulier, il oppose l'expérience des élites de la capitale à celle des victimes et remet en question l'illusion d'une expérience nationale. Pendant que les uns se plaisent à parler d'indépendance lors de rendez-vous mondains, d'autres ont rendez-vous avec l'horreur de la partition et ce décalage crée un ton sarcastique et amer.

Chand pense alors à trois de ses connaissances: Prem Singh, un collègue émigré en Inde puis assassiné à Lahore où il s'était rendu pour récupérer les bijoux de sa femme; Sundari, fille de l'un de ses domestiques, violée au retour de son mariage après que son mari ait été castré devant ses yeux; Sunder Singh, finalement, officier de l'armée bloqué avec sa famille dans un train immobilisé sur la voie:

*No one was allowed to get off. Sunder Singh's children cried for water and food. So did everyone else. Sunder Singh gave them his urine to drink. Then that dried up too so he pulled out his revolver and shot them all. (...) Then he lost his nerve. He put his revolver on his temple but did not fire. There was no point in killing himself. The train had begun to move. (...) He did not redeem the pledge. Only his family di*d. (TP, 169)

Pour les victimes, la prétendue « promesse » de liberté nationale dont parle Nehru devient une véritable promesse de mort.

Ce passage est subversif au double sens de « sub-version » et de « subversion ». C'est en substituant une série d'histoires individuelles à l'histoire nationale que Chand bouleverse le sens du discours de Nehru. Par un changement d'échelle et de sujet, l'hypotexte glorieux de l'indépendance se transforme en un hypertexte acerbe et révolté qui refuse de passer sous silence l'expérience des victimes[150].

Ce travail de remémoration et de contestation est souligné par la critique littéraire (Raizada, 127 Pabby, 42-3) et assumé par l'auteur, qui déclarait lors de la première de l'adaptation filmique du roman : « *we must not forget the Partition because it is relevant today. We must remember that it did in fact happen and can happen again* » (Dhawan, 14). Cependant, ne peut-on pas déceler d'autres formes plus insidieuses d'oubli dans *Train to Pakistan* ?

Si le silence qui règne sur les horreurs de la partition est répandu, sa mise à distance l'est aussi. A propos d'un corpus de livres d'histoire, Mushirul Hasan écrit: « *violence is (...) not only condemned but is so often attributed – often as a means to disguise the collective guilt of a community – to anti-social elements, unscrupulous politicians, and religious fanatics* » (Hasan, 42)[151]. Dans ce type de récit, les actes de barbarie sont tus en même temps qu'ils sont mentionnés. En outre, attribuer la responsabilité à un autre que soi permet de s'excepter tout en réduisant la violence à un phénomène marginal.

Le roman de Khushwant Singh remet-il en cause cette deuxième version du discours dominant sur la partition? Le récit porte avant tout sur le village de Mano Majra, dont les habitants sont les sujets du récit au sens narratologique: des actants dont la quête est de résister à l'expansion du communautarisme[152].

---

[150] Gérard Genette définit l'hypertextualité comme « toute relation unissant un texte B (hypertexte) à un texte antérieur A (hypotexte) sur lequel il se greffe d'une manière qui n'est pas celle du commentaire. » Ici, l'hypertexte de Hukum Chand à propos de Prem Singh Sundari et Sunder Singh est dérivé de l'hypotexte de Nehru sur l'Inde (Genette, 12).

[151] Pandey faisait le même constat après avoir recueilli la mémoire des habitants d'un petit village du Pendjab: « *The standard story I heard in Gharuan was that of the exceptional peace and harmony of this large Sikh village. 'Nothing happened in the village;' 'our Muslims were unharmed;' 'not a single woman or child was touched [abducted or raped] here.' Whatever violence occurred, occurred outside the village, I was repeatedly told.* » (Pandey 181, son ajout)

[152] L'actant, contrairement au personnage, n'est pas identifié par son caractère psychologique mais par la fonction qu'il occupe dans le récit. La fonction du sujet est la quête d'un objet, ici conçu comme la paix intercommunautaire. (Greimas)

Dès l'incipit, Mano Majra est présenté comme une utopie pastorale, un oasis de paix dans un désert de violences. Le modeste village s'organise symboliquement autour d'un banian sacré, lui-même entouré du temple sikh, de la mosquée et de la résidence du seul habitant hindou. Une narration au présent des croyances et des coutumes locales crée une impression d'immuabilité et de cyclicité; les habitants sont hors de l'histoire jusqu'à la partition: « *it had always been so, until the summer of 1947* ». Vient alors une série de quatre épreuves pour les pacifiques villageois.

Premièrement, la violence fait irruption lorsque l'unique habitant hindou est assassiné par des criminels du village voisin, un dénommé Malli et sa bande, et qu'un train rempli de cadavres de migrants s'arrête ensuite au village. La tension monte, mais les membres des deux communautés se réunissent sous le banian sacré jusqu'à l'arrivée de la police.

Deuxièmement, Hukum Chand tente de semer la discorde afin de pousser les musulmans à émigrer au Pakistan et de garantir le maintien de l'ordre. Il fait donc relâcher Malli et fait répandre une rumeur selon laquelle le meurtre aurait été commis par des militants de la Ligue musulmane. Naïfs, les villageois se laissent prendre au piège: «*the head constable's visit had divided Mano Majra into two halves as neatly as a knife cuts through a pat of butter*» (TP, 115). Les sikhs se rejoignent au temple et certains des plus jeunes sont prêts à en découdre. Lorsque des musulmans passent aussi la porte du temple, néanmoins, l'amitié prend le pas sur l'animosité et on assiste à une scène de réconciliation.

Troisièmement, pour assurer la sécurité de tous, les villageois décident de faire évacuer les musulmans vers un camp de réfugiés non loin jusqu'à ce que le calme revienne. C'est sans compter sur les soldats en charge de les escorter: ils décident d'expulser les musulmans vers le Pakistan et de les forcer à laisser leurs biens derrière eux. Lorsque les sikhs du village refusent de se les approprier, Malli et d'autres étrangers acceptent. La complicité des intrus et la solidarité des villageois est explicite:

It is all settled, said the Sikh officer, speaking softly in Punjabi. I have arranged that these people from the next village will look after the cattle, carts, and houses, till it is over. I will have a list made and sent over to you. His colleague did not reply. He had a sardonic smile on his face. Mano Majra Sikhs and Muslims looked on helplessly. (TP, 130)

Finalement, après l'arrivée d'un second train de cadavres, une patrouille de soldats menée par un téméraire jeune sikh parvient à convaincre certains personnages d'attaquer le train en partance pour le Pakistan où les musulmans de Mano Majra sont embarqués. Une nouvelle fois, ce sont Malli et d'autres réfugiés qui se portent volontaires les premiers:

'Are there any volunteers?'

'My life is at your disposal,' said Malli, heroically. (...)

'Bravo,' said the speaker. (...) 'Who else is willing to lay down his life?'

Four of Malli's companions stepped over the threshold. They were followed by many others, mostly refugees. Some villagers who had only recently wept at the departure of their Muslim friends also stood up to volunteer. (TP, 144)

Le récit trouve se conclut lorsque le villageois Juggut Singh, anti-héros habitué à la prison locale pour des petits délits, fait échouer l'attaque en se sacrifiant[153]. Ainsi, dans Train to Pakistan, chacun des actes de violence est perpétré par un étranger, un adjuvant au récit et un personnage secondaire qui ne suscite pas l'empathie du lecteur. À chaque fois que les villageois expriment des pensées communautaires, ils n'en sont pas responsables puisqu'ils ont été dupés. La seule fois où certains ont l'intention de commettre un crime, un autre rachète leurs fautes par un acte expiatoire. Le seul tort des habitants de Mano Majra aura été de mal penser plutôt que de mal agir et d'être dupe plutôt que coupable.

---

[153] Coupant la corde tendue au-dessus de la voie pour faire basculer les passagers sur le toit dans le vide, Juggut tombe sur la voie avant d'être renversé par le train.

Le roman de Khushwant Singh offre-t-il un contre discours de la partition? La réponse dépend de notre perception des discours dominants. Certes, le roman se tourne vers un épisode de l'histoire longtemps occulté et subvertit le silence qui règne sur l'expérience des victimes. Cependant, comme dans d'autres récits, il garde l'horreur à distance en attribuant la responsabilité aux adjuvants et non au sujet du récit, à des criminels et des marginaux et non aux personnages principaux.

Parmi les deux versions proposées du discours dominant sur la partition (le silence et la mise à distance), l'une fait partie de l'intertexte de *Train to Pakistan* et l'autre est hors-texte, inspirée de la lecture d'ouvrages d'histoire. C'est peut-être ce qui explique que l'une ait attiré l'attention de la critique littéraire et l'autre non. Peut-être est-il alors temps de revisiter les romans sur la partition en tirant parti de récents travaux d'historiens.

Marc Chatterji

Sources

Singh, Kushwant. *Train to Pakistan*. 1956. Rpt. In *Memories of Madness: Stories of 1947*. New-Delhi: Penguin Books, 2002. 1-172

Bibliographie

Butalia, Urvashi. *The Other Side of Silence: Voices from the Partition of India*. Londres: C. Hurst & Co, 2000.

Dhawan, R.K. 'Khushwant Singh: The Man and the Writer.' In *Khushwant Singh: The Man and the Writer*. Ed. Dhawan, R.K. New-Delhi: Prestige Books, 2001. 11-22.

Genette, Gérard. *Palimpsestes : La littérature au second degré*. Paris : Editions du seuil, 1982.

Greimas, A.J. *Sémantique Structurale : Recherche de méthode*. Paris : Larousse, 1966.

Hasan, Mushirul. 'Partition Narratives.' In *Social Scientist*. 30. 7/8. (2002) : 24-53.

Khan, Yasmin. *The Great Partition: the Making of India and Pakistan*. New Haven: Yale Unversity Press, 2007.

Kumar, Krishna. *Prejudice and Pride: School Histories of the Freedom Struggle in India and Pakistan*. New-Delhi: Viking Penguin, 2001.

Menon, Ritu and Kamla Bhasin. *Borders & Boundaries: Women in India's Partition*. New-Delhi: Kali for Women, 1998.

Nora, Pierre. 'Entre Mémoire et Histoire: La Problématique des Lieux.' In *Les Lieux de Mémoire, Vol. I: La République*. Paris : Gallimard, 1984. XVII-XLII.

Pabby, D.K. 'Theme of Partition and Freedom in Khushwant Singh's *Train to Pakistan* and Amitav Ghosh's *The Shadow Lines*.' In *Khushwant Singh: The Man and the Writer*. Ed. Dhawan, R.K. New-Delhi: Prestige Books, 2001. 42-52

Pandey, Gyanendra. *Remembering Partition: Violence, Nationalism and History in India*. Cambridge: Cambridge University Press, 2001.

Raizada, Harish. '*Train To Pakistan*: A Study in Crisis of Values.' In *Khushwant Singh: The Man and the Writer*. Ed. Dhawan, R.K. New-Delhi: Prestige Books, 2001. 125-140.

CHAPITRE XX

LE CONTRE-DISCOURS INSPIRE PAR *HEART OF DARKNESS* DE J. CONRAD DANS LA LITTERATURE DE GUINEE EQUATORIALE

Le discours postcolonial où le subalterne se sert de la langue du colonisateur constitue par sa nature un contre-discours dont le but est de faire entendre sa voix, de montrer qu'il peut, lui aussi, parler (Spivak 1985) et qu'il possède pour cela ses propres moyens de représentation. Le subalterne s'approprie la langue d'autrui, lui « *vole* » son langage, son « *trésor identitaire, le moteur de <sa> pensée, la clef d'or de <son> âme* », comme le dit J. Rabemananjara (Cit. : Joubert 2005, 186), pour en faire un instrument de lutte contre l'hégémonie de son ancien propriétaire.

Le terme « contre-discours » a été créé par R. Terdiman pour décrire le processus et les moyens de la résistance symbolique à le déni ou l'absorption par le discours dominant des pratiques subversives naissantes (Terdiman 1985, 13). Plus tard, ce terme a été emprunté par les critiques postcoloniaux pour caractériser les moyens par lesquels la périphérie peut lancer un défi au centre impérial compte tenu de « *la capacité absorbante* » de celui-ci. Selon B. Ashcroft, G. Griffiths, H. Tiffin, dans l'optique des études postcoloniales, ces défis sont analysés surtout à travers les textes particuliers porteurs des idéologies impériales inculquées, stabilisées et maintenues dans les systèmes éducatifs colonialistes. Ainsi, le concept de contre-discours soulève-t-il la question des pratiques subversives face aux textes canoniques et au champ discursif colonialiste où les textes impériaux fonctionnent dans les contextes du colonisé (Ashcroft, Griffiths, Tiffin 2002, 56-57).

Selon H. Tiffin, «*le champ contre-discursif postcolonial*», ou «*le contre-discours canonique*», est le produit d'une relecture suivie d'une réécriture des œuvres littéraires européennes par les auteurs postcoloniaux (Tiffin 1995, 97). Pourtant, comme le note F.Lionnet, reconnaissons que H. Tiffin parle plutôt des « *échos* » des voix postcoloniales que de ces voix elles-mêmes car cette approche ne prend en considération ni le contre-discours créole, ni les synergies entre les traditions orales et romanesques dans le texte postcolonial et se base sur l'opposition binaire entre les textes dits canoniques et l'auteur postcolonial (Lionnet 2012, 157).

En analysant le contre-discours dans les littératures postcoloniales, A.R. JanMohamed fait la remarque suivante:

> *L'écrivain africain découvre que la praxis colonia-liste et la littérature créent une image négative et dénigrante de l'Afrique et de ses habitants, ce qui suscite une tentative de modifier cette image en créant son antipode symbolique dans la littérature qui dépas-serait le cadre des descriptions ethnologiques.* (JanMohamed 1983, 8)

Dans le contre-discours littéraire postcolonial actuel, on note la présence de deux vecteurs. Le premier, qu'on peut nommer vertical, ou paradigmatique, est dirigé contre le colonisateur. Le deuxième, horizontal, ou syntagmatique, apparaît après les indépendances et vise les nouvelles élites des pays africains. Dans la production romanesque francophone, ces deux vecteurs acquièrent un caractère nettement accusé depuis les années 1950-1960. Pourtant, cela n'est point le cas de la littérature de la Guinée Équatoriale écrite en espagnol.

Les premiers romans des écrivains équatoguinéens *Cuando los combes luchaban* de L. Evita (1953) et *Una lanza por el Boabí* de D. Jones Matama (1962) ont longtemps été la cible des critiques qui n'ont vu que leur côté conformiste qui s'explique facilement par des raisons historiques, mais qui leur a valu l'appellation de «*littérature de consentement* » (*literatura de consentimiento*) (N'gom 1993, 412). En effet, les oppositions binaires, typiques de la première vague de la plupart des productions romanesques africaines, sont réalisées dans ces deux œuvres plutôt du point de vue du colonisateur que de celui du colonisé. Par exemple, en décrivant le chef traditionnel, le substantif espagnol *rey* (roi) est complété par le suffixe diminutif *–zuelo* (*reyezuelo*, « petit roi »). Le chef est même parfois appelé *el salvaje* (le sauvage) et il exprime souvent son admiration des blancs qui sont « *envoyés par Dieu* » pour « *apporter la civilisation* » (Evita 1953, 13-14).

Les dernières lignes du roman sont consacrées à l'Espagne et souhaitent son expansion territoriale et culturelle en Afrique.

Néanmoins, M.L. Lewis, contrairement à la majorité des critiques, met en relief les éléments contre-discursifs propres surtout au roman de L. Evita (Lewis 2007, 101-111). Il illustre son opinion en évoquant une scène dans laquelle un vieux met en garde ses compatriotes contre leur désir exagéré d'imiter les blancs. Le mode de vie d'un « nègre authentique » s'oppose à la civilisation, comparée à un flambeau qui « *brille d'une manière éclatante, mais brûle tout sur son chemin* » (Evita 1953: 54). Il fustige aussi le consumérisme occidental comme un élément étranger qui détruit la culture traditionnelle et subjugue les africains (Ibid, 26-27).

La trame de la narration est constituée par l'histoire d'un missionnaire anglais, John Stephen, qui, accompagné de ses alliés, lutte contre la secte puissante du bweti, les « hommes-léopards » qui transforment les humains en cadavres vivants. Bien que le roman s'achève par la destruction de la secte, le destin des protagonistes reste incertain. Ainsi le premier roman équato-guinéen, imprégné de surnaturel et doté d'un final ouvert, se distingue déjà par le recours aux éléments du réalisme magique dont les écrivains de ce pays se serviront plus tard pour construire leur propre ligne contre-discursive.

Le contre-discours horizontal apparaît dans les œuvres peu nombreuses publiées pendant les « *années de silence* » (*años del silencio*) dont le début date de 1968 avec l'avènement au pouvoir de F. Macías Nguema. Après la chute de la dictature meurtrière en 1979, ce vecteur contre-discursif, dirigé contre les fonctionnaires vénaux et le silence volontaire du peuple, devient de plus en plus prononcé. Les romans de D. Ndongo-Bidyogo *Las tinieblas de tu memoria negra* et *Los poderes de la tempestad*, *Ekomo* de M. Nsue Angüe, *Cenizas de kalabó y termes* et *Autorretrato con un infiel* de J.F. Siale Djangany en sont des exemples. Cependant, le contre-discours des écrivains équato-guinéens contemporains est nourri par des sources différentes de celles des littératures des pays voisins, notamment francophones où la base du contre-discours est constituée par la satire renforcée par le sarcasme et le grotesque. Dans la production romanesque équato-guinéenne, elle est représentée plutôt sous les traits du réalisme magique déjà évoqué au sujet du premier roman de ce pays écrit par L. Evita. Un autre trait particulier du contre-discours de la littérature équato-guinéenne est le motif de la *muerte anónima* (*mort anonyme*) qui imprègne notamment le roman *El Metro* de D. Ndongo-Bidyogo, consacré à la vie des immigrés en Europe, et aussi le recueil de récits et de poèmes *El porteador de Marlow. Canción negra sin color* de C. Mba Abogo, des créations appelées *autorrelatos* (autofictions) par l'auteur lui-même (Hendel 2012). Le titre de ce dernier ne laisse pas de doutes sur l'étymologie de la dominante intertextuelle - il s'agit de *Heart of Darkness* de J. Conrad, dont Marlow est le narrateur.

Il est à noter que le cœur des ténèbres en tant que métaphore fonctionne depuis longtemps déjà au sujet de la Guinée Equatoriale. Cette expression faisait partie intégrante des titres des articles consacrés à l'assassinat commis par un diplomate à l'ambassade des Etats-Unis. L'accusé et ses avocats, ainsi que son fils plus tard, évoquaient comme raison de la tragédie la folie temporaire éveillée par les horreurs vues « *au cœur des ténèbres* » (Gedda 1993, Erdos 2008). A. Lifshey indique que ce stéréotype a été plus tard utilisé abondamment dans la « *littérature de large consommation* » en citant à titre d'exemple le roman policier de R.Cook *Chromosome 6* dont l'un des personnages, obligé de séjourner en Guinée Equatoriale, se plaint de son sort en ces termes : « *Qu'est-ce qui est donc bon dans la richesse si je dois être ici, au cœur des ténèbres ?* » (Lifshey 2012, 202). Même le titre d'*Ekomo*, le premier roman équato-guinéen écrit par une femme, est traduit en français comme *Ekomo: Au cœur de la forêt guinéenne*, ce qui nous rappelle « *le bon vieux trope " cœur des ténèbres "* » (Ibid, 222).

Si on se réfère au texte de J. Conrad, on ne peut pas s'empêcher de remarquer que les africains y sont représentés comme « *un tourbillon de membres noirs, une masse de mains battantes, de pieds martelant, de corps ondulant, d'yeux qui roulaient* » (Conrad 1925, 31). Aucun d'eux n'a de prénom ni de nom. On trouve ce même procédé mais appliqué à la description d'une ville européenne dans les récits de C. Mba Abogo où les rues sont inondées par « *une masse inconsciente mais tumultueuse* » (Mba Abogo 2007, 51). Tels les porteurs anonymes de J. Conrad qui transportent les charges d'autrui au nom de la rapacité qui a saisi les esprits des aventuriers, les européens se transforment eux-mêmes en esclaves qui « *quittent leurs maisons chaque matin et se dirigent quelque part, mais n'arrivent jamais, et, une fois chez eux, <...> se plaignent de leur existence cyclique et versent des larmes amères sur la légèreté de leur bonheur* » (Ibid, 56). Ainsi l'écrivain africain « inverse la polarité » pour démasquer l'envers de la civilisation qui, en prétendant asservir, s'asservie elle-même.

En revenant à J. Conrad, on observe le choix des lexèmes à connotation nettement péjorative attachée aux africains qui sont appelés « *sauvages et passionnés* » et « *les hommes préhistoriques* » (Conrad 1925, 32) qui ne comptent « *pas plus qu'un grain dans un Sahara noir* » (Ibid, 45). Celui qui remplit une tâche qui lui est confiée est nommé « *un spécimen amélioré* », et « *le regarder <est> aussi édifiant que de voir un chien, dans une caricature de pantalons, coiffé d'un chapeau à plume, et qui marche sur ses pattes de derrière*» (Ibid, 32).

L'auteur parle du destin tragique des porteurs avec un manque d'expression choquant même si l'on affirme que ce ton a pour but de nous faire réagir et de critiquer la colonisation. Il utilise des phrases elliptiques pour recourir tout de suite au dédain sarcastique:

> *Jour après jour, dans les foulées et le traînement de soixante paires de pieds nus derrière moi, chaque paire sous un fardeau de soixante livres. De temps à autre un porteur mort sous le harnois, reposant dans l'herbe haute près du chemin, avec une gourde à eau vide et son long bâton allongé à ses côtés. <...> Peux pas dire que j'ai vu ni route ni entretien, à moins que le corps d'un Noir d'âge mûr, le front troué d'une balle, sur lequel je butai littéralement à trois milles de là, ne puisse être considéré comme une amélioration durable.* (Ibid, 18)

Il paraît que c'est cet épisode comportant une mort absurde infligée par la main du « *démon de la sottise rapace et sans pitié*» (Ibid, 14), incarnation de la mort anonyme, qui constitue l'axe de la narration dans les œuvres de D. Ndongo-Bidyogo et C. Mba Abogo.

Dans les premières scènes du roman *El Metro* de D. Ndongo-Bidyogo, le protagoniste Lambert Obama Ondo sent un désir ardent de faire face aux difficultés: « *il a décidé que sa mort ne serait jamais anonyme* » (Ndongo-Bidyogo 2007, 21). On trouve les mêmes mots à la fin du roman où Obama Ondo, blessé mortellement par des skinheads et, tel un des porteurs de J. Conrad, abandonné seul à son destin dans un wagon de métro voit ses ancêtres qui lui promettent que sa mort ne sera pas anonyme (Ibid, 458). Ces deux scènes qui ouvrent et ferment le roman expriment vivement le crédo littéraire de l'auteur qui consiste à conserver la mémoire et à empêcher que les noms des fils du peuple équato-guinéen ne disparaissent dans l'obscurité: « *Dans le souvenir se cimente l'existence de l'homme. N'oublie jamais, Ami, n'oublie pas* » (Ndongo-Bidyogo 1997, 195).

En se servant d'*Au cœur des ténèbres* de J. Conrad comme d'une plateforme pour la création du contre-discours, C. Mba Abogo intitule un de ses récits *El testamento del porteador de Marlow* (*Le testament du porteur de Marlow*). Le fragment suivant de *Heart of Darkness* est utilisé en tant qu'épigraphe et en même temps il nous présente le narrateur:

Près de là on battait un Noir: on le disait responsable du feu, d'une façon ou d'une autre; quoi qu'il en soit il glapissait horriblement. Plus tard je le vis, pendant plusieurs jours, assis dans un coin d'ombre, l'air très mal en point, essayant de se reprendre. Après cela il se leva et sortit – et la brousse, sans un son, le reprit dans son sein. (Conrad 1925, 21; Mba Abogo 2007, 119)

C'est par cet africain que le testament est écrit. Il s'engouffre dans la forêt pour qu'« *aucune trace ne reste de son séjour dans ce monde* », pour « *disparaître* », pour que « *le monde continue de tourner comme s'il n'avait jamais existé* » (Mba Abogo 2007, 119). Mais avant de le faire, il aspire à crier « *avec toute la force de ses poumons* » l'avertissement suivant:

Cadavres vivants aux visages blancs comme la lune au cuir chevelu propre aux pays qui vivent dans l'obscurité. Écoutez-moi ! Écoutez-moi bien ! Ne comptez pas sur moi pour vous servir des repas, ni pour vous laver les vêtements, ni pour charger l'ivoire, ni pour transporter le caoutchouc... Ne comptez pas sur moi, je renonce en paix, je n'ai emmené aucune vie à ce monde. Vous ne compterez pas avec mes descendants. (Ibid)

Le leitmotiv de la mort anonyme est doté ici d'une nouvelle dimension. C. Mba Abogo nous donne à comprendre que cette mort est plus funeste pour le bourreau que pour la victime. Le noir sans nom préfère la mort à l'esclavage des générations futures qu'il rachète au prix de sa propre vie.

Pour conclure, il est à souligner que le récit de J. Conrad n'a pas bouleversé seulement les cœurs des écrivains équato-guinéens. Il est évoqué par d'autres écrivains africains (par exemple A. Mabanckou) et par des chercheurs postcoloniaux (Honi Bhabha). Mais ce sont les écrivains équato-guinéens qui se sont appropriés cette œuvre de la littérature coloniale pour en faire le tremplin de leur contre-discours. Celui-ci vise l'approche conformiste et coloniale de l'histoire du continent africain afin de créer la mémoire collective de la nation. Cela constitue l'un des traits spécifiques du développement du discours littéraire de la Guinée Equatoriale. Il ne s'agit donc pas de la « réécriture du texte canonique » dont parle H. Tiffin. Les écrivains équato-guinéens endiguent le paradigme postcolonial en se servant de ses décombres choisis à leur guise pour créer leur propre tradition littéraire.

Natalia Naydenova

Bibliographie

Ashcroft Bill, Griffiths Gareth, Tiffin Helen, *Post-colonial Studies: The Key Concepts*, London & New York, Routledge, 2002.

Conrad Joseph, *Au cœur des ténèbres* [En ligne] http://www.news.kongo-kinshasa.de/dokumente/lekture/conrad.pdf (consulté le 23 mars 2014)

Gedda En ligne] George, « 'Heart of Darkness' or a Challenge? » in *Los Angeles Times*, October 10, 1993 [En ligne] http://articles.latimes.com/1993-10-10/news/mn-44238_1_equatorial-guine (consulté le 23 mars 2014)

Erdos Chris, « Heart of Darkness » in *Foreign Service Journal*, April, 2008, p. 43-48 [En ligne] http://uniset.ca/misc/heartOf.pdf (consulté le 23 mars 2014)

Evita Leoncio, *Cuando los combes luchaban*. Madrid, Consejo Superior de Investigaciones Científicas, 1953.

Hendel Mischa, « Conversación con César Mba Abogo » [http://mischahenne.wordpress.com/2012/04/03/conversacion-con-cesar-mba-abogo/ (consulté le 23 mars 2014)

JanMohamed Abdul, *Manichean aesthetics: the politics of literature in colonial Africa*, Amherst, University of Massachusetts Press, 1983

Joubert Jean-Louis, « Voleur de langue » in *Vocabulaire des études francophones*, Limoges, Presses universitaires de Limoges, 2005, p. 186-187.

Lewis Marvin, *An Introduction to the Literature of Equatorial Guinea. Between Colonialism and Dictatorship*, Columbia & London, University of Missouri Press, 2007.

Lifshey Adam, *The Magellan Fallacy: Globalization and the Emergence of Asian and African Literature in Spanish*, Ann Arbor, The Univeristy of Michigan Press, 2012.

Lionnet Françoise, *Écritures féminines et dialogues critiques. Subjectivité, genre et ironie*, Trou d'eau Douce, L'Atelier d'écriture, 2012.

Mba Abogo César. *El porteador de Marlow. Canción negra sin color*, Madrid, Sial, 2007.

Ndongo-Bidyogo Donato, *El Metro*, Madrid, El Cobre, 2007.

Ndongo-Bidyogo Donato, *Los poderes de la tempestad*, Madrid, Proyectos y Producciones Editoriales Cyan, S.L., 1997.

N'gom M'baré, « La literatura africana de expresión castellana: la creación literaria en Guinea Ecuatorial » in *Hispania 76*, September, 1993, p. 410-418.

Spivak Gayatri, « Can the Subaltern Speak? Speculations on Widow-Sacrifice » in *Wedge*, 7/8, 1985, p. 120-130.

Terdiman Richard, *Discourse/Counter-Discourse: The Theory and Practice of Symbolic Resistance in Nineteenth-century France*, Ithaca, NY, Cornell University Press, 1985.

Tiffin Helen, « Post-Colonial Literatures and Counter-Discourse» in *The Post-Colonial Studies Reader*, London & New York, Routledge, 1995, p. 95-98.

CHAPITRE XXI

LE CAS DE L'ILE MAURICE : REMISE EN CAUSE DE LA *CHOTA BHARAT* À TRAVERS L'ŒUVRE ROMANESQUE DE TROIS AUTEURES CONTEMPORAINES

Jusqu'au XIXe siècle, la migration indienne se limite à quelques professions : commerçants, matelots, soldats et diplomates s'installent à l'étranger, y adoptent les coutumes locales en se mariant. Après la colonisation britannique du sous-continent, cette migration d'hommes libres est largement dépassée par celle de travailleurs engagés par un contrat de cinq ans dans les plantations des colonies. L'île Maurice est la société de plantation qui a connu l'installation la plus consé-quente de ces engagés indiens, si bien que la communauté indo-mauricienne représente, de nos jours, plus des deux tiers de la population mauricienne. Cette forte présence lui a permis de conserver les traditions et les mentalités indiennes et même d'en marquer le territoire. Après l'indépendance, les représentants de l'État, issus de cette communauté, développent et renforcent les liens avec l'Inde, comme le symbolise le surnom qu'Indira Gandhi a donné à l'île Maurice, *Chota Bharat*, la petite Inde. Si la littérature indo-mauricienne a tout d'abord célébré cette importation de la mentalité indienne, les auteurs contemporains, à l'instar d'une partie de la communauté, se montrent plus critiques. Après avoir présenté l'histoire des Indiens à Maurice et décrit la place qu'y occupe la culture indienne, l'étude des romans de Nathacha Appanah, Ananda Devi et Shenaz Patel permettra de mettre en lumière cette dénonciation du maintien de vieilles traditions, de l'attachement inconditionnel au pays des origines, démarche qui empêche la nation mauricienne de trouver son unité.

Les premiers Indiens qui foulent le sol mauricien sont des hommes libres – commerçants, artisans et matelots – ou des esclaves, prisés par les colons en tant que domestiques. Étant donné que les femmes sont très peu nombreuses, cette première vague d'immigration indienne s'est métissée et christianisée. En revanche, l'engagisme a concerné une population mixte nombreuse qui a pu implanter les mentalités et les traditions indiennes dans l'île. Cette longue période de migration – 90 ans – est liée à la prise de l'île par les Britanniques. En effet, ces derniers, soucieux d'assurer la route vers les Indes, partent à la conquête de l'Isle de France et la prennent assez facilement aux Français. Soucieux d'en développer l'économie, ils misent sur la monoculture de la canne à sucre. Alors que cette nouvelle orientation demande une main-d'œuvre conséquente, ils abolissent l'esclavage. Les colons se tournent donc vers une autre source de main d'œuvre: l'Inde. Le premier bateau arrive en 1834 sur l'initiative d'un planteur mauricien qui établit une trentaine de contrats. Cette nouvelle forme de recrutement a été plusieurs fois interrompue par l'administration britannique qui tentait d'améliorer les conditions des engagés, mais n'a jamais cessé jusqu'à l'arrivée du dernier bateau en 1922. Environ 450 000 Indiens[154] sont arrivés à Maurice, près des deux tiers y sont restés, alors que les autres sont rentrés ou ont émigré vers d'autres colonies britanniques.

Si les apparentes similitudes entre l'engagisme à l'esclavage ont donné lieu à un amalgame réducteur, la distinction semble maintenant bien établie. En effet, les Indiens, même s'ils ont souvent été trompés sur ce qui les attendait réellement, se sont, en grande majorité, engagés volontairement. Les planteurs n'ayant pas changé de comportement vis-à-vis de leur main-d'œuvre, les conditions de travail restent particulièrement difficiles sur la plantation. L'engagé ne peut en sortir sans son laisser-passer et une journée d'absence correspond au prélèvement de deux jours de salaire. Toutefois, il reçoit un salaire et peut quitter la plantation à la fin de son contrat. Les *sirdars* – les contremaîtres – sont les premiers à pouvoir acheter des terres. Eux-mêmes recruteurs, ils font venir, par groupes, des habitants de leur village. Lors du grand morcellement des terres, beaucoup d'engagés – ce qui n'est pas le cas des affranchis – peuvent s'acheter un lopin de terre et cultiver des légumes qu'ils vendent. Les villages se forment, regroupant les *jahaji bhai* et

---

[154] *Chiffres donnés par Marina Carter dans son article* « État et communautarisme : le cas de l'île Maurice », *Cultures & Conflits*, 15-16, automne-hiver 1994, mis en ligne le 15. 03. 2006, consulté le 26.12.2013. URL : http://conflits.revues.org/227.

les familles. Les Britanniques sont en effet soucieux de permettre aux Indiens de s'installer sur l'île. Ils imposent ainsi un quota de femmes:

La proportion de femmes indiennes, négligeable au cours des premières années de l'engagisme, est augmen-tée à 25 % en 1856 par le Secrétaire aux colonies. En 1868, le Colonial Office impose un ratio de 40 % de femmes parmi les migrants, permettant ainsi le dévelop-pement de véritables communautés dont les frontières internes sont préservées par la pratique des mariages endogames et la transmission de l'héritage culturel et linguistique d'une génération à l'autre[155].

La communauté indo-mauricienne se construit assez rapidement. La visite de Gandhi puis l'action de Manilal Doctor l'amènent à se mobiliser pour défendre ses droits et à revendiquer une représentation politique. Il s'agit alors de pré-server les marques identitaires du groupe, de les présenter comme essentielles à la construction de la mauricianité, de défendre ses intérêts et non d'indianiser l'île. C'est à ce moment-là que s'opère la scission entre hindous et musulmans, qui s'accentue lors du conflit entre l'Inde et le Pakistan, jusqu'à ce que les musulmans ne se reconnaissent plus du tout comme originaires de la *Bharat Mata*. La domination hindoue sur la vie politique se confirme. Depuis l'Indépendance, un seul Premier ministre n'a pas été d'origine hindoue et de caste Vaish.

L'enjeu est également de ne pas rompre avec le pays des origines. Ce qui est essentiel pour les Hindous puisque le sol indien est divinisé:

"Mother India". Même pour celui qui n'est pas son fils, l'Inde offre avant tout un visage maternel, celui d'une terre au centre de la terre. Peu de pays sont comme elle d'abord un être,

---

155 Anouck Carsignol, *L'Inde et sa diaspora : influences et intérêts croisés à l'île Maurice et au Canada*, Paris, *puf*, 2011, p. 21.

plutôt qu'un lieu ou un paysage. Et l'on adresse des cultes à Bharat Mata, car elle est en même temps une déesse[156].

La communauté indo-mauricienne hindoue tente de multiplier les liens avec l'Inde afin de rompre la malédiction de la traversée du *kala pani*. En effet, l'interdiction de franchir les eaux salées – qui ne concerne que les Brahmanes dans les textes sacrés – a été appliquée à chaque hindou, qui se voit ainsi dans l'impossibilité d'accomplir correctement son *dharma*. Cette malédiction a été habilement contournée par la création d'un lieu mythique sur l'île. Le lac de Grand-Bassin est ainsi devenu *Ganga Talao*. Que ce soit par une larme de Ganga que le dieu du vent aurait transportée, ou par une goutte tombée de la chevelure de Shiva ou encore par une source souterraine, ce lac est relié aux eaux sacrées du Gange et permet à l'île Maurice d'être la *Chota Bharat*. Pour confirmer cette sacralisation, de l'eau du Gange a été transportée, sous la haute autorité de l'État indien, d'Hardwar à Grand-Bassin en 1972. Tous les ans, lors du festival de Maha Shivaratri, des centaines de milliers d'Hindous peuvent ainsi bénéficier des eaux sacrées de *Mata Bharat*.

Cette écriture mythique se développe en même temps que l'implantation des règles patriarcales endogames qui fonctionnent en lien avec un système de caste réinventé autour de trois groupes : les *Maraz* et les *Baboojee* qui constituent les « grand nations », les *Vaishs* majoritaires, les *Rajput* et les *Ravived*, les « ti nations », qui regroupent les membres de caste inférieure. Selon Oddvar Hollup, ces castes « no longer represent strictly endogamous units (subcastes), but rather are extended social groups, interconnected by marriage and kinship, which often cut across caste lines[157]. » Cette indianisation de la communauté devient un véritable enjeu politique. Dès 1939, le pandit Bisoonndoyal soutient la campagne de son frère en se lançant

---

[156] Jean Benoist, *Hindouismes Créoles*, Paris, Éditions du Comité des Travaux historiques et scientifiques, 1998, p. 7.

[157] Oddvar Hollup, « The Disintegration of Caste and Changing Concepts of Indian Ethnic Identity in Mauritius », *Ethnology*, Vol. 33, No. 4 (Autumn, 1994), p. 301, « ne représentent plus vraiment des groupes endogames (les sous-castes), elles se sont élargies pour former des groupes sociaux reliés par le mariage et la parenté qui dépassent souvent les lignes de la caste. »

dans une « vast compaign [...] among Hindu Mauritians to encourage pride in Indian culture. The mouvement attempted to embrace all religious and language groups among Hindu Mauritians and included conducting religious ceremonies, the teaching of Hindi [158] » Les associations religieuses, dont certaines sont proches du BJP, revendiquent même une pureté de l'hindouisme. Elles font appel à des prêtres du sous-continent pour vérifier que les temples mauriciens soient bien aux normes de l'hindouisme de la *Bharat Mata*, l'hindi est enseigné, valorisé comme langue la plus proche de celle des textes sacrés alors que la langue ancestrale de la majorité des Hindous mauriciens est le bhojpuri. Cela entraîne également des revendications identitaires des Tamouls, Telugus et Marathis en opposition au groupe majoritaire des Biharis:

The Indians are divided, horizontally, vertically, low and high in the hierarchy, brown, black and white in complexion. The Tamils, some of them, claim that they are not Hindus, removing the word hindu from their registers of the Tamil federation. The Hindi-speacking profess either Sanatan and Vedic philosophy, clubbed in various federal and cast association, with dagger drawn with each other[159].

---

[158] Vijayalakshmi Teelock, *Mauritian History, from the beginnings to modern times*, Maurice, Mahatma Gandhi Institute, 2001, p. 382. « une vaste campagne [...] auprès des Mauriciens hindous pour susciter la fierté de la culture indienne. Le mouvement a essayé de toucher tous les groupes religieux et linguistiques qui constituent la communauté et a inclus l'enseignement de l'hindi dans les cérémonies religieuses importantes. »

[159] Extrait d'un article d'Atma Doolooa, cité par Julie Peghini, *Les impasses du multiculturalisme Politiques, industries et tourisme culturels à l'île Maurice*, Paris VIII, 2009, p. 52. « Les Indiens sont divisés honrizontalement, verticalement, inférieurs et supérieurs dans la hiérarchie, bruns, noirs et blancs en teint. Les Tamouls, quelques-uns d'entre eux, affirment qu'ils ne sont pas hindous en enlevant le terme hindou de leurs registres de fédération tamoule. Ceux qui parlent hindi professent soit la philosophie sanatan, soit la philosophie védique, et se sont groupés en diverses fédérations et associations de castes t chacune a dégainé le poignard. » (traduction de Julie Peghini).

Toutefois, cet attachement aux origines ne fait pas consensus:

Tandis que la rétention de certains traits culturels ou d'un lien affectif avec l'Inde permet aux uns de faire prévaloir leur indianité, l'assimilation partielle ou le souci d'intégration à la société d'installation empêche les autres de se sentir appartenir à une communauté transnationale[160].

« *The shadow of India could elevate, il could also imprison*[161] », c'est ce que montrent les auteures indomauriciennes contemporaines.

Les premiers romanciers indo-mauriciens écrivent dans le sillage des historiens qui ont élaboré un récit valorisant de la traversée de leurs ancêtres, grâce auquel la communauté peut revendiquer ses racines hindoues. Les quelques auteurs qui ont publié des romans en anglais sont restés assez méconnus. En revanche, Abhimanyu Unnuth a connu le succès avec son roman *Lal Passina*, publié en hindi et en Inde, en 1977. La traduction française, *Sueurs de sang*, paraît en 2001 aux éditions Stock. La nouvelle génération, qui s'illustre en français, ne partage pas cet éloge des origines. Nous avons choisi trois écrivaines, Ananda Devi, Nathacha Appanah et Shenaz Patel. Les ancêtres des deux premières sont venus du sud-est de l'Inde. Elles font largement référence à leur communauté et même à la *Mata Bharat*. En revanche, il pourrait sembler étonnant de leur associer Shenaz Patel dans la mesure où la communauté musulmane ne revendique pas ce lien avec le sous-continent. Or, dans son premier roman, *Le Portrait Chamarel*, Shenaz Patel semble justement vouloir rappeler ces liens pour mieux les défaire et affirmer l'importance de la rencontre entre les communautés à Maurice. Comme Ananda Devi et Nathacha Appanah, elle dénonce l'exclusion de l'Autre, les hypocrisies et le respect de traditions ancestrales dépassées qu'engendre inévitablement le repli communautaire.

---

[160] Anouck Carsignol, *L'Inde et sa diaspora*, *op. cit.*, p. 52.

[161] *India and the diasporic*, Rita Christian et Judith Misrahi-Barak (dir), Montpellier, Presses Universitaires de la Méditerranée, 2011, p. 20. « L'ombre de l'Inde peut permettre de s'élever, elle peut aussi emprisonner. »

En effet, dans *Le Portrait Chamarel*, Shenaz Patel rapproche les deux communautés issues de l'immigration du sous-continent pour souligner que le cloisonnement très strict qui s'est mis en place et qui continue à se développer à Maurice est une ineptie. Ces communautés ont évidemment plus d'une tradition à partager, plus d'une influence commune. L'auteure l'illustre avec l'histoire du sitar, instrument phare de la musique classique en Inde. L'un des personnages du roman le présente comme le résultat de la rencontre entre les deux cultures, celle des musulmans et celle des hindous:

On attribue la création du sitar à Amir Khusro [...] un Sufi qui avait une prédilection pour la musique et la poésie. Cet érudit de la langue perse avait aussi appris le brij bhasa et le sanskrit. Sans doute parce que son père était musulman et sa mère hindoue[162].

Shenaz Patel souligne également de façon plus ironique que les deux communautés partagent le même souci de l'endogamie, affaire d'« une nuée de cancaneuses avides[163] », qui n'ont rien à envier à leurs homologues hindous:

Le mariage des uns est souvent occasion de rencontre et prélude pour les autres. Cela, Samia le savait, qui avait appris très tôt que chez les Hindous de l'île en particulier, les cérémonies nuptiales et les jours entiers de réjouissances et de réceptions qui les entouraient étaient le terrain de prédilection de toutes les marieuses déclarées ou non[164].

De même, Kursheed rappelle que son père était conscient que sa communauté fonctionnait également par castes: « Nous aussi, nous avons nos castes. C'est ce qu'il pensait. C'est ce qu'il n'hésitait pas à dire. C'est ce dont il s'est toujours joué[165]. » En

---

[162] Shenaz Patel, *Le Portrait Chamarel*, Saint Denis de La Réunion, Éditions Grand Océan, 2001, pp. 87-88.
[163] Shenaz Patel, *op. cit.*, p. 81.
[164] Shenaz Patel, *op. cit.*, p. 75.
[165] Ibid. p. 44.

effet, une fois les similitudes révélées, il s'agit de leur donner leur juste place dans la société mauricienne. Si l'enrichissement culturel est indéniable, le repli communautaire est à dénoncer.

À travers l'histoire de la famille de l'héroïne, Shenaz Patel met ainsi en scène une transgression dans la communauté musulmane. Samia, orpheline élevée dans un couvent, rencontre son oncle, Kursheed, qui l'emmène dans la maison de sa famille maternelle. Elle y découvre l'histoire d'amour de son grand-père, Hussein, grand commerçant venu du Gujarat, et de Jeanne, la belle créole, qui meurt en couche. Le grand-père abandonne sa fille illégitime, tout comme celle-ci abandonnera Samia. Il ne s'agit donc pas d'une histoire démagogique qui présenterait la créolisation à Maurice comme allant de soi. Il s'agit plutôt d'un processus difficile mais qui est en marche, et qu'il faut soutenir. Samia et le beau Kamal se retrouvent ainsi à la maison Chamarel – symbole avec ses nuances d'ocre et de marron du métissage – mais ils ne se marient pas. Ils sont loin de la société, dans cette maison isolée qui garde la couleur transgressive qu'elle avait du temps des grands-parents de Samia. Si la créolisation s'y accomplit, elle reste fragile, en suspens: « *assis face à l'horizon, ils écoutent mer et ciel se murmurer leurs sortilèges dans l'évanescence du soir mauve*[166]*...* »

Le discours de Nathacha Appanah pourrait paraître ambigu puisqu'elle semble inscrire son premier roman, *Les Rochers de Poudre d'Or*, dans l'écriture du roman national de l'engagisme, véritable célébration du héros indien martyr qui parvient à construire la *Chota Bharat* à la sueur de son front. Or, à aucun moment, elle ne chante la terre sacrée de l'Inde – ses personnages n'ont pas de *Ramayana* dans leur bagage – ni ne célèbre le maintien de la pureté de la race puisque la seule union qui a lieu est un viol, celui de Ganga – prénom très symbolique – par M. Rivière, le colon. La dénonciation de l'endogamie cas-téiste dans *Blue Bay Palace*, le deuxième roman de cette auteure, prolonge cette écriture transgressive. Alors que rien ne semble pouvoir briser l'amour que porte Dev, directeur d'un bel hôtel, à sa belle standardiste, Maya, cette dernière apprend par une collègue que Dev s'est marié avec une

---

[166] Ibid. p. 132.

femme que lui a choisie sa mère. Maya réagit violemment face à ce diktat communautariste, et finit par assassiner la jeune épouse.

Cependant, Nathacha Appanah efface progressivement ses liens avec la communauté indo-mauricienne. Dans *La Noce d'Anna,* la narratrice, une Mauricienne expatriée en France, coupe les ponts avec une société qu'elle juge trop étriquée, comme s'il fallait un deuxième exil pour venir à bout de ce lien avec le pays des origines. Elle n'en garde que quelques symboles: le bracelet en or, l'idée de marier sa fille pieds nus et en sari rouge, l'art de préparer le thé. Dans son dernier roman, *Le Dernier Frère*, l'action se situe à nouveau à Maurice et le narrateur est indo-mauricien. Si les références à la communauté sont sans complaisance –le père est alcoolique, violent et pleutre face aux colons, à l'opposé de celle du héros indo-mauricien, fondateur de la *Chota Bharat* – elles sont suffisamment rares et discrètes pour ne pas réellement attirer l'attention du lecteur qui ne connaît pas le contexte mauricien. Nathacha Appanah semble donc prendre ses distances avec ce sujet, pourtant toujours d'actualité, comme le souligne l'œuvre d'Ananda Devi.

Cette dernière consacre six romans à la dénonciation de cet attachement néfaste à des traditions et des mentalités qui se veulent ancestrales. Seul *Indian Tango* se situe dans le pays des origines. L'Inde contemporaine y est vue par le double regard d'une Indienne et d'une Indo-Mauricienne. La narratrice indo-mauricienne ne se réjouit pas de ce voyage, qui évoque les *Roots travels* organisés entre Maurice et l'Inde. Il y a bien des points communs entre la *Mata Bharat* et la *Chota Bharat*, mais ils n'ont rien d'exaltant. Il s'agit des conflits communautaristes, de l'organisation patriarcale de la société et des inégalités sociales. Les mêmes luttes sont à mener dans le respect de l'être humain, la femme y est également la principale victime et celle qui doit donc transgresser, comme le fait Subhadra, la femme indienne.

Ancrés dans la communauté indomauricienne contemporaine, les cinq autres romans de ce cycle indo-mauricien, s'inscrivent à rebours de l'indianisation qui y est synonyme de traditions opprimantes et sclérosantes. Nous n'évoquerons que quelques-unes des formes que prend cette dénonciation. Tout d'abord, comme Nathacha Appanah, Ananda Devi désacralise la figure de l'ancêtre par la peinture des pères que leur obsession du respect des traditions déshumanise. Dans *Moi l'Interdite*, la dénonciation passe par la métaphore de la tache. La narratrice décrit son père quand il mange: « un peu de jus épais du curry s'est échappé du coin de ses lèvres et a taché ses vêtements[167] ». Véronique Bragard affirme ainsi que: « his blind superstitious attachment to Mother India is imbued with a sens of stain, the epitome of his excess of belonging, his refusal to let go[168]. » Cet attachement excessif transforme les pères en véritables bourreaux. Dans *Le voile de Draupadi*, le grand-père d'Anjali fait porter le poids de sa propre traversée du *kala pani* à son fils. Dans *L'Arbre fouet*, un père veut tuer sa fille parce qu'elle a souillé la famille en ayant une relation sexuelle avec un homme d'une caste inférieure, le deuxième martyrise la sienne sous prétexte que son thème astral annonce qu'elle commettra un parricide. De même, le village, qui symbolise la réussite de la communauté dans l'historiographie indo-mauricienne, est « often portrayed in Devi's work as a fatal place ruled by fanaticism[169] », dans lequel on enferme les femmes dans des poulaillers ou des fours à chaux.

Ananda Devi dénonce également les superstitions qui rendent responsable le karma d'une mère de la maladie de son enfant, qui associent une malformation – un bec de lièvre – à une malédiction, « la mauvaise étoile de Shyani avait marqué nos fronts de son fer noir[170] ». Le narrateur du *Sari vert* parle « d'un atavisme résistant à tout, aux siècles et aux changements sociaux, issu de notre passé, de nos obsessions, de nos dieux[171] ». Il en est lui-même victime. Alors qu'il croyait s'être

---

[167] Ananda Devi, *Moi, l'interdite*, Paris, Dapper, 2000, p. 16.

[168] Véronique Bragard, *Transoceanic dialogues*, Bruxelles, P.I.E Peter Lang, 2008, p. 191. « Son attachement aveugle et superstitieux à la Mère Inde est intimement lié à la notion de tache, quintessence de son sentiment d'appartenance excessif, de son refus de rompre les liens. »

[169] Véronique Bragard, *Transoceanic dialogues, op. cit.*, p. « souvent décrit dans l'œuvre de Devi comme un endroit fatal, dirigé par le fanatisme. »

[170] Ananda Devi, *Moi, l'interdite*, Paris, Dapper, 2000, p. 80.

[171] Ananda Devi, *Le Sari vert*, Paris, Gallimard, 2009, p. 105.

débarrassé de ces superstitions et de ces traditions arriérées, son mariage réactive cet attachement ancestral:

Chaque homme doit être maître dans sa famille et si la famille ne comprend pas ça il faut le lui apprendre. Cette sagesse -là est connue depuis des millénaires mais ce n'est que maintenant que les femmes se réveillent et se disent qu'il n'y a pas de raison. Et pourtant si, mes belles, il y a une raison, c'est que nous en savons plus que vous[172].

Il tuera sa femme, châtiment pour lui lié au karma de sa victime:

Qu'avait-elle bien pu faire dans cette autre vie, quels crimes avait-elle bien pu commettre pour mériter cela ? J'ai regardé son corps détruit, incendié bien avant l'heure du bûcher qui nous attend tous, et, je lui ai dit, sans regret : tu étais coupable. C'était elle qui m'avait enchaî-né à son karma et m'avait attiré dans cette spirale de violence et de douleur. Je n'étais que l'instrument du châtiment[173].

Ce dernier roman du cycle n'est pas optimiste: les transgressions, toujours féminines, n'aboutissent pas à un véritable changement.

Si Ananda Devi, Shenaz Patel et Nathacha Appanah, dénoncent fermement cet attachement aveugle à tout ce qui peut rappeler le pays des origines, elles ne font pas pour autant table rase de sa culture, qu'elles transmettent à leur tour par-delà les frontières de la communauté, comme, par exemple, le *mehendi* du *Portrait Chamarel*, l'*aleep* qui accompagne la narratrice d'*Indian Tango* et l'histoire de Ganesh que se raconte l'engagé en fuite dans *Les Rochers de Poudre d'Or*.

---

[172] Ananda Devi, *Le Sari vert*, *op. cit.*, p. 135.
[173] Ananda Devi, *Le Sari vert*, *op. cit.*, p. 154.

Comme l'affirme Anouck Carsignol, la notion de diaspora indienne est plus performative que descriptive. Elle est utilisée par ceux qui veulent construire le sentiment d'apparte-nance à une communauté transnationale rattachée à la terre d'origine. Cependant, certains s'inscrivent à rebours de cette conscience diasporique, en dénoncent la violence et la construction artificielle qui masque l'inévitable créolisation de telles sociétés et l'enrichissement que cela. La littérature donne à voir cette souffrance de l'intérieur et invite à la transgresser violemment et en profondeur, par un tango indien ou un portrait chamarel.

Cecile Jest

CHAPITRE XXII

LA FEMME FACE AU PATRIARCAT CHEZ ARUNDHATI ROY

Dans le best-seller d'Arundhati Roy, *Le Dieu des petits riens* (1997), l'identité d'Ammu, personnage principal, est le résultat de l'histoire idéologique indienne. Sa subjectivité est marginalisée par la culture dominante et le système patriarcal. Ammu est une symbiose d'étrangeté et de peur puisqu'elle incarne un personnage entouré de mystère et désorienté qui nous incite à la pitié. Sa transgression qui est spécifiquement sexuelle avec un intouchable, Velutha, est également révélée en termes de résistance, de mépris et de rejet de la culture morale ambiante. Son comportement dépeint le conflit de l'expérience occidentale de l'amour face au système indien de castes, notamment lorsqu'elle rejette les règles de sa caste: « *les lois qui fixent qui doit être aimé et comment... et combien* » (Roy, 32-33).

L'écrivaine refuse tout simplement la soumission sociale et religieuse des femmes, tout particulièrement l'identité féminine considérée comme secondaire dans la société patriarcale hindoue qui régule la sexualité des femmes. Dans son roman, elle affirme que les femmes, comme Ammu, tombent constamment dans la mystique de l'idéal féminin et perpétuent des rôles sociaux traditionnels et stéréotypés qui ne leur apportent que bien peu de satisfactions. Une telle écriture décrit un changement qui conteste ce conformisme et lance un appel à l'expression de soi en dehors de toute contrainte. (Roy, 44)

La libre pensée engendrée par la littérature peut être suffisament dangereuse pour que certains puritains réclament un contrôle rigoureux. Mais le rôle des romans n'est-il pas de nous aider à comprendre la mise en place des constructions culturelles, ce que c'est d'être homme, femme, Indien, étranger, d'appartenir à une caste particulière et à une religion ?

S'il y a une caractéristique qui pourrait être considérée comme dominante dans la littérature postcoloniale, c'est certainement la rencontre de deux cultures différentes. Pourtant, les écrivaines comme Roy cherchent probablement à détruire cette différence forgée par l'histoire mais nourrie de préjugés et de stéréotypes. Elle se débat aussi avec un sujet stimulant mais difficile à cerner, celui de l'identité nationale, culturelle et individuelle perçue dans le contexte des interactions culturelles. Son roman explore comment les relations entre hommes et femmes sont transformées. Ses écrits reflètent donc une certaine liberté d'expression, détruisant ainsi l'image traditionnelle des femmes et ignorant les frontières dressées par le système patriarcal. Il est d'ailleurs inévitable que la production littéraire qui porte sur l'expérience coloniale et postcoloniale d'une société donnée consiste certes à modeler un récit national qui met en valeur l'identité indienne, mais qu'il s'occupe aussi des problèmes générés par les modes de vie individuels et internationaux, ce que dévoile *Le Dieu des petits riens*.

L'une des conséquences de l'occidentalisation et de la mondialisation est une augmentation de la production littéraire en langue anglaise de la part de femmes vivant en dehors de l'Inde, particulièrement en Grande-Bretagne et aux États-Unis. L'Inde est le troisième pays, après les États-Unis et la Grande-Bretagne pour sa production de livres publiés en anglais. Cependant, les écrivains Indiens, femmes et hommes, dont la langue d'expression est l'anglais, sont très critiqués chez eux. Leur attachement à leur terre natale est considéré comme suspect parce qu'ils n'utilisent pas la langue nationale ou régionale. Écrire dans une langue occidentale, donc étrangère, est considéré comme un écart par rapport à la norme. Si les romancières indiennes écrivent au sujet de leurs expériences dans une langue étrangère et développent un cadre culturel tout à fait différent de leur milieu d'origine, cela signifie probablement que l'anglais représente non seulement la culture judéo-chrétienne et occidentale mais aussi une certaine conception de la liberté portée par la création littéraire.

En fait, pour Roy, l'écriture est une façon de révéler les sentiments de souffrance, de solitude, de frustration, de peur, d'aliénation ainsi que les espoirs et les rêves des femmes. C'est une activité solitaire, parfois sous-estimée et clandestine, car les normes patriarcales fixent les règles de conduite, de pensée, et donc de vérité absolue. L'écriture est ainsi cernée de contraintes socioculturelles et politiques très lourdes. Étant donné que l'écriture reflète une revendication, elle comprend une responsabilité sociale. Pourtant, une telle quête de vérité conduira inévitablement les femmes à un combat contre les fondamentalistes qui les obligent à vivre selon les principes de l'idéologie religieuse dont l'intolérance envers les «autres» a abouti à la violence et au meurtre pour « justifier » en tant que commandement de Dieu, l'effort pour mettre l'«autre» sur le «droit» chemin. Ainsi, les deux transgresseurs, Ammu et Velutha, sont isolés et sévèrement punis. La religion a une réponse pour chaque question étant donné que la vérité a été révélée une fois pour toute, disent certains, dans le livre sacré, *Les Vedas*. Le poids de la responsabilité morale ou de la «liberté» de choisir, c'est à dire d'enfreindre les lois, repose sur les épaules des femmes. Roy a cherché à dépeindre ces affrontements. Dans *Le Dieu des petits riens,* l'intégrisme de caste et de religion est symbolisé par l'assassinat du Paravan Velutha, battu à mort par la police. (Roy, 310-311)

Dans le cas de Roy, des extrémistes et politiciens hindous ont dénigré son œuvre et déclaré qu'elle est inaccessible au public indien. Mais Roy, fougueuse militante des droits des femmes, ne se décourage pas et la large diffusion de son premier roman prouve une fois encore que les femmes en général et les indiennes en particulier, osent défier les contraintes socioculturelles imposées depuis des lustres par une autorité aveugle qui perpétue l'injustice, la soumission et l'oppression des femmes. Certains disent que la production de l'écriture féminine/féministe est assez pauvre voire obscène. En fait ils ignorent tout le débat postmoderne sur la déconstruction de la frontière entre la haute culture et la culture de masse.

Cette hostilité n'est pas uniquement due à un rejet hostile à l'identité féminine, mais aussi à leur rôle actif, à travers l'écriture, en faveur de la reconstruction féministe d' «*une littérature qui leur est propre* » (Showalter, 7) et leur engagement dans la bataille contre une légitimité des récits qui serait étroitement définie par des critères socioreligieux et politiques dominants. *Le Dieu des petits riens* fait voler en éclats les tabous ancestraux hindous sur le corps féminin en faisant sauter le mur d'un puritanisme hindou castéiste et d'un ordre moral désuet. Certes, les écrivaines indiennes ont créé un espace spécifique et fondamental pour elles-mêmes dans le monde littéraire, franchissant de nouvelles barrières, défiant les mœurs de la société traditionnelle, ce qui pourrait expliquer, outre leur succès, le fait que le Booker Prize fut octroyé à Arundhati Roy comme un encouragement en faveur de sa lutte contre les courants patriarcaux dominants au sein de la société.

Fewza Bedjaoui

Bibliographie

Roy, Arundhati, *The God of Small Things*, IndiaInk, New Delhi, 1997.

Showalter, Elaine, *A Literature of Their Own, Vigaro,* London, 1977.

CHAPITRE XXIII

DRAUPATI REPOND AU *MAHABHARATA* DANS *YAJNASANI* DE PRATIBHA RAY

Histoire et culture font partie intégrante du tissu social et donnent à chacun son identité et son espace propre. Ce dernier est dominé par le patriarcat qui relègue les femmes dans un espace très marginal et subjectif. La grande épopée indienne du *Mahabharata* a insisté sur la passivité des femmes, réifiées, regardées, soumises au *Dharma* et à l'intérêt des hommes. Nous allons comparer Draupati, la princesse de l'épopée, une beauté dominée par son père et ses époux (tous par ailleurs polygames), et Yajnasani (l'autre nom de Draupati), héroïne du roman de Pratibha Ray sorti en 1995.

Nous commencerons par préciser une série de notions essentielles comme le *Dharma*, but de l'existence selon Krishna, une des figures patriarcales de l'épopée, et conséquence du bien en soi. Joseph Dowd estime que le seul but de la moralité que porte ce concept est de produire des conséquences heureuses. (36) Les lois et les actions ne coïncident pas toujours dans le récit car Krishna privilégie les conséquences utilitaires du *Dharma* qui tendent au meilleur bien possible. Les actions justes ne correspondent donc pas toujours aux règles.

En outre existe un *Dharma* lié au rôle des femmes, le *Stridharma*, qui suit les lois de Manu en leur accordant un rôle limité à leur condition d'épouse au foyer. Ces lois suggèrent que l'homme est un dieu pour sa femme, ce qui crée un lien à la fois profond et hiérarchique. L'épouse doit suivre et soutenir son mari jusque dans ses péchés et toujours être sous l'autorité d'un homme.

Draupati est l'objet d'un concours de tir à l'arc. Exposée devant les compétiteurs, elle est aussi un don échangé entre des familles puissantes : son père cherche l'alliance des Pandava afin de venger une insulte proférée par leurs rivaux dans la lutte pour le pouvoir. Elle devient l'épouse des cinq frères Pandava dont la mère a précisé qu'ils devaient partager leurs prises et leur butin. Elle rentre donc dans des stratégies de domination et d'hégémonie, un terme très machiavélien comme l'explique

Giovanni Arrighi (28) et dont le but, selon Robert Cox, est de créer un consensus afin de réduire au minimum l'utilisation de la force au profit d'un groupe particulier. (164) Ce jeu est dans le *Mahabharata* fixé par le patriarcat que domine la personnalité de Krishna et, plutôt que de voir les cinq frères se disputer ce prix que leurs yeux dévorent déjà, l'aîné, yudishthira, pour renforcer le clan, prend la décision du partage, ce qu'accepte avec joie Draupati, qui devient la servante dévouée de sa belle-mère et de ses maris et qui dort au bout de la natte nuptiale sous les dix pieds des cinq frères. La souplesse vis-à-vis des règles, parfois écartées au nom de l'utilitarisme et de la recherche d'un bien effectif, flexibilité qu'utilise Krishna et qu'explique Dowd, sert donc les stratégies de pouvoir et la recherche d'une hégémonie.

Or, selon Elaine Showalter, *Yajnaseni*, remet en cause l'image de la femme soumise de l'épopée. D'abord l'héroïne est une femme de haute culture comme l'admet l'un de ses époux, Arjun:

J'ai entendu dire que la princesse connaissait les écritures. Je croyais qu'une femme ne pouvait que les répéter par cœur mais je me rends compte que tu les as comprises en profondeur, tu n'es pas seulement savante, mais aussi pleine de sagesse et j'admets ma défaite en face de toi. (52)

En outre la soumission de la princesse au nom d'une hégémonie qui instrumentalise la raison suscite en elle colère et angoisse:

Mon esprit se révolte. N'ai-je rien à dire ? J'avais passé la guirlande nuptiale au cou de mon époux. Au regard de la loi et du Dharma il était mon unique mari... Pourquoi accepterai-je ses frères ? Cela ne va-t-il pas ruiner mon dharma ? L'idée est ridicule : une femme pour cinq hommes ! Pourquoi supporterai-je cette insulte sans un mot ? A l'encontre de la raison et du droit, devrai-je supporter les caprices et l'autorité de ces frères ? (56)

Elle refuse donc d'accepter les valeurs définies par les hommes:

Je voudrai devenir une flamme sacrificielle et détruire le monde et ces cinq frères. Que mon époux soit changé en cendres ne me désolerait pas, lui qui m'a livrée à d'autres par crainte de perdre son propre Dharma. Fût-il l'âme la plus vertueuse de l'univers, il ne sera jamais un mari convenable pour une femme qui réfléchit. (57)

L'héroïne du roman ne montre aucune joie. Elle comprend les causes politiques et culturelles de son asservissement, le jeu du patriarcat qui s'accorde ce qu'il refuse à d'autres. Kunti et ses fils préservent leur Dharma aux dépens du sien. Le roman s'engage dans un débat socio-politique mais en fin de compte Yajnaseni confirme le dogme hégémonique:

Les paroles d'une mère doivent être respectées. Les cinq frères seraient coupables s'ils violaient l'ordre donné par leur mère, et mon mari aussi. En réalité son péché serait plus grand. Dans ces circonstances pourrai-je fonder un foyer empli de joie avec lui ? Tout le monde me reprocherait de n'avoir pas honoré les paroles maternelles et celles de l'aîné. Mon mari me reprocherait de l'avoir dressé contre sa mère. Dans ces conditions, comment pourrai-je dire ouvertement ce que je pense ? (59)

Le récit de Ray montre le pouvoir de l'hégémonie qui fait son chemin dans la réflexion morale, mais Draupati n'est pas du tout passive, elle n'accepte pas sans débat son *Stidharma.* Elle est en outre scandalisée de dormir sous dix pieds et se moque de son *Dharma*:

Mon corps et ses cinq éléments devenus un coussin pour dix pieds, serait-ce mon Dharma en tant que femme !... Une femme qui dort auprès de plus d'un homme, quelle honte et quelle douleur! Qui d'autre que moi y consentirait: quelle honte de toucher les pieds de tous mes époux ensemble? (65)

La conversation nocturne entre Draupati et Kunti, qui désire apaiser sa belle-fille en lui révélant les secrets de son mariage et de la naissance de ses fils, n'atteint pas son but car Yajnaseni comprend que Kunti l'a placée dans la difficile situation où elle se trouve et qu'elle ne lui parle que pour devancer sa découverte de ces événements: sa belle-mère doit se sentir mal à l'aise d'avoir dû la mettre, dans une conspiration pour donner le pouvoir à ses fils contre les fils de Gandhari, sa belle-sœur, « *dans l'obligation d'accepter cinq époux.* » (66)

Avec des thèmes et une histoire en tous les points semblables à ceux de l'épopée, l'auteure se démarque du texte d'origine. Elle répond à la culture patriarcale et à la domination des hommes qui impose aux femmes de tout supporter passivement et en silence. Le récit devient subversif vis-à-vis du *Dharma* et de la morale instrumentalisés en faveur de l'oppresseur et il met en évidence les défauts de la culture patriarcale hindoue.

Shruti Das

Bibliographie

Arrighi, Giovanni: *The Long Twentieth Century,* Verso, Londres, 1994.

Cox, Robert: *Production, Power and World Order: Social Forces in the Making of History,* Columbia University Press, New York, 1987.

Dowd, Joseph: "Maximasing Dharma: Krsna's Consequentialism in the *Mahabharata*", *Praxis,* Spring 3.1., 2011.

Ray, Pratibha: *Yajnaseni,* Rupa, New Delhi, 1995.

Showalter, Elaine: *A Literature of their Own,* Princeton UP, Princeton, 1977.

CHAPITRE XXIV

LES ECRIVAINES REECRIVENT L'HISTOIRE DE L'AMERIQUE LATINE

L'histoire racontée par les femmes latino-américaines transgresse le discours officiel car leur point de vue a été depuis toujours ignoré par les historiens. La fiction historique se charge de restituer le témoignage des femmes, le côté humain, les gestes, les goûts et les trais particuliers des personnages, des aspects que l'histoire même ne peut pas faire passer. Ce genre a beaucoup de succès chez les écrivaines latino-américaines qui se sentent obligées de réviser l'histoire.

Au XVIe siècle Amarilís (Doña Gerónima de Garay y Muchuy,?-1623), sortait du thème religieux de son époque pour écrire l'*Epístola de Amarilis a Belardo,* apportant déjà de façon anonyme sa version de l'histoire de la conquête du Pérou. C'est un poème épique baroque, écrit à la première personne, en forme de chanson pétrarquiste de dix-huit strophes rimées de dix-huit vers chacune, et aussi un témoignage sur la société de l'époque. Cependant, il fut longtemps difficile de savoir qui se cachait derrière le nom d'Amarilís jusqu'à ce que le chercheur Carlos Milla Bartres ne trouve aux archives épiscopales de Lima des documents qui relient l'identité de l'auteure à la thématique et aux circonstances du poème. Quant à Belardo, le destinataire de l'épistola, il a toutes les caractéristiques du conquistador espagnol à la recherche d'honneurs et de fortune, deux choses indissociables de l'aventurier du XVIe siècle.

Mais c'est dans les couvents que l'écriture féminine se développe. La première écrivaine latino-américaine célèbre est Sor Juana Inés de la Cruz (1648-1695). Grâce à ses écrits nous avons une vision claire de la société du Mexique au XVIIe siècle. Dans son essai la *Respuesta* (Réponse) elle décrit de façon émouvante les difficultés et les injustices subies en tant que femme et le détour obligé par le couvent pour accéder à l'éducation et échapper en partie aux contraintes que la société patriarcale lui imposait. Dans cette œuvre, Sor Juana plaide pour le droit des femmes à l'éducation et se dresse contre le machisme ecclésiastique avant d'être jugée par un tribunal de l'Inquisition qui l'oblige à faire une auto-accusation dans le style de ce qui se pratiquait au XXe siècle dans les régimes totalitaires, et à abandonner les lettres pour s'adonner à la vie ascétique et aux pénitences. Certains de ses poèmes, comme *El Neptuno alegórico* (1690), écrit en honneur du Marquis de la Laguna, nous donnent aussi un aperçu des événements historiques marquants de la vice-royauté de la Nouvelle Espagne dont elle eut toujours la protection.

Néanmoins son combat est repris par les femmes écrivains du XIXe siècle qui développent le roman historique et accusent la brutalité de la conquête espagnole, l'esclavage des Noirs et des Indiens et la condition de la femme. Les péruviennes Clorinda Matto de Turner (1852-1909) et Mercedes Cabello (1842-1909), les argentines Juana Manso (1819-1875) et Juana Manuela Gorriti (1818-1892) et la colombienne Soledad Acosta de Samper (1833-1913) parmi d'autres, réclament l'accès pour la femme à l'éducation et aux métiers rémunérés clefs de son émancipation économique.

Sous l'influence française du romantique Chateaubriand et des féministes Madame de Staël et George Sand, Gertrudis Gómez de Avellaneda (1814-1873) ajoute au drame moral de la conquête des revendications sur la condition de la femme.[174] Dans *Guatemotzin* (1846) elle donne sa version de la conquête du Mexique où elle juge la brutalité et l'ambition démesurée d'Hernán Cortés et essaye de deviner le désarroi provoqué par la chute vertigineuse de l'empereur Moctezuma II. Elle présente de façon dramatique l'épopée du dernier prince aztèque Guatemotzin qui lutte jusqu'au bout contre les envahisseurs espagnols. Même si dans cette œuvre le rôle de la princesse aztèque Malintzin est secondaire, l'auteure sait montrer indirectement dans le récit toute son importance dans le cours des événements en tant que complice du conquérant espagnol, car c'est elle qui, amoureuse de Cortés et parlant le quiché des Mayas et le nahuatl des aztèques, facilite les échanges avec les espagnols et introduit ainsi Hernan Cortés au sein du puissant empire méso-américain.

---

[174] Luisa Ballesteros Rosas, *La femme écrivain dans la société latino-américaine*, Paris, Editions l'Harmattan, 1994.

Appartenant à la période anti-esclavagiste, Gertrudis Gómez dénonce, dans son roman *Sab,* l'esclavage des Noirs et des Indiens à Cuba et leur exploitation depuis la conquête. D'ailleurs, dans le protagoniste Sab, elle fait le portrait du poète noir Gabriel de la Concepción Valdés, dit Plácido, exécuté par le régime coloniale espagnol lors d'une conspiration contre l'esclavage. Par la même occasion, Gomez revendique la liberté des femmes tenant un discours fort contre le mariage dont les chaînes s'assimilent à celles de l'esclavage: « *Pauvres victimes aveugles! Comme les esclaves elles traînent leurs chaînes, la tête basse sous le poids des lois humaines.* »[175] C'est un sujet qu'elle développe d'avantage dans son roman *Dos mujeres*, où l'influence de Madame de Staël est plus évidente.

Les colombiennes Josefa Acevedo de Gómez (1803-1861) et Soledad Acosta de Samper (1833-1913) évoquent dans leurs œuvres l'histoire de leur pays et, tout en exaltant le courage des conquistadors et les héros de l'Indépendance, elles introduisent, dans leur discours conservateur en faveur du mariage, leurs idées libérales sur la condition de la femme. Elles réclament principalement l'accès des femmes à l'éducation et au monde du travail pour le bien de la famille. Mais, le discours de Josefa Acevedo, dans *Ensayo sobre los deberes de los casados* (1857), appartient en définitive au registre des idées défendues un peu plus tôt en France, en Grande Bretagne et aux Etats-Unis par des femmes écrivains dissidentes, comme Sara Stickney Ellis (1812-1872), auteure des best-sellers *The Women of England: Their Social Duties and Domestic Habits* (1839) et *The mothers of England: Their Influence and Responsibility* (1843) publiés à Londres; ou encore Phebe Lankester (1825-1900) avec son très populaire *Domestic Economy for Young Girls* (1875).

Apologiste de l'éducation de la femme, Soledad Acosta de Samper (1833-1913) se distingue par un désir fort de liberté acquis certainement à Paris où elle reçut une grande partie de son éducation. Mais ses traductions en espagnol de certains auteurs étrangers ont surement influencé ses travaux sur l'émancipation de la femme. Parmi eux, acquirent une large

[175] Gertrudis Gómez de Avellaneda, *Dos Mujeres*, *Obras Completas*, La Havane 1914, IV, pp.498 -538.

diffusion *A Woman's Thoughts about Women* (1858)[176] de la romancière anglaise Dinah Maria Mulock Craik (1826-1887), dont la version de Soledad Acosta fut publiée dans le premier tome de *La Mujer, Revista quincenal* (1878), avec une sélection de textes venu du *Travail des femmes au XIXe siècle* (1873)[177] du français Paul Leroy-Beaulieu (1843-1916), qui lui permirent d'introduire une certaine pédagogie en Colombie et des idées nouvelles sur l'éducation et la vie professionnelle des femmes[178]. De la même façon, elle diffuse les idées de Madame de Staël, George Sand et Flora Tristan, et affirme dans son essai *Aptitudes de la mujer para ejercer todas las profesiones* (1893) l'aptitude de la femme à exercer toutes les professions, des considérations qu'elle réunira dans son livre *La mujer en la sociedad moderna* (Paris, 1895), avec *Misión de la escritora en Hispanoamérica* déjà publié dans *Colombia Ilustrada* le 15 octobre 1889.

Réunis dans *La mujer en la sociedad moderna*, ses textes écrits pendant une vingtaine d'années (1870-1890) présentent surtout la femme comme un être capable d'exercer toutes les professions sans cesser pour autant d'être une bonne maîtresse de maison ni de s'occuper de sa famille et de participer comme il se doit aux rituels mondains. Tous ces ouvrages ont pour objet l'effort de Soledad Acosta pour propa-ger ses idées libérales sur la condition de la femme dans le contexte social conservateur de l'époque en insistant beaucoup sur sa formation en disant que: «*Toute femme a besoin d'un métier, en partie pour devenir indépendante, et avoir la liberté de ne pas se marier contre son gré.*»

Républicaine et libérale, Soledad Acosta est la première à faire une analyse sociologique de la Révolution française, la qualifiant d'événement « *très important de la période moderne,*

---

[176] Mulock Craik, Dinah, *Lo que piensa una mujer de las mujeres*, Imprenta de Silvestre y Compañía, 1878-1881.

[177] Leroy-Beaulieu, Paul, Le travail des femmes au 19e siècle (1873), Charpentier et Cire, Libraires-Editeurs, Paris, 1888. En español : *La educación de las hijas del pueblo, La Mujer, Revista quincenal*, Bogotá, 1878.

[178] Beatriz Eugenia Aguirre Gaviria, *Soledad Acosta de Samper y su papel en la traducción en Colombia en el siglo XIX*, Ikala, revista de lenguaje y cultura, Vol.9, n°15 (enero-diciembre 2004) pp.233-267.

une expérimentation ambitieuse mais désastreuse, qui a détruit la base de la culture, la morale et la stabilité du monde occidental.» L'amitié de son père avec le Marquis de Lafayette et sa femme a certainement influencé la position de Soledad Acosta sur le sujet. Elle décrit avec une certaine angoisse les efforts des Lafayette pour l'indépendance des Etats-Unis et leur frustration et souffrances d'être traités à leur retour en France comme des ennemis du peuple en tant qu'aristocrates et catholiques. Il est indéniable que l'auteure se montre par-là plus réformiste que révolutionnaire[179].

Parmi les personnages emblématiques de *La mujer en la sociedad moderna*, Soledad Acosta cite quatre femmes françaises comme modèles dotés de qualités originales. La marquise de Lescure est ainsi présentée avec ses traits de force morale pour servir d'exemple à toutes les femmes dans l'épreuve. Les têtes de chapitres du livre ont des connotations explicites, telles que « Bienhechoras de la sociedad », « Mujeres misioneras », « Mujeres moralizadoras », illustrées par des types des femmes qui ont acquis leur indépendance par leur travail. Les femmes écrivains comme Harriet Beecher Stowe figurent en bonne place sur une liste impressionnante de « Mujeres doctoras, políticas y artistas » toutes exemplaires.

Ainsi, *La mujer en la sociedad moderna* peut revendiquer le titre de première somme encyclopédique sur la femme écrivain. L'ouvrage cite bon nombre de personnalités espagnoles comme Concepción Arenal, la Baronne de Wilson, et Emilia Pardo Bazán; les Françaises sont nombreuses avec Madame de Staël, Susana Verdier, Louise Révoil Colet, Eugénie de Guérin, et George Sand sur qui Soledad Acosta émet quelques réserves à cause de sa vie privée provocante. Les Anglaises ne sont pas oubliées avec Frances Brown, Frances Gore, Frances Trollope, Elizabeth Barrett Browning, Amelia Alderson Opie, Ann Grant, et les inévitables sœurs Brontë, néanmoins critiquées pour leur

---

[179] Luisa Ballesteros Rosas, « Soledad Acosta de Samper y el papel de la mujer intelectual colombiana en la historia literaria y sociopolítica del sigo XIX », *Retomando la palabra : las pioneras del XIX en diálogo con la crítica contemporánea* (coord.Nelly Goswitz et Claire Martin, State University of Californie, Long Beach), Madrid, Editorial Iberoamericana Velvuert, 2013, pp. 289-304.

prose jugée un peu faible. Soledad Acosta souligne également l'importance d'auteures russes, comme Sofia Swetchine et Maria Zebricoff Krestovsky, parmi d'autres qui auraient conquis de nombreuses libertés. Enfin dans la phalange colombienne, Soledad inclut Agripina Samper de Ancizar et Bertilda Samper Acosta, respectivement sa propre fille et sa belle-sœur. Elle décrit avec fierté la réussite des nombreuses femmes écrivains d'Amérique latine qu'elle admire pour leur façon d'écrire sur les réalités de leurs pays, un thème qu'elle même développera dans son livre *Estudios históricos de la mujer en la civilización* (1877).

Un genre privilégié chez les auteurs pendant une bonne partie du XIXe siècle, comme moyen simple de diffusion des idées, fut la lettre. Soledad Acosta en fait bon usage. Dans sa revue *El Domingo de la Familia Cristiana* (1889-1890), elle publie une série de lettres à caractère didactique, comme « Cartas a una recién casada » et « Cartas a una madre », où elle mêle subtilement aux droits de la femme des conseils d'hygiène et de santé, dans une analyse assez réaliste des limites que représente pour la femme l'institution du mariage. L'œuvre épistolaire de Soledad Acosta de Samper est très importante et fait partie d'une pédagogie pour défendre ses idées. Elle soutient à la fois leur autonomie et le respect des normes. Pour cela, elle suit surtout la tradition initiée par son ainée Josefa Acevedo de Gómez.

Mais, l'attrait pour l'histoire amène Soledad Acosta de Samper à écrire l'histoire romancée de l'Amérique latine et en particulier celle de la Colombie, où elle exalte les prouesses des conquistadors, des pirates, et des héros de l'Indépendance, s'affirmant chaque fois plus dans le roman historique, genre très apprécié de ses lecteurs. Dans cette entreprise très vaste de vulgarisation de l'histoire de la Colombie, elle s'attache à décrire les us et coutumes des Espagnols dans leur pays natal, avant et après la Découverte de l'Amérique, à la façon de l'Espagnol Benito Pérez Galdós dans ses *Episodios Nacionales*.

Elle écrit d'abord *Gil Bayle*, une légende de l'Espagne de la fin du XIVe siècle, sur la nature du guerrier hispanique issu du système féodal, qu'elle publie dans *La Ley* (1876). Ce roman est suivi de *Los hidalgos de Zamora* (1873), publié en feuilleton dans *El Deber* (1878), et elle étudie l'homme péninsulaire du XVIe siècle avec ces qualités d'héroïsme, sa galanterie, et ses défauts, arrogance, orgueil et dureté jusqu'à la cruauté. Puis Soledad Acosta passe en revue les épisodes de la conquête de l'actuelle Colombie et laisse entrevoir son admiration pour l'audace de ces aventuriers espagnols qui ne reculaient devant rien pour atteindre leurs objectifs. Mais, elle ne se prend pas pour une historienne pour autant. Elle dit: « *N'étant pas très sûre d'avoir des facultés pour écrire vraiment l'histoire de la vie des conquistadors de ma patrie, j'ai tenté de tracer les cadres romancés de leur histoire en soulignant les prouesses de ces héros presque fabuleux...* »[180].

En 1878, elle lance le feuilleton historique de la Conquête avec la vie romanesque du capitaine *Alonso de Ojeda*, aventurier espagnol du XVIe siècle, explorateur de la côte atlantique colombienne. Ce texte, paru dans *La Mujer*, fut édité en livre en 1907 sous le titre *Un hidalgo conquistador*. Elle publie en 1905, dans *Lecturas para el hogar*, le quatrième roman de la série sous le titre *Aventuras de un español entre los indios de las Antillas*. Parmi ses inédits, il y a *Vasco Núñez de Balboa* et *El Tirano Aguirre*.

Elle avait un autre livre en projet, sur les voyages exceptionnels de Nicolas de Federmann à travers le Venezuela et les Llanos jusqu'à la plaine de Bogotá à la recherche d'El Dorado, où il trébucha sur l'expédition de Gonzalo Jiménez de Quesada arrivé le premier de Santa Marta, et celle de Sebastián de Benalcázar qui venait de Quito avec le même objectif. Sur cette même période, elle écrit des histoires courtes, comme « Francisco Martín », « La esposa del contador Urbina », « El ángel de doña Juana », « Bartolomé Sánchez », « La nariz de Melchor Vásquez », « La india de Juan Fernández » et « Una aparición en 1651 ».

L'époque coloniale est présentée dans son livre de chroniques historiques, *Los piratas de Cartagena* (1886). C'est peut-être l'œuvre la plus audacieuse de Soledad Acosta, avec un sujet qui était déjà celui de Juan de Castellanos, Cristóbal de

---

[180] Soledad Acosta de Samper, Introduction à *Los Piratas de Cartagena* (1886), Editorial Bedout, Bolsilibros, Medellin, 1972, p.15.

Llerena, Miramontes, Rodríguez Freyle, Sigüenza y Góngora, Oviedo y Herrera, poursuivi par Lord Byron, Walter Scott, Fenimore Cooper et José de Espronceda, avant que Soledad Acosta et ses contemporains Manuel Bilbao, Carlos Sáez Echeverría, Justo Sierra D'Oreilly, Vicente Riva Palacio et Coriolano Márquez Coronel ne s'intéressent à la période où des pirates français et les corsaires de Hawkins et Drake menaient leurs opérations de pillage sur le littoral américain.

Soledad Acosta fait, dans *Los piratas de Cartagena*, le récit romancé de l'histoire de la Colombie du XVIe au XVIIIe siècle, une histoire liée aux attaques des pirates, et elle traite d'abordages, de mises à sac, de prisonniers et des hautes figures qui ont joué un rôle de premier plan en ce temps. Les villes récemment fondées, Santa Marta et Cartagena, furent ruinées par les Français en 1544, avec Robert Baal. Ensuite, les envoyés de la reine Isabelle d'Angleterre, commandés par Hawkins, père et fils, saccagent Nombre de Dios et Río de Hacha, avant que Francis Drake ne s'empare de Santa Marta, Cartagena, Portobelo et Chagres. Au XVIIe siècle, les Hollandais seront actifs aussi sur les côtes de l'Atlantique tandis que l'importante piraterie anglaise de Morgan et Vernon aura pour base la Jamaïque.

Dans *Los Piratas de Cartagena* (1886), Soledad Acosta analyse en onze chapitres les ressorts romancés de l'histoire des flibustiers et boucaniers qui infestent les Caraïbes jusqu'à 1750 et les côtes de l'actuelle Colombie. Elle fait en particulier le récit des aventures de Guateral, personnage redoutable qui mit à sac Portobelo et ses alentours, et de François Lolois qui violenta les populations de l'isthme avant de tomber aux mains des Indiens du Darien. Soledad s'étend particulièrement sur John Morgan, un des flibustiers les plus audacieux du XVIIe siècle, qui sema la terreur jusqu'à Panama, aidé par Charles Henri Clerk, par ailleurs actif dans les eaux du Pacifique sur une frégate anglaise et qui fut exécuté plus tard au Pérou. Une des attaques de pirates la plus détaillée par Soledad Acosta est celle du Baron de Pointis, envoyé de la Cour de France, qui s'allia aux flibustiers des Caraïbes pour s'emparer de Cartagena.

Soledad Acosta s'intéresse aussi à d'autres périodes historiques de la Colombie. Elle présente un épisode romancé de la vie de José Antonio Galán, un chef de l'Insurrection des Comuneros (1870) dans un feuilleton qu'elle complétera plus tard avec le second tome de *Juan Francisco Berbeo* pour le publier dans *El Bien Público* de Bogota en 1887. Le succès de cette œuvre l'encourage à raconter l'Histoire de l'Indépendance dans trois de ses romans: *La juventud de Andrés*, *La familia de tío Andrés*, et *Una familia patriota*, publiés entre 1880 y 1885 dans les revues *La Mujer* (1878-1881) et *La Familia* (1884-1885) fondées et dirigées par elle-même.

Déjà publié en 1864 dans *El Mosaico*, sous le pseudonyme d'Andina, son roman *La monja* (*La nonne*) est inspiré de faits historiques qui suivent la Révolution de 1860, menée par Tomás Cipriano de Mosquera, en réaction au gouvernement conservateur de Mariano Ospina Rodríguez. Á travers le journal d'une jeune fille internée pour de raisons politiques dans un couvent, Soledad Acosta traite de la crise provoquée par les mesures anticléricales du gouvernement de Tomás Cipriano de Mosquera (1860-1863), qui persécuta les Catholiques et fit expulser des sœurs de leurs couvents. En outre son décret sur les cultes permit à Mosquera de contrôler les ordres religieux et les biens de mains mortes. Elle traite aussi d'événements historiques anecdotiques comme l'insurrection du Général José María Melo (1854) qu'elle assortit de réflexions sur la nature humaine.

Elle fait aussi le récit des événements politiques de son époque, notamment ceux que sa famille a vécus pendant la Guerre civile de 1876, quand le gouvernement confisqua ses biens et la mit en demeure d'abandonner sa maison dans les vingt-quatre heures tandis que son mari était retenu dans sa caserne. Dans la lettre adressée par Soledad Acosta à Santiago Pérez, « Ciudadano Presidente de la Unión »[181], elle rédige un véritable traité sur la liberté de la presse et la dignité humaine. Elle proteste contre l'incarcération de son mari et la confiscation des biens de sa famille avec une voix de femme

[181] Lettre citée par Santiago Samper Trainer dans « Soledad Acosta de Samper, El eco de un grito » en *Las mujeres en la historia de Colombia*, Ed. Magdala Velásquez Tomo I, Presidencia de la República y Norma, Bogotá, 1885, pp.132-155.

énergique et courageuse qui, en tant que citoyenne et journaliste, essaie de faire respecter ses droits.

Mais, la fiction historique, que ce soit en prose ou en poésie, ne s'arrête pas avec Soledad Acosta de Samper et ses contemporaines, pas plus que la lutte pour la condition des femmes qu'elles mènent en parallèle. Dans les premières décennies de XXe siècle, les femmes tout récemment promues aux métiers de l'enseignement sont aussi poètes, comme Gabriela Mistral (1889-1957), prix Nobel de Littérature 1945, et Alfonsina Storni (1892-1938) qui fait la transition entre le Modernisme et l'Avant-garde, mais les écrivaines du milieu aisé, comme Victoria Ocampo, Norah Lange et Silvina Bulrich trouvent, comme les poètes, le besoin d'écrire à la première personne car l'écriture est pour elles un moyen de libération et de témoignage. Entre poésie lyrique et mémoires ou autobiographies, elles s'intéressent aussi à l'histoire.

Dans le cas de l'argentine Victoria Ocampo, tout en écrivant sur elle-même, elle écrit sur l'histoire de l'Argentine, surtout sur les échanges avec le Vieux Continent. Dans *Testimonios*, son autobiographie en forme de chroniques, elle consigne les événements de son époque. Son rôle de premier plan fut déterminant dans la diffusion, à travers sa revue *Sur*, de la culture européenne en Amérique latine et des écrivains latino-américains en Europe. La revue *Sur*, fondée par Victoria Ocampo en 1931, est à l'origine de la collection *La croix du Sud* fondée par Roger Caillois dans la NRF. Sa ville, San Isidro, était une sorte de salon culturel et littéraire et de résidence d'accueil ouverte aux personnalités du monde entier, comme celles qui fuyaient la 2eme guerre mondiale et la guerre civile espagnole. Il était donc impossible à Victoria Ocampo d'échapper à la politique car le régime populiste de Juan Domingo Perón, en rapport étroit avec le fascisme, s'est attaqué au milieu cultivé de l'Argentine, à la presse libre, comme la revue *Sur,* et à des personnalités de premier plan telles que Victoria Ocampo et Jorge Luis Borges. Très influencée en tout point de vue par Virginia Woolf, elle est devenue aussi éditrice et ambassadrice des lettres latino-américaines.

D'autres femmes écrivains consignent les événements historiques de l'Amérique latine du XXe siècle dans leurs romans, comme la brésilienne Nélida Piñón, les mexicaines Rosario Castellanos, Elena Garro et Elena Poniatowska, qui vient d'obtenir le Prix Cervantes, les colombiennes Elisa Mujica, Alba Lucía Angel et Flor Romero, les dominicaines Aida Cartagena et Julia Alvarez, les auteures dissidentes de la guerre froide comme l'uruguayenne Cristina Peri Rossi, la chilienne Isabel Allende, les argentines Marta Traba et Luisa Valenzuela, ainsi que la nicaraguayenne Gioconda Belli, qui dénoncent toutes la répression et la censure des régimes militaires autoritaires.

Alors qu'à Cuba les intellectuels restent dans un silence relatif et gardent le profil bas, la poétesse, romancière et scénariste de cinéma Zoé Valdés (1959) prend ses distances avec le régime cubain après s'être un temps affichée comme fille dévouée de la Révolution. Elle dirigeait entre 1990 et 1995 l'ICAIC (Institut Cubain d'Art et d'Industrie cinématographiques), fut en relation avec la presse étrangère et écrivit les romans *Sangre azul* (1993) et *La hija del Embajador* (1995) et plusieurs recueils de poésie.

La nada cotidiana (1995), premier roman critique à l'égard du régime castriste d'un auteur vivant encore à Cuba, lui attire aussitôt les foudres du régime qui décrète Zoe Valdés « persona non grata ». Elle s'installe à Paris où elle avait déjà fait un séjour (1984-1988) et publie peu à peu la traduction de toute sa création littéraire, reçoit de nombreux prix littéraires, est faite Chevalier des Arts et des Lettres (1999) puis reçoit des mains de Bertrand Delanoë la Grande Médaille Vermeil de la Ville de Paris (2012).

Dans *La nada cotidiana*, elle dénonce l'enfermement communiste, la faillite économique du régime, les privations de liberté et le désespoir des Cubains dépouillés de leur rêve d'égalité, de fraternité et surtout de liberté. En effet, l'harmonie sociale et politique, prêchée à satiété par les révolutionnaires se révèle être une utopie de plus dans un pays qui aspire à la démocratie.

La publication de *La douleur du dollar* (1997) la rend célèbre. Le style est à la fois cru et tendre, le propos violent et sensuel, avec La Havane comme toile de fond décrépie où une femme amoureuse tente de survivre en pleine période de pénurie alimentaire. Son écriture érotique dégage, malgré les désagréments de l'exil, une joie de vivre qui lui permet de dénoncer les exactions du régime dictatorial de Fidel Castro, aggravées par l'embargo implacable des Etats-Unis. Dans *Le paradis du néant* (2011), la protagoniste Yocandra s'échappe d'une île qui devait construire un paradis et qui devient un enfer. C'est le triste constat de l'exilée Zoe Valdés, prise entre ses convictions et sa nostalgie d'une île où elle a laissé une partie d'elle-même. Son œuvre constitue un témoignage intéressant, une sorte de clef pour comprendre les réalités d'une insularité incompréhensible pour la plupart des européens.

La romancière Rosario Hiriart montre aussi la famille et la société cubaines avant et après la Révolution Castriste. Née au temps de la République, Rosario Hiriart reste à Cuba après la prise du pouvoir par les « barbudos », alors que ses parents et d'autres membres de sa famille arrivent à sortir du pays. Son roman *El patio de mi casa* a comme sous-titre *« Nosotras que nos quisimos tanto »* qui est la variante d'une chanson populaire, un boléro qui symbolise la musique cubaine qui est la véritable protagoniste du roman. Elle essaie d'en reproduire les sons, les mots et les rythmes dans son livre *Malpartida,* composé de pièces lyriques accompagnées de couplets de chansons. La chanson « *Nosotros* » est changée au féminin, *« Nosotras* », par allusion aux cinq sœurs qui avaient l'habitude de chanter dans la cour de leur maison, comme si elles se trouvaient à l'opéra. Mais, cette chanson évoque surtout leur séparation: « *nous* (les sœurs) *devons-nous séparer, ne me pose plus de questions...* ». L'histoire de la famille suit normalement son cours jusqu'à ce que la sœur aînée, Amalia, se marie à un officiel de haut rang du régime castriste et s'installe dans une des maisons confisquées.Tout va bientôt basculer dans le drame lorsqu'en décrochant le téléphone la nouvelle tombe: une des sœurs, « *Beatriz est arrêtée* » (p.154). La plus gaie, celle qui jouait de la guitare et chantait mieux que les autres.

En fait, la trame du roman suit de près les tribulations réelles de la famille Hiriart, que Rosario dit être l'histoire de tous les Cubains, car depuis le triomphe de la Révolution, le mot « prison » est de plus en plus prononcé dans toutes les sphères de la société cubaine. Dans la réalité, les cinq sœurs avaient un frère emprisonné au début de la Révolution, qu'elles purent retrouver et faire sortir, à prix d'argent, d'abord de prison puis du pays. Rosario Hiriart décrit la ville de La Havane comme une femme sensuelle (p.38) maltraitée par les hommes (p.74). Des citations littéraires, musicales ou venues de diverses légendes sont nombreuses dans ses œuvres. Mais, dans *Albahaca*, Rosario Hiriart consacre un espace à son amie Martha Frayle, « *et à ces innombrables prisonnières politiques de la Nouvelle aube et à toutes les femmes des prisons de la Cuba communiste* ». L'auteure n'hésite pas à dénoncer les humiliations des officiers, les tortures infligées aux prisonnières vues comme des êtres inférieurs, ou des ennemis prétendus de l'Etat. Les prisonniers suffoquent dans la chaleur des cellules étroites. Privés d'eau, ils doivent partager leurs cellules avec les rats, les souris, les abeilles, les mouches, les fourmis et les immondices (p.167) dans l'odeur nauséabonde des latrines.

Le machisme est aussi pointé du doigt car il fait partie du régime et de chaque famille. Il se reproduit naturellement. Elle dédit à sa mère *Forzadas al silencio* (Forcées au silence) cet ultime mémorial des années de terreur: « *à Maria Teresa, ma mère, très vite anéantie par la détention et l'exil de mon frère. Et à tous ceux qui soufrent persécution et prison dans la Cuba communiste* » (p.3).

La journaliste, poètesse et romancière cubaine María Elena Cruz Varela (1953) témoigne aussi de la cruauté du régime castriste et du climat d'oppression qu'elle ose dénoncer dans son propre pays à la tête du groupe dissident cubain *Criterio Alternativo*. Elle rédigea la *Declaración de los Intelectuales cubanos,* qui a circulé à l'intérieur et à l'extérieur de Cuba. Ses protestations publiques lui valurent d'être arrêtée et condamnée par la dictature de Castro à deux ans de prison pour avoir publié avec un groupe d'intellectuels le manifeste *La carta de los diez* pour exiger des réformes, un débat national et des élections libres. Mais, des organismes internationaux ont réussi à la faire libérer au bout de quelques mois. Tout ce mécontentement et ces dénonciations font partie du recueil *El Angel agotado* (1992) qui révèle l'angoisse et l'obscurité de cette période. Cependant, ce livre contient des codes difficiles à interpréter, mais l'ange, c'est sûr, crie au secours. Il raconte un exil intérieur, plus pesant peut-être que celui de l'exil territorial, car il est à la fois psychologique et émotionnel. C'est une pérégrination à travers le temps et le langage. Dans le poème « El hondero », la poètesse lance sans répits des pierres: « *je continue à lancer des pierres /Je suis fatiguée mais je poursuis.*» (p.36). Cette métaphore exprime son désarroi. Dans le poème « El muro », l'auteure évoque une barrière infranchissable.

Dans le Sud de l'Amérique, les choses ne se passent pas mieux. L'Argentine Luisa Valenzuela (Buenos Aires 1938) expose en détail, dans une vingtaine de livres, les événements dramatiques de son époque et tente d'en expliquer les causes dans ses essais, *Peligrosas palabras*, *Escritura y secreto* et *Los deseos oscuros y los otros,* et dans ses récits réunis dans *Cuentos completos y uno más* (1999) qu'elle réunit dans l'anthologie *El placer rebelde* (2002).

Ses romans témoignent de la persistance de ses exigences en tant qu'auteure engagée contre la dictature militaire mais aussi de l'histoire troublée de son pays dans les périodes antérieures. Dans *La máscara sarda, el profundo secreto de Perón* (Seix Barral, Buenos Aires, 2012), l'auteure explore avec ironie les interrogations suscitées par le mythe du Général Juan Domingo Perón et développe une thématique grave et sensible dans un climat lourd d'obscurité, de secret, et de silence. La personnalité du dictateur populiste est mise en évidence par son apparence théâtrale et son goût du costume militaire qui le rapprochent d'Hitler et Mussolini.

Depuis son premier roman *Hay que sonreír* (1966) et sa compilation de contes, *Los heréticos* (1967), les récits de Luisa Valenzuela tournent autour de l'histoire de l'Argentine avec la répression, les défilés militaires et la torture. Dans les récits de *Cambio de armas* et son roman *Realidad nacional desde la cama* (1990), les femmes parlent depuis leur lit, dans un état de demi-conscience, de paralysie physique et mentale, d'aveuglement et de dépendance, comme dans une sorte de prison. Leur esprit et leur corps sont mutilés par des multiples guerres qui visent volontiers leur sexe pour les conduire à l'hébétude et à la folie. À travers les portes et les fenêtres entrouvertes le soleil diffuse une lumière sépulcrale. L'assimilation de l'Amérique latine déliquescente au corps féminin supplicié exprime métaphoriquement l'oppression, l'exclusion et la manipulation qui brise les volontés et détruit toute capacité de vivre:

Moralement, je ne peux pas bouger. Je n'ai pas de volonté. J'ai perdu la volonté. Je voudrais me lever et je ne peux pas. Je laisse ma domestique me donner des ordres, je laisse les militaires, qui n'ont rien à voir avec moi, me marcher sur la tête. J'ai presque envie de m'en aller et je ne peux pas. [182].

Dans la première partie du récit « El lugar de su quietud », de la collection *Aquí pasan cosas raras* (1975), Luisa Valenzuela introduit à la première personne la confession d'une voix de femme qui se fait passer pour celle d'un homme: « je *ne peux pas être sûr* »... « *On peut encore se réunir avec les amis au café* » (p.117) et « *ces choses ne doivent pas nous inquiéter, nous, hommes de quatre murs...* » (p.120).

Le travestissement verbal de la narratrice exprime la peur panique due à la sensation d'insécurité physique et psychologique expérimentée par les habitants de Buenos Aires soumis à une menace diffuse et permanente. Le récit fait référence à « *la quiétude d'un lieu* » qui n'est autre que celui de l'écriture comme moyen de résistance face au bruit des sirènes et des coups de feu, aux patrouilles et perquisitions faites par la police par ailleurs capable de « *survoler les toits des maisons* » pour surveiller « *ce qui se fait dans la vie privée des gens* ». Mais c'est aussi une façon de nier l'évidence, de nommer les faits selon un code qui les inverse: la narratrice affirme par exemple que « *Notre vie est tranquille* » (p.120) alors que c'est tout à fait le contraire. Cependant, la voix narrative parvient à vaincre sa peur et à transgresser ces règles de prudence pour se jouer des consignes officielles adressées aux « *bons* » citoyens qui n'ont rien à craindre[183].

Dans « El lugar de su quietud », l'obscurité et la cachette représentent évidemment le masque de la parole féminine

---

[182] Luisa Valenzuela, *Realidad nacional desde la cama*, Grupo Editor Latinoamericano, Buenos Aires, 1990, p.90.

[183] Carolina Rocha, « Violencia de Estado y literatura argentina » (1973-2003), *Amnis* 3, 2003, pp. 193-211.

marginalisée par le discours hégémonique d'exclusion machiste. La clandestinité de l'écriture est une transgression forcée mais nécessaire car écrire est impensable dans les espaces publics ou privés soumis aux contrôles et à la censure des forces de sécurité.

La narratrice confie à propos de ces écrits clandestins: *« il se peut qu'ils servent même de témoignage »* (p.122), mais elle n'en est pas certaine. Le codage employé pour tromper la censure perturbe même les lecteurs qui tentent de trouver la vérité dans ces textes caractéristiques des années soixante-dix dont la variété de tons et l'humour donnent l'impression qu'ils ne sont pas dénonciateurs. La narratrice allège les situations, comme la mort, toujours présente : « *Notre vie est tranquille* » (p.120) ou « *De temps en temps un ami disparaît, oui, ou des voisins se font tuer ou un camarade de clase de nos enfants ou même nos propres enfants tombent dans un trou à rats, mais la situation n'est pas si apocalyptique qu'elle paraît.*» (p.120). Ce ton anecdotique du récit de « El lugar de su quietud » est suivi de faits qui montrent l'insécurité et l'impuissance des citoyens de Buenos Aires, des faits graves minimisés par le discours officiel. La narratrice se révolte contre la censure et la répression. Elle choisit d'écrire pour témoigner des exactions commises en toute impunité par le régime. Sous un ton anodin l'écriture va très loin: la narratrice risque sa vie pour sauver celle des autres.

En effet, l'écriture est le moyen achevé de toute résistance intérieure pour Luisa Valenzuela qui poursuit sans relâche ce combat depuis ses premiers contes où elle dit dans la préface: *« J'ai su alors que la seule façon de récupérer ma réalité, dans le peu d'espace qu'on nous accorde, c'était en écrivant »* (p.5).

C'est aussi le point de vue de sa compatriote Liliana Heker (Buenos Aires, 1943) qui explique à propos de son roman *El fin de la historia* (1996): *« Je sais que pour moi, l'écriture de celui-ci a été une façon de m'accrocher à la mémoire, même si elle est inconfortable et intolérable. Un moyen de me reconstruire. »*[184] Inspiré du *Groupe*, de Mary McCarthy, *El fin*

[184] Liliana Heker en *Clarín*, « Cultura y Nación », Buenos Aires, 8 de agosto de 1996.

de la historia est basé sur l'histoire d'une militante de la guérilla des années 70, témoin des méthodes de la répression et des recherches de renseignements sur le terrain, quand la violence atteignait en Argentine un niveau invraisemblable. L'auteure dit: « *Puisque nous sommes devant la politique officielle de mort, devant le crime et la torture une seule réponse est possible: l'opposition absolue sans concessions.* »[185]

Aujourd'hui, bon nombre de femmes écrivains à succès, comme la colombienne Laura Restrepo, les mexicaines Cristina Rivera Garza, Carmen Boullosa, Laura Esquivel et Angeles Mastretta, les argentines Maria Rosa Lojo, Luisa Valenzuela, Marta Mercader, et la cubaine Nancy Morejón emploient des mécanismes d'écriture innovants pour réécrire l'histoire en donnant la parole aux femmes pour rechercher leurs racines culturelles en vue d'affirmer l'identité latino-américaine et de récupérer et transmettre la mémoire.

Luisa Ballesteros Rosas

[185] Ibid.

CHAPITRE XXV

CHIMAMANDA NGOZI ADICHIE: UN TOURNANT LITTERAIRE DANS LA GUERRE DU BIAFRA

En 1966, la volonté de l'un des états de la république fédérale du Nigéria de faire sécession a jeté le pays dans un des conflits les plus meurtriers de l'histoire. Cette guerre, communément appelée « guerre du Biafra », fit des milliers de victimes. Elle débuta en juillet 1967 et prit fin en janvier 1970.

Beaucoup de récits littéraires de la guerre ont été publiés dans les années qui suivirent par des écrivains hommes tels qu' Elechi Amadi *Sunset in Biafra* (1973) et C. Ike *Sunset at Dawn* (1976). Les femmes ne furent pas en reste: B. Emecheta publia *Destination Biafra* en 1982 et Flora Nwapa *Wives of War* et *Never Again* en 1975. Presque 40 ans après la fin du conflit, le thème de la guerre du Biafra refait surface dans les publications de Chimamanda N. Adichie, une jeune femme d'origine Nigériane. Ce sujet domine tous ses écrits et suscite mon intérêt par son positionnement inattendu face à ce thème. Cette auteure a choisi d'écrire sur ce sujet sensible qu'est le conflit sans faux fuyants. Elle en aborde non seulement les causes à tous les niveaux: gouvernement fédéral, instances internationales, stratégies impérialistes, jeu de l'ex-colonisateur (la Grande-Bretagne), nouvelles autorités Biafraises, etc ... mais, à contre-courant des romans de guerre et des débats politiques, elle se penche également sur l'impact de la guerre sur la vie intime et quotidienne des familles en mettant l'accent sur les individus qui doivent faire des choix personnels de survie qui les engagent irréversiblement.

L'écriture de soi peut-elle dire l'histoire? La réponse est sans nulle doute affirmative et le travail de Adichie le montre dans la continuation de Soyinka, Achebe et d'autres qui ne font pas partie de la présente discussion. Ses romans se joignent aux récits autobiographiques d'Achebe et de Soyinka pour rendre compte d'un fait réel traumatisant du passé de leur pays. En effet, la dédicace de *Half of A Yellow Sun* montre l'impact de la guerre dans la vie personnelle d'Adichie:

Mes grands' pères que je n'ai pas connus, Nwoye David Adichie et Aro-Nweke Felix Odigwe, n'ont pas survécu à la guerre. Mes grands' mères, Nwabuodu Regina Odigwe et Nwamgbafor Agnes Adichie, étaient des femmes remarquables. Ce livre est dédié à leur mémoire : ka fa nodu na ndokwa. Et à Mellitus, où qu'il soit.

Elle dit aussi.

Il y a eu beaucoup de livres écrits au sujet de la guerre, des batailles et des bataillons et ce genre de choses. Je voulais écrire à propos d'êtres humains ordi-naires. En grandissant, je me souviens que mes parents parlaient de petites choses. Ma mère par exemple, en regardant un film et en voyant quelqu'un jouer du piano s'écria: « Oh j'avais un piano avant la guerre. » Elle parlait des assiettes qu'elle avait eues ; c'était ces petites choses qui m'ont rendue curieuse et on fait que j'ai commencé à lire et à poser des questions sur cette période. (Landam, 2008)

Adichie dans une autre interview, spécifie un peu plus ce qui fait sa particularité dans sa façon d'aborder le thème de la guerre:

En écrivant sur la guerre, je m'intéresse aux rapports humains, à l'amour et à la nourriture. Je ne suis pas vraiment à la recherche des stéréotypes du genre: l'homme très important, le mauvais dirigeant afri-cain et les peuples brimés et délaissés – ce genre très connu: un groupe tueur et un groupe tué entre autres. (Volmers, 2011)

Ce qui est intéressant, c'est qu'Adichie, dans tous ses écrits, s'attaque au thème de la guerre en mettant en exergue la vie des individus. Les aspects violents de la guerre tels que les raids, les massacres et les viols coexistent avec des récits de vie des personnages vivant malgré l'état de guerre. Elle maitrise son art indubitablement. Pour preuve, elle inscrit de multiples textes dans le roman et plusieurs narrateurs interpellent le lecteur. Elle réussit aussi à construire des histoires d'amour complexes qui montrent les personnages dans leur humanité par les choix (pas toujours judicieux) qu'ils font. Une autre dimension de son art est de réussir à intégrer à la vie de ces protagonistes des faits réels marquant l'histoire de l'époque: des bulletins radio, des discours des chefs de guerre, des évènements du moment à l'échelle de l'Afrique et sur le plan international.

À ce stade de la discussion, une remarque vient à l'esprit: la passion qu'elle met à écrire sur le thème de la guerre du Biafra ne lui fait-elle pas courir le risque de tomber dans le piège de la « Single story » qu'elle a dénoncé dans son essai du même nom ? En effet, les critiques lui reprochent la non représentation d'autres minorités ethniques ayant également subi la guerre au même titre que les Ibo. Il lui est également reproché de ne pas trop s'attarder sur certains faits historiques qui pourraient diminuer la cote de sympathie que le lecteur pourrait avoir en faveur de la communauté ibo qui apparaitrait comme la grande victime de cet épisode douloureux de l'histoire du Nigéria. (Aghogho, 2013). Ce serait alors revenir en arrière sur ses avancées en tant que romancière et renouer avec les débats partisans alors qu'elle avoue très sincèrement: « *mon livre a des sympathies biafraises, mais je reconnais que le Biafra n'était pas parfait.* »

Odile Talon

Bibliographie

Adichie, C.N. *Purple hibiscus*. London: Harper Perennial, 2005.

Adichie, C.N. *Half of a Yellow Sun.* London: Harper Perennial, 2007.

Adichie,C.N. *" My Book Should Provoke A Conversation "*. Interview Adebanwi, W.

Adichie, C.N. *"The danger of a single story"*, Ted: Ideas Worth Spreading, 2009.

Aghogho, A.*"Narrative a new nationalism: Rehistoricisation and political apologia in Chimamanda Ngozi Adichie's Half of a Yellow"*, Londres: Routledge, 2014.

Altounian, J. Le soi des survivants dans l'écriture des descendants in Chiantarello, J-F. *L'écriture de soi peut-elle dire l'histoire*. Actes de colloque. Paris: Bibliothèque Centre Pompidou, 2001.

Gould, M. *The Biafran War: The Struggle for Modern Nigeria*. London: I.B.Tauris, 2013.

Ojinmah, U. *Chinua Achebe: New Perspectives.* Ibadan: Spectrum books, 1991.

Rajeshwar, M. *The Intellectual and Society in The Novels of Wole Soyinka*. New Delhi: Prestige Books, 1990.

Volmers, E. "*6 questions with ...author Chimamanda Ngozi Adichie*". Calgary Herald, 2009

http://www.nigeriavillagesquare.com/bookshelf/bookshelf-items/half-of-a-yellow-sun.html. Accessed 07/09/2012.

CHAPITRE XXVI

MOTH SMOKE DE MOHSIN HAMID: UN REGARD ORIGINAL SUR LE PAKISTAN ACTUEL

Mohsin Hamid nous a donné avec *The Reluctant Fundamentalist* une œuvre élégante autant que provoquante, dont j'ai proposé, il y a quelques années, une lecture lors d'un colloque du CICC organisé à l'ESSEC. Mais *Moth Smoke*[186] n'a rien à lui envier pour ce qui est des qualités contestatrices et littéraires dont fait preuve cet écrivain pakistanais.

Dans ce roman, l'auteur nous livre une description pénétrante de son pays, le Pakistan, un Etat idéalisé par ses fondateurs qui y virent la terre des purs et détesté par ceux – élites laïques et progressistes - qui voyaient dans cette ambition un risque de dérive religieuse intolérante et archaïque. Mais une œuvre littéraire de qualité se doit de dépasser ces deux tendances idéologiques. Elle est aussi moins un reflet réaliste, un reportage, qu'un travail artistique créateur sur les formes.

Le regard de l'auteur dénonce-t-il la dérive d'un pays par ailleurs divisé en provinces rivales, en régions de plaines riches et de montagnes pauvres, déchiré par une géopolitique sortie de la guerre froide pour rentrer dans la guerre contre le terrorisme, nous parle-t-il des coups d'état qui tentent sans succès de calmer les luttes entre grandes familles du Sind et du Panjab, son roman décrit-il les sombres complots de ces forces et leur manipulation par des services secrets d'une puissance redoutable, l'ISI? Que dit-il des meurtres quotidiens dus aux drones de la CIA? Mohsin Hamid sait que la littérature ne décrit souvent la réalité que par métonymie comme l'expliquaient les formalistes russes. Le récit, dans une atmosphère oppressante de film noir, se concentre sur un triangle, l'épouse (Muntaz), le mari (Aurengzeb), l'amant (Daru), et sur leur chute irrémédiable, mais son but profond n'en est pas moins social et politique car, à partir de son travail sur les formes, la langue et les métaphores, il pose une question essentielle: quelles fins la

---

186 Mohsin Hamid: *Moth Smoke*, Penguin, Londres, 2011. (2000)

vie propose-t-elle aux habitants d'un pays piégé, extraverti et inauthentique ?

Le Pakistan est né d'une faveur anglaise (la partition) et il survit grâce aux faveurs nord-américaines. Sa légitimité est faible, il n'a pas conquis son indépendance comme l'Inde. Ses fondateurs ne firent que recopier les documents écrits par les services de police colonialistes qui tentaient de diviser hindous et musulmans pour régner sur l'Inde. L'accomplissement majeur de ses dirigeants est un véritable oxymore, « la bombe islamique. » [187] Son unique réussite économique consista à revendre les armes américaines envoyées aux Mujahidines afghans et à commercialiser la drogue que la résistance antisoviétique produisait pour acheter ses armes. L'Etat est une fiction qui ne donne rien de ce qu'un Etat est censé accorder à ses citoyens: tout, l'électricité, l'éducation, la santé, la sécurité, doit être acheté au secteur privé.

Il faut donc être riche pour survivre. Sans argent pas de respect ![188] La vie d'un enfant du peuple écrasé par la voiture d'un riche[189] sera compensée par un cadeau ou attribuée à un rebelle comme Daru ! Les chefs des grandes familles sont des gangsters ou au mieux des affairistes spéculateurs. Ce sont des monstres même si, à leurs yeux, Muntaz seule mérite d'être ainsi appelée parce qu'elle ne désirait pas le fils que son mari lui a donné. [190] Le pouvoir est entre les mains de chefs semblables au père de la horde primitive imaginée par Freud: cette paternité est abusive, violente, protectrice certes, mais elle ne guide pas les fils vers la liberté, plutôt vers l'enfermement clanique et la perversion. Le soleil, symbole du père qui imprime une direction à la vie du fils et l'ouvre à sa liberté en le séparant du corps maternel, est caché derrière les vents poussiéreux d'un « *ciel souillé.* »[191] La majorité des scènes sont nocturnes ou situées dans les pièces closes et mal éclairées de villas entourées de murs gardés par des hommes de main. La classe dominante est une lumpen-bourgeoisie à tendances

---

[187] Mohsin Hamid: *Moth Smoke*, Penguin, Londres, 2011. (2000), p 150.
[188] Ibid., p 138.
[189] Ibid., p 118.
[190] Ibid., p 208.
[191] Ibid., p 122.

féodales et criminelles. L'opposition du contestataire de service, le flamboyant Professeur Superbe, nous semble bien mondaine et elle n'est guère dangereuse pour les clans qui se disputent les parts du gâteau en pillant la protonation.

Les noms des personnages suggèrent le conflit et le déchirement. Daru évoque Daro Sokho qui tenta de défendre ses droits au trône en ouvrant l'Islam à l'hindouisme dans une œuvre philosophique intitulée *La rencontre des deux océans*. Aurengzeb est l'empereur mughol du même nom qui rejeta cette fusion en faveur du sunnisme orthodoxe. Muntaz évoque une princesse de la cour venue du Kashmir, c'est-à-dire d'un pays où pendant très longtemps les deux religions s'acceptèrent jusqu'à ce que l'Inde et le Pakistan lui demandent de faire un choix clair et définitif. Du Kashmir vint aussi un homme qui proposa à l'Inde une modernité ouverte et socialiste mais qui ne fut pas toujours entendu, Nehru, proche de Gandhi mais moderniste et amant d'Alvina Mournbatten. Muntaz est une épouse qui ne voudrait pas sacrifier aux conventions de son rôle de mère (elle aurait volontiers fait le choix d'un avortement) sa créativité de femme émancipée. Elle est, dans le plus grand secret, Zulficar Manto, le journaliste contestataire.

Si son mari, Aurengzeb, oublie son expérience nord-américaine et voudrait qu'elle soit, vis-à-vis d'un fils qu'elle ne voulait pas si tôt dans sa vie de femme, une mère pakistanaise conventionnelle, s'il a donc ainsi trahi les espoirs de sa femme, son amant par contre, Daru, s'engage dans une contestation sans issue. Comme Daro Sukho, il donne une impression d'inachèvement et il partage avec le prince rival d'Aurengzeb un caractère velléitaire qui suscite un comportement presque suicidaire et lui vaut des ennemis dont il se serait bien passé. Il sait fort bien que sortir avec une femme mariée relève du suicide.[192] Son père n'est plus[193] et sa mère a été tuée par une balle perdue tirée dans la nuit à Karachi. Il fut donc balloté d'un protecteur à l'autre, dont le père d'Aurengzeb, un homme riche et puissant. Il sent bien qu'il n'est pas totalement le fils de son père adoptif et jalouse l'enfant légitime. Il n'est pas parti étudier aux Etats-

[192] Ibid.p 154.
[193] Ibid.p 78.

Unis,[194] il a été un sportif de bonne qualité mais sans conquérir aucun titre, il n'est pas l'époux de Muntaz mais seulement son amant. Il est proche de l'élite mais il n'en est pas membre. Est-il un homme du milieu et de nulle part ? Il travaille dans une banque où il prend de haut un client très puissant qui lui fait perdre sa place. Chômeur, il voit peu à peu s'éloigner tous les attributs du succès, voiture, électricité, gadgets… Plutôt que de courtiser ceux qui pourraient l'aider, il vend un peu de drogue puis se laisse entraîner dans une attaque à main armée qui tourne mal. Comme Daro Sukho, il est condamné à mort. Ainsi, au pays du paraître, la tentation de défier les conventions et l'ennui ressemble au jeu de la mite et de la flamme dont l'insecte s'approche trop et qui l'embrase.[195] Tel est le triste sort des deux amants, l'anéantissement moral, la honte, pour Muntaz, la mort pour Daru. La métaphore vient de la littérature soufie qui appelle aussi le chercheur de vérité un amant. Il semblerait donc que dans un monde inauthentique, dégradé, corrompu, la quête mystique se réduise à l'adultère, la drogue et la délinquance.

Peut-être cette triste fin est-elle le lot des femmes de l'élite bourgeoise qui se voudraient libres (Muntaz) et des représentants de la petite-bourgeoisie (Daru). Il nous faut donc la lire comme une remise en cause d'une toute autre nature que cet adultère et cette attaque à main armée. La métaphore soufie nous y invite. D'ailleurs l'amant dit que même lorsque Muntaz est là elle lui manque. Qui dépasse ainsi les amants, qui est à la fois en eux et au-delà d'eux? Dieu ? Mais une autre question surgit : qui est porteur de cette alternative dont se sont maladroitement approchés les deux personnages principaux? Le roman suggère une réponse: les subalternes, incarnés par le domestique de Daru, Mannuci. Enfant, il a été enlevé par des bandits qui lui ont prélevé un rein. Aidé par la mère du héros et par Muntaz, il accumule les emplois subalternes. Il ressemble à l'innocent ou au fou qui, dans les fables mystiques hindoues et soufies, se révèle le plus proche de Dieu. Ainsi pense-t-il, contrairement à l'élite qui dépend du conditionneur d'air et dans

---

[194] Ibid., p 173.

[195] Ibid., p 172.

le paradis artificiel d'une chambre fraiche oublie la chaleur et l'étouffement qui symbolisent l'état du pays, que cet appareil sert à produire de l'air chaud car lui, en tant que subalterne, ne s'en approche que de l'extérieur où la machine qui tourne est effectivement brûlante. Or cette vision du luxe qui aveugle les puissants et ferme leur cœur est très juste : pour les subalternes cette machine massive et bruyante étouffe les corps exclus des paradis artificiels et qui brûlent dans la chaleur de Lahore qui devient aussi, en relation à la mite embrasée, flamme divine. Le salut et une juste vision du monde se situent à l'extérieur des lieux où vivent les maîtres du pays. Mannuci, que Muntaz alphabétise, espère devenir journaliste.[196] Il est ainsi désigné comme la possible voix légitime d'un pays dont les habitants ont été ignorés. Avec ces nouveaux acteurs surgissent ceux qui n'ont peut-être pas de voix mais au moins une présence qui depuis des siècles traverse l'histoire et affronte la fournaise, comme le fait le bunyan, cet arbre colossal et indestructible qui défie ce symbole de la stérilité du Pakistan qu'est la sécheresse.[197]

Ainsi le jeu subtil de tropes plus anciens et profonds que les inventeurs de la nation et ses critiques, conteste, avec beaucoup d'ironie, en lui retirant ses plus belles métaphores mystiques, l'idéologie religieuse dominante qui présida à la création du pays des purs. Mais ces tropes critiquent aussi une lecture qui rejoindrait le regard horrifié que les Occidentaux portent sur le Pakistan, souvent traité d'Etat voyou et qui pensent que l'Islam est par essence conservateur. En réalité le dispositif poétique insinue dans le roman une critique de cette création de l'impérialisme et des élites dont l'étranger se fit des alliés. Le romancier parvient aussi à susciter le désir d'un pays rendu à lui-même, c'est-à-dire à son peuple, une éventualité qui n'effleure guère les Occidentaux qui se voient eux-mêmes comme l'unique modèle à suivre.

Mohsin Hamid travaille donc contre le courant dominant occidental, laïc et démocratique, bien-pensant certes, mais mal informé et souvent hypocrite. Il s'oppose également tant au

[196] Ibid., p 306.
[197] Ibid., p 123.

courant représenté par l'idéologie fondatrice du pays qu'aux classes criminelles déguisées en élites nationales dont profitent d'ailleurs les intérêts étrangers hautains et moralisateurs qui se réclament du progrès et du libéralisme globalisés. D'aucuns lui reprocheront une critique et une vision de l'avenir métaphorisées, mais, en tant qu'écrivain et en tant que membre (critique) de l'élite, il n'est ni un porte-parole des subalternes ni l'un d'entre eux et, au regard du risque que constituerait la confiscation de leur parole, l'imprécision d'une expression poétique est une indéniable vertu.

Michel Naumann

CONCLUSION

Un monde ainsi traversé de luttes est-il pour autant un monde condamné ? Un des plus grands penseurs européens s'inscrit contre cette idée et, du conflit même, fait naître la liberté :

... les bonnes lois... sont le fruit de ces agitations que la plupart condamnent si inconsidérément. Quiconque examinera avec soin l'issue de ces mouvements, ne trouvera pas qu'ils aient été cause d'aucune violence qui aurait tourné au préjudice du bien public ; il se convaincra même qu'ils ont fait naître des règlements à l'avantage de la liberté.

(Machiavel, *Première décade de Tite-Live,* L 1, IV)

TABLE DES MATIERES

DEUXIEME PARTIE
UNE MOSAÏQUE DE RESISTANCES

TROISIEME PARTIE
ARTS ET LITTERATURES
CONTRE LE COURANT DOMINANT

Économie et Entreprise

aux éditions L'Harmattan

Dernières parutions

COMMENT (RE)FAIRE DE LA FRANCE UN PAYS ENTREPRENANT ?
Daniel Laurent, Lirzin Franck - Préface de Claude Bébéar ; avec la collaboration de Hubert Lévy-Lambert
Comment relancer l'économie française et en exploiter le formidable potentiel ? Le pays a déjà été confronté à des situations semblables à la fin du XIXe siècle ou après 1945, et chaque fois il a su se réinventer. Après Friedman et Keynes, voici venu le temps de Schumpeter et de la «destruction-créatrice». Loin du déclinisme actuel, ce livre montre au travers d'exemples précis que les initiatives se multiplient pour créer un nouveau «modèle français», original et performant.
(19.00 euros, 184 p.)
ISBN : 978-2-343-00992-6, ISBN EBOOK : 978-2-296-53749-1

FILIÈRE (LA) PORCINE EN FRANCE – Le porc français a-t-il un avenir ?
Marzio Antoine
Consommerons-nous encore du porc français dans dix ans ? Et de quelle qualité ? Après une visite détaillée de la filière, ce livre analyse la question environnementale, du bien-être animal, des surconsommations vétérinaires, de l'hyperconcentration des élevages en Bretagne, et propose des solutions axées sur le redéploiement géographique, la diversification des races de porcs et des techniques d'élevage et la montée en gamme.
(23.00 euros, 232 p.)
ISBN : 978-2-343-00634-5, ISBN EBOOK : 978-2-296-53791-0

ÉCONOMIE (L') SOCIALE ET SOLIDAIRE ET LE TRAVAIL
Sous la direction de Patrice Braconnier et Gilles Caire
Dans un contexte où l'accès à l'emploi se fait toujours plus difficile et où les conditions de travail se durcissent, l'économie sociale et solidaire est-elle en mesure de proposer des façons de «travailler autrement» ? Existe-t-il une spécificité de l'emploi et de l'organisation du travail dans le champ de l'ESS ? Entre travail et bénévolat, entre salariat et entrepreneuriat, entre employeurs et employés, les frontières au sein de l'ESS sont floues. Mais peut-elle encore proposer de nouvelles utopies en matière de travail ?
(Coll. L'esprit économique, série L'économie formelle, 26.00 euros, 252 p.)
ISBN : 978-2-343-00563-8, ISBN EBOOK : 978-2-296-53764-4

ART (L') DE LA CRISE – Prévenir, contenir et sortir d'une situation sensible
Fusalba Thierry
L'objectif de cet ouvrage est de proposer aux organisations prises dans le maelström des événements une méthode fiable et performante qui leur permette

d'avoir des points de repères solides afin d'élaborer une stratégie de sortie de crise efficace. L'auteur propose une réflexion sur la stratégie, sur l'organisation et l'entraînement des cellules de crises, sur l'exploitation des enseignements ainsi que sur le management et la communication de crise.
(34.00 euros, 332 p.)
ISBN : 978-2-343-00042-8, ISBN EBOOK : 978-2-296-53717-0

CONTRÔLE (LE) DES CONCENTRATIONS TRANSNATIONALES
Burnier Da Silveira Paulo - Préface de Bruno Lasserre ; avant-propos de Vinicius Carvalho
Les concentrations transnationales augmentent et les systèmes de contrôle des concentrations se multiplient. Alors que les enjeux économiques revêtent désormais une dimension internationale, les mécanismes juridiques de régulation demeurent cantonnés à une échelle nationale ou régionale. Le risque : être confronté à des décisions contradictoires ou incohérentes rendues par différentes autorités de la concurrence... Des mécanismes de régulation s'imposent, ainsi que l'adoption par l'OMC de règles contraignantes.
(39.00 euros, 406 p.)
ISBN : 978-2-336-29198-7, ISBN EBOOK : 978-2-296-53776-7

DES HOMMES ET DES RISQUES
Le rôle des assurances dans la construction des sociétés humaines
Nabeth Marc - Préface de Jean-Hervé Lorenzi - Postface de François-Xavier Albouy
Il est difficile d'imaginer un monde sans assurance ni protection sociale de nos jours. Pourtant, pour plus de 80% de la population des pays en développement, l'absence d'assurance est une réalité tangible. Les témoignages que ces personnes nous livrent sur leur perception des risques et leur créativité pour y faire face démentent de nombreux préjugés religieux, sociaux et culturels. L'enjeu est stratégique : il révèle le rôle essentiel de l'assurance dans la construction des sociétés humaines.
(Coll. Affaires stratégiques, 20.00 euros, 194 p.)
ISBN : 978-2-343-00120-3, ISBN EBOOK : 978-2-296-53744-6

INTELLIGENCE STRATÉGIQUE ET ÉNERGIE : UN TANDEM INDISSOCIABLE AU SERVICE D'UNE NOUVELLE GÉOPOLITIQUE
Du Castel Viviane
Voici un éclairage sur les enjeux énergétiques de demain, à travers la grille de lecture que propose l'intelligence économique et stratégique. Celle-ci permet, grâce à ses capacités d'analyse et d'investigation, de se projeter dans l'avenir, d'anticiper les évolutions et de se positionner en leader sur le marché international de l'énergie.
(Coll. Intelligence stratégique et géostratégie, 28.00 euros, 276 p.)
ISBN : 978-2-336-00726-7, ISBN EBOOK : 978-2-296-53876-4

DES MARCHÉS SANS FOI NI LOI
Bensebaa Faouzi, Boudier Fabienne
Tout est vendable, tout est échangeable, tel est le credo des « drôles de marchés ». Parmi eux, les « marchés sans foi ni loi ». Jetant aux orties le sacré, contournant la règle ou profitant de ses imperfections, ils sont peu visibles du grand public.

Pourtant, les pratiques que l'on y découvre sont inédites et permettent souvent à des acteurs situés à la marge du système de se rencontrer. Ces « marchés sans foi ni loi » peuvent tout aussi bien être facteurs de désordre et de transgression que sources de créativité.
(Coll. Drôles de Marchés, 14.00 euros, 132 p.)
ISBN : 978-2-343-00469-3, ISBN EBOOK : 978-2-296-53537-4

PROJETS ET ENTREPRENEURIAT AU SEIN DES PAYS ÉMERGENTS
Coordonné par Robert Paturel
Voici les dernières investigations réalisées dans des pays émergents. Le rôle de trois institutions de formation dans le développement de l'entrepreneuriat est exposé, puis des particularités de trois autres contrées permettant de voir la façon dont leur entrepreneuriat est stimulé sont relevées. Enfin, ce livre étudie l'entrepreneuriat féminin : objet d'un projet d'envergure au Maroc, il est analysé différemment à Madagascar et en Turquie.
(CEDIMES, Coll. Mouvements Économiques et Sociaux, 31.00 euros, 316 p.)
ISBN : 978-2-343-00345-0, ISBN EBOOK : 978-2-296-53631-9

RAPPORTS (LES) ENTRE AUTORITÉS DE RÉGULATION EN MATIÈRE DE CONCURRENCE
Medjnah Mourad
Parce que le droit suit le mouvement du marché et compte tenu de la réalité économique des secteurs régulés, la quête d'une réelle efficacité des autorités de régulation et d'une meilleure protection de la sécurité juridique des acteurs de marché (entreprises et consommateurs) commande d'adopter une nouvelle conception de régulation, selon laquelle des rapports équilibrés entre les deux types de régulateur doivent progressivement laisser place à un processus d'intégration des régulateurs sectoriels au sein du régulateur commun de la concurrence.
(79.00 euros, 892 p.)
ISBN : 978-2-336-29750-7, ISBN EBOOK : 978-2-296-53649-4

TAUX D'INTÉRÊT ET MARCHÉS FINANCIERS
Daniel Laurent, Ruimy Michel
Les taux d'intérêt ont récemment acquis une place centrale au sein des marchés de capitaux. Cet ouvrage vise à mieux cerner le «prix de l'argent» à travers trois axes : l'évolution de la place des taux d'intérêt dans l'économie, les impacts des fluctuations sur le comportement des ménages, des entreprises et de l'État ; et enfin le marché monétaire et la courbe des taux pour décrypter les dernières évolutions de la politique monétaire. Un ouvrage didactique, illustré par de nombreux exemples.
(Coll. L'esprit économique, série Cours Principaux, 22.00 euros, 226 p.)
ISBN : 978-2-343-00362-7, ISBN EBOOK : 978-2-296-53423-0

QUOTIDIEN (LE) DES BÂTISSEURS OU L'HISTOIRE HUMAINE D'UNE CONSTRUCTION
Revon Jacques - Préface de François Rebsamen
La philosophie dégagée à travers ce témoignage photographique se veut avant tout humaniste : un vrai patrimoine à transmettre et à faire découvrir. Les images (photos

toutes réalisées par l'auteur) témoignent du travail et de l'engagement d'ouvriers, de compagnons, de cadres, tous en action, au rythme des saisons en toutes circonstances. Chaque chapitre aborde une étape de la vie d'un chantier : une phase de construction, un métier, une méthode, un événement de chantier, une cérémonie... (Nombreuses illustrations en couleur.)
(35.00 euros, 264 p.)
ISBN : 978-2-343-00100-5, ISBN EBOOK : 978-2-296-53419-3

INDUSTRIE (L') EN CALE SÈCHE – Matière premières : de la gestion des flux aux rapports de forces
Charles Thierry
À force d'abnégation les gueules noires des siècles passés ont permis le développement industriel de notre pays. «Il faut rappeler aux nations croissantes qu'il n'y a point d'arbre dans la nature qui, placé dans les meilleures conditions (...) puisse grandir et s'élargir indéfiniment» (Paul Valery, 1931) Pour l'avenir de l'industrie, la crise des matières premières et de l'énergie est mère de toutes les batailles. Quant aux choix qui s'offrent à nous, ils doivent désormais être considérés comme des choix de civilisation.
(21.00 euros, 206 p.)
ISBN : 978-2-336-00868-4, ISBN EBOOK : 978-2-296-53416-2

ART (L') DE DIRIGER ?
Lajous Olivier
L'art de diriger conduit à conjuguer de nombreux paramètres humains, techniques et financiers en vue de faire aboutir un projet dont les valeurs partagées assurent la cohésion de l'équipe qui le porte. Il suppose de la part des dirigeants la maîtrise de la savante alchimie entre savoir, savoir être, savoir-faire et faire savoir. L'autorité, le bonheur, l'esprit d'innovation, la gestion du temps et du sens sont autant d'ingrédients de cette alchimie qui fait les grands capitaines d'entreprise.
(Coll. Diplomatie et stratégie, 16.50 euros, 164 p.)
ISBN : 978-2-343-00175-3, ISBN EBOOK : 978-2-296-53352-3

UNE AUTRE IMAGE DE L'ORGANISATION – Mises en perspective analytiques
Castille Emmanuel, Cifali Mireille, Arnaud Gilles, Cerdin Jean-Luc, Dubouloy Maryse
Ouvrage coordonné par Emmanuel Castille - Préface d'Yvon Pesqueux
Interroger l'organisation avec les concepts de la psychanalyse n'est pas chose aisée. Lorsqu'il s'agit de comprendre l'implication de l'inconscient dans les actions, les décisions, les processus, voire dans le déterminisme organisationnel au sens large, il est difficile de trouver une réponse. Comment voir l'organisation à l'échelle du savoir analytique ?
(Coll. Perspectives organisationnelles, 18.00 euros, 188 p.)
ISBN : 978-2-343-00602-4, ISBN EBOOK : 978-2-296-53445-2

L'HARMATTAN ITALIA
Via Degli Artisti 15; 10124 Torino

L'HARMATTAN HONGRIE
Könyvesbolt ; Kossuth L. u. 14-16
1053 Budapest

L'HARMATTAN KINSHASA
185, avenue Nyangwe
Commune de Lingwala
Kinshasa, R.D. Congo
(00243) 998697603 ou (00243) 999229662

L'HARMATTAN CONGO
67, av. E. P. Lumumba
Bât. – Congo Pharmacie (Bib. Nat.)
BP2874 Brazzaville
harmattan.congo@yahoo.fr

L'HARMATTAN GUINÉE
Almamya Rue KA 028, en face du restaurant Le Cèdre
OKB agency BP 3470 Conakry
(00224) 60 20 85 08
harmattanguinee@yahoo.fr

L'HARMATTAN CAMEROUN
BP 11486
Face à la SNI, immeuble Don Bosco
Yaoundé
(00237) 99 76 61 66
harmattancam@yahoo.fr

L'HARMATTAN CÔTE D'IVOIRE
Résidence Karl / cité des arts
Abidjan-Cocody 03 BP 1588 Abidjan 03
(00225) 05 77 87 31
etien_nda@yahoo.fr

L'HARMATTAN MAURITANIE
Espace El Kettab du livre francophone
N° 472 avenue du Palais des Congrès
BP 316 Nouakchott
(00222) 63 25 980

L'HARMATTAN SÉNÉGAL
10 VDN en face Mermoz, après le pont de Fann
BP 45034 Dakar Fann
33 825 98 58 / 33 860 9858
senharmattan@gmail.com / senlibraire@gmail.com
www.harmattansenegal.com

L'HARMATTAN BÉNIN
ISOR-BENIN
01 BP 359 COTONOU-RP
Quartier Gbèdjromèdé,
Rue Agbélenco, Lot 1247 I
Tél : 00 229 21 32 53 79
christian_dablaka123@yahoo.fr

Achevé d'imprimer par Corlet Numérique - 14110 Condé-sur-Noireau
N° d'Imprimeur : 111799 - Dépôt légal : septembre 2014 - *Imprimé en France*

www.ingramcontent.com/pod-product-compliance
Lightning Source LLC
LaVergne TN
LVHW011315061026
849535LV00005B/1560
* 9 7 8 2 3 4 3 0 3 9 0 8 4 *